中学生思辨读本

现代杂文的思想批判

（修订本）

余党绪 编

序 一

于 漪

余党绪老师的"中学生思辨读本"丛书即将出版,嘱我写序。有幸先期阅读,深受启发的同时,敬意油然而生。在当下急功近利之风劲吹的日子里,能静下心来坚持十多年研究中学阅读教学,并作切实的改进,使学生实实在在受益,很是难能可贵。

阅读是一种心智锻炼。读现代人的书,可与同时代的人作精神上的沟通交谈;读古人的书,可继承古圣先贤的精神遗产。读书可以享受或吸取学问家思想家多年的心血的结晶,是青年学生获得真正教养的最重要的途径之一。阅读的量与质直接影响他们心灵发育的状况。有人如此判断:一个人的阅读史就是他的心灵发育史。此话寓意深刻,一点不假。然而,由于较长时间应试教育作祟,教书不育人、求学不读书的现象比比皆是。说的是素质教育,行的是应试教育,对分数顶礼膜拜;说的是阅读重要,行的是题海战术,对考点奉若神明。在功利氛围浓重的情况下,要破解阅读教学难题,是要有点勇气、执着精神和仁爱之心的。

首先是勇于直面学生阅读状况的现实。课外阅读量少,只做题目,不读书,有些只读片段。教材阅读量又有限制,每册仅六七万字。阅读贫困,何来文化积淀?何来视野?何来识见?何来语文素养?阅读量不足显而易见,阅读的质、阅读的方式也令人担忧:低水平重复,在文字表面跳荡的"浅阅读",从应考派生出来的机械化阅读模式等,对学生心灵的滋养不仅无益,而且在有意无意间产生负面影响。余党绪老师对此了然于胸,从思辨性阅读入手,改进阅读教学,破解中学阶段阅读低效的难题,冲破阅读定式,打开阅读教学的新局面。

说说方便,做起来绝非轻而易举。需要时日、精力与智慧,没有十数年如一日的孜孜以求的执着精神,是难以见到成效的。

中学阶段是人的价值观、思维方式与人格形成的关键时期,读什么,怎么读,影响他们价值取向的选择,思维的锻炼与发展,思想、道德、性格、气质、知识、能力向上向善的逐步形成与完善。因此,从学生成长的内在需求出发,余党绪老师以思辨性阅读为抓手,从四个方面着力。

一是阅读杂文佳品。杂文是作者思想根基与文化底色的生动反映,文字特色鲜明,尺幅能起波澜,千字可兴风雨,学生坚持阅读其中作品,内心在受到思想穿透力冲击的同时,思维方式获得锻炼,还享受到激浊扬清、正本清源的快乐。二是阅读经典。经典是历久弥新的人类精神世界的精华,自然的魅力、社会的奥秘、生命的密码、人生的智慧均蕴含于其字里行间,能从不同角度、不同层面给人以无限的遐想和不尽的启迪,组织学生切实读几本经典,不是附庸风雅,不是装门面,而是静下心来,以读促写,以写促读,来回数遍,从中吸取养料,滋养心灵。中学阶段以此作人生的奠基,认识社会,思考人生,追求高尚,憧憬理想,终生受到教益。三是阅读"万字时文"。徘徊于精巧的"心灵鸡汤"式美文的阅读,学生写作不仅容易模式化,而且容易视野狭窄,胸中无时代风云激荡,无多彩文化赏析、滋润。精选"万字时文"组织学生阅读,上百万字的佳文进入学生的眼帘,进入学生的心田,文化视野得到大大开阔,思维力获得发展,理解和运用语言文字能力于潜移默化中获得提升。四是阅读古典诗歌。优秀的古典诗歌不仅是炼字炼句的高标,而且是抒写生命的本真、人性的本色。引领学生进入此瑰丽的宝库,他们会从驰骋的想象、充沛的感情、鲜明的形象、深邃的思想和音乐般的语言中,感受到优美、动人、鼓舞、力量。诗,像种子一样,有一股顽强的爆发力,好的诗歌破土而出之后,会和芳香的空气融合,长久地弥漫大地。余党绪老师组织学生读诗,不仅披文以入情,而且引导学生由"情"而入"理",以"理"的观照,突破"情"个体的局限。古典诗歌思辨性地阅读,别有一番生命感受与心灵体验。

  这套读本,单是选择就需花费大量精力。博览才能做到约取,其中的筛选、剔除,要有眼力,有识见,作品本身要反复比较、多方衡量,更为重要的是,中学生健康成长在情感、态度、价值观等方面内在需求这把标尺。既尊重今日学习的现实,又瞻望明日长足发展的需要,铺几块扎扎实实的基石,让学生今日走得稳当,明日更能大步前行。这种十几年坚持不懈的阅读实践,支撑的是教师对学生生命成长的热切期盼,对莘莘学子的仁爱之心。

  这种阅读教学的改进一扫我说你做的陈腐气,而是师生互动,思想碰撞,心灵交流。比如杂文卷文后点评就是教师和学生一起学习、探究、争议的产物;经典名著阅读指导的撰写,让学生分享阅读的智慧,分享教师的人生;时文阅读中学生俨然是主角,他们写摘要,写读后感,写评点,还要写5000字的"时文综述",逻辑思维得到大大锻炼,对文章宏观把握与掌控的能力得到大大提升,文后附的"读点"就是师生共同阅读的感悟和创造。至于诗歌卷思辨性阅读指导是教师和工作室学员的共同创造,学生要读,提高阅读的量和质;青年教师更要读,率先垂范,做"腹有诗书气自华"的人。

  古今中外的佳作珍品具有巨大的魔力,亲近它,热爱它,人会改变,心灵会辉煌起来,语文会高雅起来。不说别的,单读一读这套读本,就可感受到一届届学生在专心阅读,用心思考,精心表达,一个个鲜活的生命在进步,在成长,一扫人间低俗之气,带给人们无限的希望。

  希望以书为伴的美丽风景线能辐射到更多的学校、更多的学生之中。

序　二

孙绍振

我读过不少中学骨干教师、特级教师的很有见地的文章,往往以感性经验的丰富见长。经验是可贵的,但是,不管是个人的还是集体的,甚至是民族的、时代的,都免不了狭隘。不向理论层面提升,就不可能全面而深邃:感觉到了的不一定理解,而且可能肤浅、片面乃至错误,故不论阅读还是为人,都不能仅跟着感觉走。只有理解了的才能纠正错误的感觉,使原本肤浅的感觉进一步深化。而这种深化,就要有相应的广度,起码要超越教科书的限度。这就需要相当的学养。对经验作理性的分析,把丰富的教学经验和理论研究结合起来,是语文教学在质量上突破的战略方向。然而,当前语文教学的瓶颈,乃在教师中鲜有学术追求者,这在文本阅读中表现特别突出。面对个案文本不能作深度分析,从表面到表面作无效低效的滑行,滔滔者天下皆是"语文课上和不上一个样"的抱怨之声。

这是由于一味把精神集中于"怎么教"却脱离了"教什么"这一根本问题,一味满足于在教法上花样翻新,沉迷于多媒体的豪华包装和肤浅的伪对话。根治之道乃是提高广大一线教师对文本的研究能力,缩短和学术前沿的距离。这当然任重道远,也许需要不止一代人的努力,但若不如此,语文教学表面性、陈腐性的顽症就很难根治。

当然,在这方面,就我有限的涉猎而言,在中学一线教师中有深厚学养基础且有相当研究能力者正在崛起,像黄玉峰、王栋生、程少堂老师那样的当非个别,只是在数量上稀罕而已。

可喜的是,由于一批拥有硕士乃至博士学位的后起之秀正在改变教学落后于学术研究的现状,他们在语文教学上表现出某种学术性,如浙江的沈江峰、谢澹,广东的熊芳芳,湖北的文勇,山东的单波,等等。他们个性风貌各有不同,但在学术性上都有某种可喜的突破,这正是语文教学的希望所在。在这一群体中,余党绪当属佼佼者,虽然在学术上还有相当长的路要走,这与他还年轻有关。他引起我惊异的是他的文本分析能力,他在写作上的逻辑展开能力,甚至他在一些观念上的突破能力。例如,对于古典诗歌,一般老师拘于"诗缘情"的经典论说,缺乏对此说的具体分析,而他特别提出不能停留在"诗缘情",不能只停留在情感宣泄和感染上,因为古典诗歌拥有穿透时空的情感力量,与其蕴含的思想密不可分,与其构思中的思维特性相关。因此,诗歌的"理解"最重要。值得一提的是,这表面上是一种观念,实质上则是一种自觉的思想方法,也就是把情与理作为对立面来分析的辩证的思维方法。正是由于对辩证方法的灵活运用,他对于杂文的理解达到了相当深邃的境地。他认为杂文的思维方式,主要是批判性的、逆向的,这有利于培养一个人独立、自主和求异的思维方式。因此,他不像一般教师那样停留在对杂文的被动欣赏层次上,而是把杂文作为在思维上展开分析的素材,或者可以说,当作叶圣陶先生所说的"例子"。一般论者都把叶圣陶所说的"例子"理解为静止的阅读的例子,这无疑是片面的。叶圣陶文本解读的开山之作《文章例话》还有一个副标题——叶圣陶的二十七堂作文课。余党绪不但继承了叶圣陶的这种精神,而且将其发扬光大。他显然意识到自己作为一线教师与一般文学评论家不同,其任务不仅在于理解,而且在于将理解转化为学生写作的能力,这是一个艰巨的系统工程,难得的是,他建构了相当可行的操作程序,不但贯串在他的课本教学中,也贯串在课外文学经典的阅读中,他把文学经典阅读与写作(包括高考写作)结合起来。文学经典是历史的积淀,与青少年的经验有时间上和空间上的遥远距离,但是,余党绪聪明地将之归结为一系列超越时空和民族文化的共同"母题",诸如成长、苦难、良知、命运等,这就缩短了经典与当代青少年的距离。借助名著及名著之间的"互文"关系,可以更好地理解这些"母题"。比如从"成长与成功"的角度解读《西游记》,但《哈姆莱特》《鲁滨孙漂流记》《悲惨世界》《红与黑》《红楼梦》何尝不能理解为关于成长与成功的故事?将之与中学生的写作联系起来,这样,他归纳出经典名著阅读的要义乃在基于理解、深化于运用,就相当切实、相当深邃,不像某些热衷于玩弄种种大而化之口号者那样流于空洞。

这当然与他作为高中教师独特的教学思想有关,他比较强调"理性"与"理解"。"理性"主要指教学内容和思维方法,"理解"是对教学过程的一个概括,即以学生的"理解"为核心,组织教学和相关活动。在写作教学中,也很注重理性内容的建构,注重将不同类别的阅读与写作实践结合起来。这套书包括诗歌、名著、杂文和时文等,都体现了这一理念。

前言

我的阅读教学改进：思辨性阅读

余党绪

一

2015年初，"中学生思辨读本"一套四本面世了。编写这套读本的初衷很简单，就是总结10多年思辨性阅读教学的经验，同时将自己精心搜集和整理的阅读资源分享给更多的人。没想到，书一面世就受到市场的肯定，一印再印；有些学校将这套书作为推荐书目，引导学生通读；还有教研机构，甚至将其作为教师培训用书。诸如此类，都给了我极大的鼓励，让我坚信我的探索是有意义的，思辨性阅读是有价值的；同时也给了我很多压力，总害怕因为自己的能力缺陷或观念偏见而愧待了读者。现在有机会修订再版，虽然不能让它脱胎换骨，但总算也能借机做一点调整，做一些修补，减少一点遗憾，于这套书也算是一件幸事了。

阅读是语文的命门，而思维是阅读的命门；在教学的意义上，有什么样的阅读就有什么样的思维，有什么样的思维就有什么样的阅读。这个观念，从模糊到清晰，从游移到坚定，从自我反省到传播推广，几乎用去了我半生的时光。回望这20多年的探索，我不知道，这到底是值得开心呢，还是应该悲哀。这原本应该是个常识，也应该是个共识。可在众声喧嚣之下，常识与共识却成了稀缺的东西。想想当初的自己，也曾一度沉溺于各种大词，好发高论，喜作深沉，譬如我的一篇关于经典阅读的文章《阅读经典，涵养人文》,现在看看,难掩羞赧。什么叫"涵养"?如果没有下足文本细读的功夫,如果缺乏真切的思辨与必要的探究,"涵养"何来?但是,我们习惯了这一套宏大的语词,沉溺其中,难以自拔。譬如现在谈语文教学,几乎人人都在强调"守正创新",听起来正大光明;可是,何谓"正",何谓"新"?倘若连"正"的内涵都人言人殊,每个人都以"正"自居,高喊"守正创新"又有什么意义!

重建共识与常识,不仅关乎语文这个学科的发展,而且与一代教师的职业生命相关,还会长久地影响青少年的语文学习与精神成长。

2018年,《普通高中语文课程标准(2017年版)》颁布。新课标明确提出了"思维发展与提升"的教育目标,并推出了"思辨性阅读与表达"学习任务群。该任务群的目标是"发展实证、推理、批判与发现的能力,增强思维的逻辑性和深刻性……提高理性思维水平"。新课标确立了思维教育的地位,阐明了思辨性阅读的价值,彰显了批判性思维的意义。也许,新课标有助于我们达成新的共识。

2015年,这套书刚面世的时候,批判性思维还被不少人视为异端;4年之后,批判性思维已经回归了原本的内涵:探究与实证、求真与发现。

一套书的命运,也折射出观念的更新,思想的开化,时代的进步。

二

量少,质次,结构不合理,效益也有限,这是10多年前我对学生阅读状况的评价。遗憾的是,时至今日,这个状况并未得到根本的改变。

"量"的问题众所周知,自不必说。关键是这有限的"量",其"质"也不能让人信服。首先,课文在长度、容量和难度上缺乏梯度。文章的优劣,自然不能以长短、容量来论,但一篇一两千字的文章,不管怎样严丝合缝、花团锦簇,承载的内容都是有限的。随着学生认知水准与阅读能力的提升,他们热爱新知,渴望挑战,寻求突破。遗憾的是,在阅读教学中,低水平重复的多,老生常谈的多,内容浮浅的多,课文多是些一眼即可洞穿的文章。在语文学习中,有些重复和反复是必要的、有价值的,但低水平的反复只能加重学生的厌倦和厌恶。

不同的文章,阅读的心境不同,对阅读素养的要求也不一样。读物的容量小,思想肤浅,时间久了,学生自然心生居高临下之感。这种"君临式"的阅读,容易养成随意、散漫和浮躁的阅读心理,即人们常说的"浅阅读"。当然,容量超越了学生的认知水平和阅读能力,又会挫伤学生阅读的热情和兴趣。但是,目前的主要危险还是来自"浅阅读"。当下盛行的网络阅读,在阅读方式上主要是浏览、跳读、略读,缺乏独立、理性的分析与论证,我将其称为"感知—印证"式阅读,它印证的只是老生常谈或自以为是的观念;在内容上,则趋于平面化、娱乐化、简单化,"抓眼球"的诉求远胜于"摄人心"的实效;而现行的阅读检测,也存在将文本碎片化、简单化和教条化的倾向。若教材选文的容量和难度再不能激发学生细读与探究的欲望,必然会助长这种"浅阅读"的习气。

相反,如果读物的内容保持恰当的新鲜感与挑战性,保持略高于学生水准的长度和容量,则需要学生精神集中,摒除杂念,思维清晰,前后关联,排除干扰,且需要有一定的人生体验、背景知识和逻辑思维素养。这一点恰恰是目前的阅读教学中最稀缺的。

学生读长文的机会不多,读经典名著的机会更少。限于教材的篇幅,即便读,也多是节选,接触的是名著的片段,算是蜻蜓点水、浮光掠影、浅尝辄止。像沈从文的《边城》、卡夫卡的《变形记》、梭罗的《瓦尔登湖》、鲁迅的《阿Q正传》等,都以节选的形式出现在教材中。这自有其价值,但名著的价值离不开它的全息性和生命整体性。读片段,或许就破坏了这种完整性,就像欣赏美人,只能看到她最漂亮的鼻子或脖子,却看不到她的全身,总有遗珠之憾。其实,窥一斑而知全豹,见一叶而知秋,又要短平快,又要高效益,至少在艺术欣赏方面难以做到两全其美。

量不足,质不高,结构比例也不合理。中学阶段是人的价值观、思维方式和人格形成的关键时期。从认知方式和思维特点看,这个阶段是理性精神和逻辑推断力、抽象思辨和批判性思维形成的关键时期。在我看来,这方面的强调还远远不够,与人们对"想象力"的鼓吹比较一下,就不难明白。有人将牛顿发现万有引力归功于他的想象力,却没想到,倘若牛顿没有良好的科学素养,没有科学的思维方式,缺乏质疑反思的能力,再多的苹果砸在他头上,也催生不了万有引力的灵感。其实,理性精神与想象力一样重要。孤零零地强调想象力的培养,反而会妨碍我们去做一些基础性的工作,比如培养学生的独立人格、批判精神和怀疑意识。想象力主要是一种天赋和潜能,更需要的是保护、鼓励和开发;与此相对,理性精神则主要通过后天的教育而养成,只有严密的课程设计和教学安排才能保障它的生长与发育。单从目前的课文构成看,理性的、思辨性的、批判性的文章数量偏少,编排上也缺乏必要的合理设计。结合学生精神与文化成长的实际状况,是不是应该考虑一下其中的比例偏向呢?

量少,质次,结构不合理,而在方法上,除了感悟、揣摩、涵养、沉浸之类看似亲切实则玄空的字眼,实际上也提供不了什么行之有效的具体方法。

阅读教学效益的低下,自然有众多原因,但读什么与怎样读,肯定是两个关键因素。

三

阅读教学的改进,不外乎两种思路:一是阅读内容的重组,从"读什么"的维度寻求改进之道;二是教学方式的革新,从"怎样读"的维度进行方法变革。自然,"读什么"也会刺激"怎样读",而"怎样读"也会刺激"读什么",两种改进的思路总会交织和融汇在一起。近20年来,我进行过万字时文阅读、杂文阅读、经典精读、诗歌阅读等探索,一开始只是希望增加学生的阅读量,随着阅读内容的不断拓展和边界的不断跨越,阅读方式也必须随之做出调整,这促使我反思以感受与体验为主的传统阅读教学的不足,而选择了以"超越感性、走向理性"为精神实质的"思辨性阅读"。

比如万字时文阅读。本来,开展万字时文阅读,是为了纠正中小学阅读中短文与片段"为王"的偏颇,但随着阅读改进的不断深入,我发现,长文与短文的区别,绝不仅仅只是字数和容量上的差距,更多的是结构方式与思维方式的不同。长文阅读,不仅需要更多的时间和精力,而且需要更高的思维品质与阅读素养。曹文轩说:"一个孩子必须阅读规模较大的作品,随着年龄的增长,越应当如此。因为,大规模的作品,在结构方式上,是与短篇作品很不一样的。短篇作品培养的是一种精巧和单纯的思维方式,而长篇作品培养的是一种宏阔、复杂的思维方式。"与短文相比,长文就属于"规模较大的作品"。

习惯了短文阅读的学生,面对长文与整本书,阅读品质方面的缺陷一下子就暴露了。他们很难长时间地集中注意力——我称之为不能"坐下来",这是外在的表现。我做过一些粗略的统计,发现高一学生的有效阅读时间大多在10多分钟,此后就会抓耳挠腮,左顾右盼,开始走神与分心。这与长期的短文阅读习惯相关——短文阅读大多能在10来分钟完成。更难的则是"读下去"——在阅读过程中,始终保持思维的专注、持续与连贯,这是典型的浅阅读的内在状态——常常读了后面忘了前面,看到结果忘记了原因,思维处在飘忽不定的碎片化状态,结果自然是难以"读进去"。

坐不下来,读不下去,读不进去,这是长文阅读必须解决的问题。为了改变学生浮躁、肤浅、随性的阅读习惯,我在选文上下足了功夫,希望借助读物本身的特质来吸引或者逼迫学生"坐下来,读下去,读进去",这就是我后来总结的选文"三标准":一是思想认知上,要高于学生;二是文化视野上,要宽于学生;三是写作艺术上,要优于学生。形象地概括,就是要接近学生阅读水准的"极限"。那些华而不实、空洞无物的,一概不选;晦涩、玄虚的,不选;与学生的认知水准距离太远的,不选;伪抒情、伪情调、伪崇高的,不选。面对这样的选文,"一眼洞穿""瞬间把握""整体感悟"显然已不可能,学生必须保持聚焦的、持续的挑战与求索的心态,必须借助已有知识和信息,进行有效的分析、推断与论证,这样的阅读,必然走向深度思考与深度学习。

四

引进万字长文阅读,算是我的一个"创举";而对习以为常的阅读方式的批判与改进,则是我的阅读改进的另一个尝试,比如在诗歌与杂文的阅读中,我一直探索的专题式阅读,在经典名著阅读中开展的母题式阅读。

我主张中小学生多读古典诗歌,原因在于,古典诗歌可能是传统文化中最纯净的类别,虽然在诗歌的汪洋大海中,难免有无聊、庸俗甚至堕落之作,但相比其他文类,古典诗歌总体上更健康、更纯洁、更富有生活的情趣、更富有生命的力量。

但问题是,我们的学生从幼儿园到高中读的古诗,单看数量已经很可观了,但有多少转化成了自身的生命资源和文化资源呢?个中原因:第一,缺乏深切的理解,伪鉴赏盛行;第二,缺乏必要的思辨与整合。碎片化阅读的结果,必然是一地鸡毛。

从初中就开始的诗歌教学,在刷题中狂飙,在套路中突进,一路走来,收缴的是学习古诗的热情与兴趣,掠夺的是学生的灵性与创造性。这样的诗歌教学,恰恰践踏了诗的精神,背离了诗的本真。我们仰望的不再是星空,而是虚空;触摸的不是空灵,而是空洞。这样的诗歌学习,除了"眼前的苟且",哪还有什么"诗和远方"?

理解是鉴赏的基础,缺乏分析与理解的所谓移情与顿悟,都是伪鉴赏。这样的诗歌教学,很难切入学生的认知建构,更难切入学生的精神成长。

缺乏必要的思辨与整合,则是诗歌教学低效的另一个重要原因。

阅读古诗,理解传统的价值观与生活方式,理解传统文化的是非优劣,在现代人与古人之间,架起一座生命体验与人生经验的桥梁,汲取诗歌中的精神力量,这是比中高考拿分更有意义的事情。显然,这个过程需要学生的对比、辨析、整合和转化,而不仅是死记硬背与所谓的沉浸体验。

我的改进之道,就是专题统领与驱动下的思辨性阅读。将诗词归纳在不同的专题下:生与死、情与怨、功与名、家与国、物与我、穷与达……这些专题基本上囊括了一个传统诗人所要面对的社会命题、所要经历的生命境遇和所要解决的人生问题。孤零零的一首诗,很容易沦落为汪洋大海中的一叶孤舟。要想牢记它,让它成为自己的"活性知识",还须将它与其他诗歌关联起来,与真实的生活关联起来,与自我的人生体验关联起来。这样,专题的辨析与探究就构成了阅读与学习的任务,有了明确的任务,思辨就有了源源不断的动力。

在杂文阅读中，我也借鉴了专题阅读的做法。杂文犀利的思想、思辨的说理和精巧的构思，往往能给学生醍醐灌顶、恍然大悟的感受，甚至让某个理念从此在他心里生根发芽。我给杂文的功能定位，就是"让思想摇撼心灵"，给学生以思想的冲击与启迪。我的做法是按照思想专题给杂文分类，一个专题之下搜罗10来篇文章，让学生在这些经典杂文的交相辉映下，开展群文阅读，以准确和明确地认识某个理念。我指导过的专题，包括独立人格、自由思想、公民意识、理性精神、质疑能力、悲悯情怀、回到常识、坚守良知、拒绝遗忘、审美人生，等等。效果之妙，堪比四两拨千斤。

从长文阅读到群文阅读与专题阅读，这个演进的线路里，隐含着怎样的内在机理呢？

五

我还有一个颇为自得的阅读改进，就是坚持了近20年的经典精读。这里特别说明，是精读，不是一般意义上的阅读。从理念看，比较接近今天的整本书阅读。骄傲地说，读经典名著的学校不少，但像我们那样，十几年前就用课程与教学来保证与支持的，恐怕不多。所谓"精读"，强调的就是在老师的指导下开展文本细读。在单调而又烦琐的应试教育中，经典精读教学给了我另一种深切的教育体验。那就是创造的乐趣与育人的喜悦。我开过《呐喊》《彷徨》《俄狄浦斯王》《鲁滨孙漂流记》《三国演义》《悲惨世界》等课程，而教学，也从一开始的天马行空、高谈阔论推进到后来的母题式阅读。这其中经历的苦闷与挫折，可谓一言难尽，而今回想起来，则是无尽的感慨与获得感。

一部伟大的经典所能提供的精神与心理空间，大到足够每个读者都可以在其中找到自己的镜像，这是我们对经典的信托。其实,在经典面前,我们也应该有足够的自信——我说的这种自信与我们的学识无关——人性的相通,这是任何一个读者都该自信的理由。相信自己的理解力与批判力,也是基于对人性的信任,坚信另一个时空下的人,也和我们流着一样的泪。每个人都可能在用自己的人生诠释一部经典,这种自信才是理解力与批判力的源泉。

这就是经典的思辨性教学的初衷。经典看起来高不可攀,读者往往处在从属的、被动的位置,作为模仿者、练习者和体悟者而存在,似乎阅读所能追求的最高境界,就是与作品达成共鸣。对于那些有碍于共鸣的因素,都须"反躬自问",而反思也局限在"自我检讨"的层面。思辨性阅读则强调读者以主体的姿态切入文本,不以共鸣为目标,而以平等对话为桥梁,追求个人理解的完善与超越。这必然是一个不断质疑、论证、反思和评估的过程,也是一个反复的、螺旋式发展的过程。

号召学生拥抱经典,鼓动学生积极思辨,不如为学生提供必要的目标、路径与方法。后者才是教师的本职与本行。如何来激励、引导和驱动学生持续的阅读与深度的思考?我曾经尝试过各种读法,但最终选择了以"母题"来引导和推动学生的阅读与理解。在课程建设与教学安排上,以母题的理解与探讨为核心,追求经典名著资源化、阅读过程思维化、思维过程任务化与任务设计情境化,我将这种阅读称为"母题式阅读"。譬如,这套读本中的《经典名著的人生智慧》所涉及的文学母题是这样的:

1.《鲁滨孙漂流记》:冒险与生存

2.《红与黑》:野心与尊严

3.《三国演义》:功名与道义

4.《西游记》:成长与成功

5.《悲惨世界》:苦难与罪恶

6.《复活》：堕落与拯救

7.《俄狄浦斯王》：命运与担当

8.《水浒传》：反叛与规训

9.《哈姆莱特》：使命与命运

母题是个体在成长中必然面临的问题与选择，母题也是连接个体与社会、个体与文化的桥梁。因此，母题的思辨与探究，有助于将经典名著转化成为学生的文化成长与人格成长的资源，有助于推动学生的深度思考与研究性学习。

六

从单篇文章到群文阅读，从专题阅读到母题阅读，内在的驱动因素就是思考，思考才是阅读中最重要的因素，这就是本文开首所说的阅读教学的常识与共识。长文阅读，希望借助文章的主题与内容的压力，迫使学生进入真正的思考之中，而不要停留在飘飘忽忽、随意散漫的状态；群文阅读，试图通过文章与文章的关联，推动学生的推断、溯因、寻找异同，进行有意义的思考与建构；专题阅读，通过合理的专题设定，为学生的思考提供方向与源源不断的动力；而母题的选择与确定，则有利于引导学生在一个相对明晰的视域与框架下，让思考走向理性与清明。

阅读教学的探索，方向不少，路径很多，但总会聚焦到学生的阅读活动，聚焦到阅读中的思考，聚集到学生的学习方式。这是一种必然，这是当代教育"人文转向"的重要表现，也是现代学习理论的重大转向。

聚焦阅读中的思考，这必然导向思辨性阅读。思辨性阅读是理性主导的阅读，是对话式的阅读，是探究式的阅读，也是建构式的阅读。

目录

第一章 独立人格

一只特立独行的猪　王小波 / 003

人人皆可为国王　梁　衡 / 007

麻雀　方　刚 / 010

"还我头来！"　陈虞孙 / 014

二狗哲学　鄢烈山 / 017

帮闲文学与帮忙文学　王元化 / 020

第二章 自由思想

让思想燃烧　林贤治 / 029

所谓"借古讽今"
　　——《皇后之死第三集》序　柏　杨 / 032

早叫的公鸡　朱健国 / 035

"语录"考　王春瑜 / 037

而今何处觅怪杰　周　彪 / 041

从高考作文看"代圣人立言"的传统　十年砍柴 / 044

让学术成为思想的风骨　邓晓芒 / 047

第三章　公民意识

己所不欲,勿施于人　林　达 / 055

为国家带好一个小公民　张丽钧 / 059

随感录三十八(节选)　鲁　迅 / 062

华表的沧桑　牧　惠 / 064

坐着的权利　狄　马 / 068

公民埃米莉与总统约翰逊　徐迅雷 / 072

话说"野心家"　刘兴雨 / 076

口中剿匪记　丰子恺 / 079

潘金莲的砒霜,武松的刀　鲍鹏山 / 082

第四章　理性精神

随感录四十八　鲁　迅 / 089

谁是中国最可怜的人　刘再复 / 091

到底谁有理,问问"第三方"　徐　贲 / 095

荒谬的苦难哲学(节选)　狄　马 / 099

富人区　冯骥才 / 105

网络时代,我们需要"保卫"汉语吗　刘　伟 / 107

理性精神的缺失,比想象力的匮乏更糟糕　余党绪 / 113

第五章 质疑能力

多数与少数　陈　源 / 119

"老爷"说的准没错　叶圣陶 / 122

我看国学　王小波 / 124

动物是人的什么　王乾荣 / 128

谁是英雄　丁　辉 / 131

塞翁失马是福还是祸　陈　仓 / 135

中国学术规范的传统与前景　葛剑雄 / 138

没有教不好的学生,只有不会教的老师?　余党绪 / 142

第六章 悲悯情怀

总有一种力量让我们泪流满面　江艺平 / 151

《卖火柴的小女孩》是写给谁们看的　梁晓声 / 154

中国人为什么不去奥斯维辛　张　鸣 / 158

告别英雄　王跃文 / 161

隋炀帝之功业　刘洪波 / 164

我们的孩子如何长大　薛　涌 / 167

生命教育不是简单的"你死我活"　王学进 / 170

大师之大　张君燕 / 173

第七章　回到常识

回到"常识"　钱理群 / 179

差不多先生传　胡　适 / 181

1958 年的中国麻雀　沙叶新 / 184

似是而非的观念(之二)　朱铁志 / 187

说"忍"　陈子展 / 190

骗子得手靠傻子　陈　仓 / 194

第八章　坚守良知

对人类社会公理的敬畏　赵鑫珊 / 199

况钟的笔　巴　人 / 202

珍惜愤怒　毕淑敏 / 205

有所畏惧　郭庆晨 / 208

谏屈原书　杨国胜 / 211

患者吴良知先生的就诊报告　苏中杰 / 214

"禽兽、畜牲,你好冤枉!"　吴祖光 / 217

第九章　拒绝遗忘

德国人的"绊脚石心态"　沈　栖 / 225

拒绝遗忘　王正儒 / 228

奥斯维辛之后的写作　单世联 / 235

随感录三十五　鲁　迅 / 244

漫谈皇帝　季羡林 / 246

历史题该怎么考　张寿卿 / 249

可怕的曾国藩　流沙河 / 252

短命的大顺王朝：李自成在北京的42天　祝　勇 / 257

第十章　审美人生

活着有没有意思　王　雷 / 265

饥饿与尊严　莫　言 / 271

上下身　周作人 / 274

我爱喝稀粥　王　蒙 / 277

慢下来　朱铁志 / 281

这个时代还需要神话吗　迟子建 / 285

幽默的境界　余光中 / 289

说不尽的狗

　　——祝狗年凯旋　孙绍振 / 293

教养的证据　毕淑敏 / 299

巴黎墓地书　熊培云 / 303

"扬钗抑黛"的人是怎么想的　邹世奇 / 307

高尚的生活　罗　素 / 312

后记　让思想摇撼心灵 / 318

第一章

独立人格

每个人都在不同的意义上属于他人，属于某个集体：我们是父母的子女、社区的居民、单位的员工、学校的学生、国家的公民；在不同的内涵与层面上，我们属于我们的父母、我们的家庭、我们的班级、我们的单位、我们的国家。

但是，我首先是我自己的。而在最终的意义上，归根到底我属于我自己。

这就是我们的人格。每个人的人格都是独立的。我是我自己，我属于我自己。我的生命由我自己支配，包括我的身体、我的意志、我的思想、我的天分、我的力量、我的热情、我的爱、我的恨……

我的人格是独立的，你的人格是独立的，他的人格是独立的，所以，人人平等。任何形式、任何目的的人身依附，所有对人权的践踏或者让渡，一切试图主宰别人的身体、意志和情感的行为，以及所有被美妙的乌托邦和严明的逻辑包装起来的等级制，都是对独立人格的侵犯。

在一个正常和健全的社会里，每个人都有权利选择自己的生活方式，拥有自己生活与思想的空间，能够自由地选择信仰，自由地表达思想和情感，能够依照使自己的个性得以舒展和张扬的方式来建立与社会的联系。

生命属于你，生活就是你自己的。你没有义务复制别人的人生。当然，也没有必要。

其实，对于每个个体而言，坚守独立人格并非一件容易的事情。恐惧和诱惑，从两个方向考量着个体对独立人格的定义。对强权和孤独的恐惧，对金钱与权威的膜拜，融入"大多数"的欲望，甚至不劳而获的懒惰，一夜成名的梦幻，或者一份徒有虚名的奖励，都可能让你放弃自己的尊严，低下曾经高贵的头颅。

一只特立独行的猪[1]

王小波

插队的时候,我喂过猪,也放过牛。假如没有人来管,这两种动物也完全知道该怎样生活。它们会自由自在地闲逛,饥则食渴则饮,春天来临时还要谈谈爱情;这样一来,它们的生活层次很低,完全乏善可陈。人来了以后,给它们的生活做出了安排:每一头牛和每一口猪的生活都有了主题。就它们中的大多数而言,这种生活主题是很悲惨的:前者的主题是干活,后者的主题是长肉。我不认为这有什么可抱怨的,因为我当时的生活也不见得丰富了多少,除了八个样板戏,也没有什么消遣。有极少数的猪和牛,它们的生活另有安排,以猪为例,种猪和母猪除了吃,还有别的事可干。就我所见,它们对这些安排也不大喜欢。种猪的任务是交配,换言之,我们的政策准许它当个花花公子。但是疲惫的种猪往往摆出一种肉猪(肉猪是阉过的)才有的正人君子架势,死活不肯跳到母猪背上去。母猪的任务是生崽儿,但有些母猪却要把猪崽儿吃掉。总的来说,人的安排使猪痛苦不堪。但它们还是接受了:猪总是猪啊。

对生活做种种设置是人特有的品性,不光是设置动物,也设置自己。我们知道,在古希腊有个斯巴达,那里的生活被设置得了无生趣,其目的就是要使男人成为亡命战士,使女人成为生育机器,前者像些斗鸡,后者像些母猪。这两类动物是很特别的,但我以为,它们肯定不

---

[1] 选自《中国当代杂文二百家》(下)(吉林人民出版社 2009 年版),刘成信等主编。

喜欢自己的生活。但不喜欢又能怎样？人也好，动物也罢，都很难改变自己的命运。

以下谈到的一只猪有些与众不同。我喂猪时，它已经有四五岁了，从名分上说，它是肉猪，但长得又黑又瘦，两眼炯炯有光。这家伙像山羊一样敏捷，一米高的猪栏一跳就过；它还能跳上猪圈的房顶，这一点又像是猫——所以它总是到处游逛，根本就不在圈里待着。所以喂过猪的知青都把它当宠儿来对待，它也是我的宠儿——因为它只对知青好，容许他们走到三米之内，要是别的人，它早就跑了。它是公的，原本该劁掉。不过你去试试看，哪怕你把劁猪刀藏在身后，它也能嗅出来，朝你瞪大眼睛，"嗷嗷"地吼起来。我总是用细米糠熬的粥喂它，等它吃够了以后，才把糠兑到野草里喂别的猪。其他猪看了嫉妒，一起嚷起来。这时候整个猪场一片鬼哭狼嚎，但我和它都不在乎。吃饱了以后，它就跳上房顶去晒太阳或者模仿各种声音。它会学汽车响、拖拉机响，学得都很像；有时整天不见踪影，我估计它到附近的村寨里找母猪去了。我们这里也有母猪，都关在圈里，被过度的生育搞得走了形，又脏又臭，它对它们不感兴趣；村寨里的母猪好看一些。它有很多精彩的事迹，但我喂猪的时间短，知道的有限，索性就不写了。总而言之，所有喂过猪的知青都喜欢它，喜欢它特立独行的派头儿，还说它活得潇洒。但老乡们就不这么浪漫，他们说，这猪不正经。领导则痛恨它，这一点以后还要谈到。我对它则不只是喜欢——我尊敬它，常常不顾自己虚长十几岁这一现实，把它叫作"猪兄"。如前所述，这位猪兄会模仿各种声音。我想它也学过人说话，但没有学会——假如学会了，我们就可以做倾心之谈。但这不能怪它。人和猪的音色差得太远了。

后来，猪兄学会了汽笛叫，这个本领给它招来了麻烦。我们那里有座糖厂，中午要鸣一次汽笛，让工人换班。我们队下地干活时，听见这次汽笛响就收工回来。我的猪兄每天上午十点钟总要跳到房上学汽笛,地里的人听见它叫就回来——这可比糖厂鸣笛早了一个半小时。坦白地说,这不能全怪猪兄,它毕竟不是锅炉,叫起来和汽笛还有些区别,但老乡们却硬说听不出来。领导上因此开了一个会,把它定成了破坏春耕的坏分子,要对它采取专政手段——会议的精神我已经知道了,但我不为它担忧——因为假如专政是指绳索和杀猪刀的话,那是一点门都没有的。以前的领导也不是没试过,一百人也逮不住它。狗也没用:猪兄跑起来像颗鱼雷,能把狗撞出一丈开外。谁知这回是动了真格的:指导员带了二十几个人,手拿五四式手枪;副指导员带了十几人,手持看青的火枪,分两路在猪场外的空地上兜捕它。这就使我陷入了内心的矛盾:按我和它的交情,我该舞起两把杀猪刀冲出去,和它并肩战斗,但我又觉得这样做太过惊世骇俗——它毕竟是只猪啊;还有一理由,我不敢对抗领导,我怀疑这才是问题之所在。总之,我在一边看着。猪兄的镇定使我佩服至极:它很冷静地躲在手枪和火枪的连线之内,任凭人喊狗咬,不离那条线。这样,拿手枪的人开火就会把拿火枪的打死,反之亦然;两头同时开火,两头都会被打死。至于它,因为目标小,多半没事。就这样连兜了几个圈子,它找到了一个空子,一头撞出去,跑得潇洒至极。以后我在甘蔗地里还见过它一次,它长出了獠牙,还认识我,但已不容我走近了。这种冷淡使我痛心,但我也赞成它对心怀叵测的人保持距离。

我已经四十岁了,除了这只猪,还没见过谁敢于如此无视对生活的设置。相反,我倒见过很多想要设置别人生活的人,还有对被设置的生活安之若素的人。因为这个缘故,我一直怀念这只特立独行的猪。

评点:

猪,自古以来被人饲养,也被人设置。生活被人设置,命运自然也就被设置了。这就是猪的生活,猪的命运,无论贵为种猪,还是贱为肉猪。

王小波笔下的这只"猪",敢于公然对抗人类的"设置",特立独行,独来独往,像自由战士。

面对这只特立独行的猪,不知多少人会黯然神伤:人类渴望自由,却无往而不在设置与被设置之中。

被设置的生活,是猪的生活。对被设置的生活安之若素的人,才是猪。

设置别人生活的人呢?

人人皆可为国王[①]

梁　衡

　　说到权力和享受,国王可算是一国之最。普天之下莫非王土,国之财任其索用,一国之人任其役使。所以古往今来王位就成了人追求的目标,国王生活的样子也成了一般人追求的最高标准。

　　但是不要忘了一句俗话:尺有所短,寸有所长。虽然大有大的好处,但它却不能占尽全部的风光。比如,同是长度单位,以"里"去量路程可以,去量房屋之大小则不成;以"尺"去量房间大小可以,去量一本书甚至一张纸的厚薄则难为了它。同是观察工具,望远镜可以观数里、数十里之外,看微生物则不行,这时挥洒自如的是显微镜。以人而论,权大位显,如王如皇者亦有他的局限,比如他就不能享村夫之乐、平民之趣。《红楼梦》里凤姐说得好,"大有大的难处"。而《西游记》里孙悟空就懂得小有小的好处,钻到铁扇公主肚子里去成大事。就是在君主制度的社会里,王位也并不是所有人的选择。明代仁宗皇帝的第六世孙朱载堉,就曾七次上疏,终于辞掉了自己的爵位,他一生潜心研究音乐和数学,他发现的"十二平均律"传到西方后,对欧洲音乐产生了巨大影响。对量子理论做出贡献的法国人德布罗意也是出身公爵世家,但他不要锦衣美食,终于在科学史上占有一席之地。据说现在的荷兰女王也很为继承人发愁,因为她的三个子女对王位都不感兴趣。

　　在现代社会里,特别是在市场经济的运行规则下,人们的利益取

[①] 选自《对话——〈杂文选刊〉:一本杂志和一个时代的声音》(漓江出版社2012年版),刘成信、王芳主编。

向、价值取向和实现途径都大大多元化了。每一个成功者都可以享受山呼万岁式的崇敬,享受鲜花和红地毯。社会有许许多多的"国王"在各自不同的王国里尽享着自己臣民的膜拜。你看歌星、球星是追星族的国王;作家、画家是他读者的国王;学者、教授是他学术领域内的国王。幼儿园的阿姨、小学校的教师整天享受着孩子们的拥戴,也俨然如王——孩子王。就是牧羊人,在蓝天白云下长鞭一甩,引吭高歌,也有天地间唯我独尊的国王感。

事物总是有两方面,有所不为才能有所为;失之东隅,收之桑榆;塞翁失马,焉知非福。每个人只要努力都能得到一种王者的回报。当一个人壮志难酬或怀才不遇时,这大约是人生最低潮最无奈的吧。但就是在这种状态下,他仍然会有追随者,仍然可以反败为王。北宋时的柳永,宋仁宗不喜欢他,几次考试不第,连个做臣子的资格也拿不到,他只好去当"民"。但是在歌馆妓楼、勾栏瓦肆的王国里他成了国王——词王,"凡有井水饮处,即能歌柳词",你看他这个王国有多大。林则徐因主张禁烟被清政府贬到新疆伊犁。但就是这样一个"钦犯",沿途官民却拜迎宾馆,泪洒长亭,赠衣赠食,争睹尊容。到住地后人们又去慰问,去求字。以至于待写的宣纸堆积如山。在人格王国里林则徐被推举为王。

在正常生活中更是人人可以为王。我看过一场演唱会,那歌手也没有什么名,但当时着实有王者风光,台下的女孩子毫不羞涩地高喊"我爱你",演唱结束,歌迷就冲到台上要签名,要拥抱,那些不得一吻的女孩子就去吻他刚坐过的椅子,真是让我大跌眼镜。一次爬香山,在山脚下一位年轻人用草编成蚂蚱、小鹿之类的小动物,插满一担,惹得小孩子和家长围成几层厚厚的圆圈,很有拥兵自重的威风。等到登上半山时,又见许多人挤在一起围观,一个老者在玩三节棍,两手各持一节细棍,将那第三节不停地上下翻挑,做出各种花样,人们越是喝彩他越是得意,在这山坡上临时组建的三节棍小王国里,他就是国王。

国王的精神享受有三:一是有成就感,二是有自由度,三是有追随者。只要做到这三点,不管你是白金汉宫里的英国女王,还是拉着小提琴的街头艺术家,在精神上都已得到了一样的满足。而要做到这一点并不难,只要诚实、勤奋就行——因为你虽没有王业之成,大小总有事业之成;虽没有权的自由,但有身心的自由;虽没有臣民追随,但一定有朋友、有人缘,也可能还有崇拜者,"天下谁人不识君"。所以人人皆可为国王,谁也不用自卑,谁也不要骄傲。

评点:

单从精神享受看,国王享有人世间最充分的成就感、最大的自由度和最多的追随者。人们未必觊觎国王那世俗的权力与物质的享乐,但对这三样"精神享受",恐怕无人不向往。

人人都想当国王,因为人人都希望最大限度地自我实现。在现代社会,政治民主化、经济市场化和文化多元化为每个人的"国王梦"提供了可能:在自己的空间和领域,以自己的个性和才华,创造自己的成就与奇迹,享受属于自己的荣耀和荣誉,最终实现自己的生命价值。

在这个世界上,只有一个你,前无古人,后无来者,你就是一个独一无二的自己。自我发现了,自我实现了,你便是国王。

麻雀[①]

方　刚

　　麻雀把自己的生活和人类的生活紧密连在一起,这种属于鸟纲文鸟科、成鸟体长约 14 厘米的小动物,主要栖止于有人类经济活动的地区,或是乡村,或是都市,人类在哪里建造起他们的世界了,麻雀便也将那里当成它们的家园。在我国,麻雀几乎遍布所有平原和丘陵地带。

　　颇有一些鸟类把它们的巢穴营造在屋壁和檐边,但麻雀无疑是最经常地把自己的家和人类的家放在一起的鸟,我们屋檐上的鸟巢,10 个中至少有 9 个属于麻雀,这便是它又被称为家雀的首要原因。另一个原因也许是,麻雀在食物上对人类的依赖。它们的食性随季节变化,但平时主要吃谷类,只在冬季偶尔吃些杂草的种子。当人类在农田里立起稻草人的时候,他们最想欺骗和恐吓的,便是麻雀。

　　麻雀也捕食昆虫,但只是在它们的繁殖季节,而不像其他鸟类那样一年四季都将昆虫作为自己的美餐。昆虫是麻雀繁育后代时的营养品,并且用来哺喂雏鸟,而在平时,昆虫对于麻雀来讲过于奢侈了。谷类是麻雀生命的依靠,而谷类多由人类种植,人类便也成了麻雀这个物种的依靠了。

　　我们因此有理由说,麻雀是对人类依赖性最强的鸟类。

　　但是,麻雀是唯一不曾向人类屈服的鸟类!

　　[①]　选自《动物哲学》(中国华侨出版社 1999 年版),方刚著。

在人类威胁和利诱的两手之下，太多原本具有骄傲、自由性灵的生物屈服于我们的"权威"或淫威。那些被关在笼子里一代代繁衍着的、有着美丽羽毛和动听歌喉的鸟，"宠物"的名称已经形象地说明了它们的生存状态。它们的羽毛已经退化，它们的歌喉只为了取悦于人，如果将其放归自然，它们又是否能够生存下来呢？不是经常有饲养者炫耀，他们的鸟如何在敞开的笼门面前无动于衷吗？为了不劳而获的一把小米，它们背叛了整个天空。

喜鹊、乌鸦、白头翁……这种原本该自由翱翔的生灵，还有哪个没做了人类的奴仆呢？那些懒散于广场和路边的鸽子，许多并不是被人类捕来的，觅食于山野的辛劳在都市的诱惑面前使尊严土崩瓦解，它们可耻地自投于人类脚下，眼巴巴地企盼着我们赏赐一些食物。没人加给它们禁锢，是它们自己选择了乞讨。

鹰是最勇猛和自由的，它桀骜不驯，可谓鸟中之王。但仍然未能避免被人类征服的命运。"熬鹰"的过程充分体现着人类奴役其他物种时的残酷，对被剥夺了自由的鹰，以饥饿和困倦煎熬它，消磨其斗志，然后以少许的诱饵迫其就范，使这天之骄子与猎犬为伍，帮助人类去捕获其他生物。

所有甘为奴役的鸟类都无法避免其奴仆的轻贱与悲楚命运，观赏价值高的鸟可以免除劳作之苦，靠卖弄羽毛和歌声讨食。智商略高的鸟或是被训练着表演各种低等的戏法，或是充当算卜者的帮凶，叼起卦签去完成欺骗。鹦鹉是紧紧追随主人的鸟，它们随声附和人类的思想，不作也没有能力作独立的思考和判断，即使是人类最肮脏的语言，它们也照搬不误。被驯服的鱼鹰的命运最为凄惨，劳累一天的猎获物都上了别人的餐桌，只能指望靠主人恩赐的一条小鱼赖以活命。

鸟类最动人心弦的美便是它们搏击长空时的矫健，当其翱翔的翅膀被利诱所累，我们看到的只是一些可怜的爬行动物。

然而，麻雀不同了。这小小的生物在鸟类的种族里实在不起眼，"语"不惊人，"貌"不出众，却在以生命捍卫着自由、活泼的天性。

没有人可以养活一只麻雀,麻雀与被饲养的命运无缘!

被人类捕捉的麻雀,倔强地抗拒着任何一种征服它的努力,事实是,在被剥夺自由的那一瞬,它们便已选择了死亡。当一个生灵决意以死抗争,以死捍卫自由时,便没有什么力量能够征服它。人类妄想奴役麻雀的所有尝试都注定失败,麻雀对那些送到嘴边的美味视而不见,绝食——这便是它们的回答。麻雀至死都紧紧地闭着眼睛和嘴,一副凛然不可冒犯的神态,甚至不发出一声鸣叫,以免使人类认为那是在乞怜。不过一夜,麻雀便奄奄一息了,濒临死亡之境,它们的神志仍很清晰,足以抵御饥饿对食物的渴望。麻雀绝食的顽强使人类困惑,这些智能显然十分低下的小生物竟能战胜物种求生的顽强本能,仅仅是为了飞翔。

麻雀属于天空,人类制造的牢笼里不可能看到它们的身姿。

对人类的依赖性,是由麻雀的生物属性决定的,正像我们人类其实也是依赖着每一种动物和植物的存在一样,无可厚非。因此,麻雀是所有鸟类中最有理由对人类俯首帖耳,听凭差遣。当诸多不以人类的种植物为食、本不需要人类的任何关照便可种族旺盛的鸟类都心甘情愿做了人的奴隶时,麻雀的服输完全可以获得宽容和理解,但是,麻雀仍在以死相抗。

麻雀坚守的不仅是尊严,而且是天性。任何利诱都不可能使麻雀背叛自己的天性,而物种最原始也最崇高的生存境界便是:自由。

"不自由,毋宁死",没有哪一种生物能够像麻雀这样,将其作为整个种族的精神,代代相传。

麻雀是动物界最后的烈女。

评点:

> 麻雀是动物界唯一不向人类屈服、不为人类利诱而低头的生物。尊严与自由,这才是麻雀的生命之所在。

文章显然是托物言志。麻雀是对人类依赖性最强的鸟类,尚且能为了自由与尊严而宁死不屈,那么号为万物之灵长的人类呢?那些"为了不劳而获的一把小米"而"背叛了整个天空"的鸟儿,以及终于熬不过饥饿与困倦而选择屈服的老鹰,不正是放弃自己的天性与尊严而选择被奴役的人类的写照吗?

"还我头来!"[1]

陈虞孙

《三国演义》里有一个关公玉泉山显圣的故事。故事本身并无可取,关公喊的"还我头来"的口号却很有意思,可以借作题目,发挥几句。

人各有头,或称脑袋,谁都知道,人不能没有头。在危墙之下,有砖头瓦片掉下来,人们总身不由己地举手护着脑袋走过去。然而一个人长了一个脑袋究竟派什么用场,却未必尽人皆知。有一种人,虽有一个脑袋,说话做事,好像从来不用一用他的脑袋。人们对于这种虽长了个脑袋却好像没有脑袋的人,称之曰:"没头脑。"可见,脑袋的用场,仍不失为一门学问。

人们对这门学问,确实积累了不少经验教训。例如,在封建王朝,曾经有不少人真心为皇帝着实动脑筋,极言直谏,力竭声嘶,可是往往落得一个丢掉脑袋的下场。明朝皇帝定了一个规矩:谁在当朝对皇帝提意见,皇帝如果听得不顺耳,可以当场拉翻在地,扯去裤子,棍杖齐下,轻则皮开肉绽,重则当场毙命。名曰:廷杖。当然也还有下牢、杀头的。因此,那些要保乌纱帽的官儿们,为了保脑袋——试问脑袋都不保了,还到哪儿去找戴乌纱帽的家伙呢?——便总结出了一个诀窍,叫作:"多磕头,少说话。"可以想见,皇帝老儿高高在上,往下一看,只见文武百官都趴在下面,脑袋埋在地下,屁股翘向天上,一片万

---

[1] 选自《中国当代杂文二百家》(上)(吉林人民出版社2009年版),刘成信等主编。

岁之声,整齐划一,岂非江山一统天下太平了吗?

余生也晚,到我开始略知世事的时候,已经赶不上见到那样多磕头、少说话的太平景象了。但是,从历史书上知道,明朝的廷杖打出了一个崇祯皇帝煤山上吊的结局。清朝是提倡多磕头、少说话的,也落得黄龙旗换上五色旗的下场。总之,人长着一个脑袋到底有什么用的问题并没有解决。

我有幸在垂暮之年亲身碰上了这个问题。林彪、"四人帮"果然超过了他们的前辈,明目张胆地对这个问题摆出了他们的命题和办法,而且收到了一定的实效。林彪说什么他的脑袋特别灵。他又说什么不理解也要执行。你们看,全国八亿个脑袋就只他一个脑袋行,你们七亿九千九百九十九万九千九百九十九个脑袋都不行。你们不理解也要执行。你们干脆把脑袋上缴得了。谁不照办,索性把你的脑袋砍掉。这就叫革命。可算是最最最彻底的革命了。如此一转眼就十年,这是失去了脑袋的十年。要说实效呢,并不小。试看,万马齐喑,一片荒凉,如入无人之境。人而亡头,国将何有。万幸的是,在这存亡绝续之际,党中央一举粉碎了这批丑类,拨乱反正,挽救了国家,挽救了党,也挽救了人们失去的脑袋。丰功伟绩非同小可。

那么,脑袋的用场这个问题总该解决了。却又不然。从这十年的生活看,在这问题上,有两种人:一种是被迫的,另一种是自愿的。这前一种人,迫于林彪、"四人帮"的淫威虽不开口,但一直没有停止过使用自己的脑袋。丑类既除,他们当然会开动自己的脑筋,为党为国家追回十年的损失。可是,后一种人就不同了。他们在过去昏天黑地的十年里,自愿把自己的脑袋层层上缴,自以为既可安身立命,又可延年益寿,久而久之,已经形成了他们的人生哲学和做官的诀窍了。对这种人,如果要他们把工作的着重点作战略转移,他们不免觉得安土重迁,很伤脑筋了。前一种人始终坚持要有自己的脑袋,并且充分发挥脑袋的作用。而后一种人却以为有没有自己的脑袋,无关宏旨,甚至以为没有脑袋反而比有一个脑袋好。譬如,须要开个会商量些事情,会上总不免七嘴八舌,意见纷纭。这种人就难免觉得,事情就坏在每个人有一个脑袋。如果大家都把脑袋缴了,让一个人说了算,岂不省事。对这种人,如果提出"还我头来"的口号,他不仅会不感兴趣,反会认为多事哩。

所以我借来这个题目,发挥几句,文短意未尽,且等下回分解。

评点:

陈寅恪先生提出"独立之精神,自由之思想"的命题,将"独立的人格"与"自由的思想"作为人的根本。没有思想的人格,是依附型的人格,是奴才型的人格。因此,但凡制造人身依附的专制统治者,总是想方设法釜底抽薪,取消人的思想权利,扼杀人的思想能力。一旦失去了独立的头脑,也就谈不上什么独立人格了。

此文以"还我头来"为题,意在呼吁每一个人都要主宰自己的头脑,不做别人思想的奴隶。

二狗哲学[①]

鄢烈山

一位小时候一起光屁股捉泥鳅的伙伴,日前进城来看我。惊喜之际,我脱口叫道:"二狗哥,稀客稀客!"几个年轻同事一听,哄然大笑,有人还"汪汪"怪叫两声,弄得我俩颇有些尴尬。真是少见多怪!

本来,我们乡下叫这种名儿的很多:牛娃、石滚、苕货、狼子(黄鼠狼)……叫这种丑名儿的都是男孩子。女孩取名则有秀、芝、玉、英等娇美的字眼……

据老辈人讲,取贱名是为了好养。名儿贱了瘟神邪鬼就可能放过去而易于逃灾避劫。比如称"二狗",其实也不是兄弟排行第二(就像电影《神鞭》中的傻二,其实是独子),只是表示当狗也不敢做老大。

对这种想法和做法,年轻的同事认为太愚昧太可笑,我倒认为是深得中国传统文化精义的。毫不夸张地说,其底蕴的深刻性完全达到了哲理的高度,可以概括中国人数千年积累的浩繁的文化典籍、五花八门的统御术和芸芸众生安身立命的经验,因而可以当之无愧地称之为"二狗哲学"。

其底蕴(时髦的说法叫"深层含义"或"文化密码")是:

人只有轻贱自己,才能获得保全;
人只要轻贱自己,就可能全身远祸。

[①] 选自《中国当代杂文二百家》(上)(吉林人民出版社 2009 年版),刘成信等主编。

旧时,前一句是"人上人"治世的铁律,"人下人"感同身受确知并非戏言;后一句是被命运摆布的人们的信条,确切地说是他们求生的一线希望。

翻开名教经典,大抵都这样写着:轻贱自己!

孔子说:"畏天命,畏大人,畏圣人之言。"老子说:"古之善为道者……豫兮若冬涉川;犹兮若畏四邻;俨兮其若客。"庄子则劝人们做无用的散材,以免斧锯加诛。这些教导怎样做奴隶的哲理,被奴隶们所接受,转化成自己的语言,便是"夹着尾巴做人""近来学得乌龟法,得缩头时且缩头""憨人有憨福"等世代相传的俗谚。庶民们就是靠这些俗谚的启蒙待人处世的。

翻开名教经典,到处都写着:使臣民持愚守贱!

孔子说:"君君,臣臣,父父,子子""勇而无礼(等级制度)则乱"。老子说:"非以明民,将愚之。"《孝经》曰:"先之以敬让而民不争。"这些统治权术化为具体政治措施,便是秦始皇的焚书坑儒,便是叔孙通为刘邦制定的朝仪,曹丕推行的九品中正制,朱元璋的八股取士;在现代则是蒋介石的"戡乱",林彪印刷人手一册小红书,"四人帮"树白卷英雄。

一部《二十五史》,热闹得很。领主之间、王寇之间、军阀之间、派别之间,今天你打过去,明天他打过来,似乎不共戴天。其实,只要一方甘认是"二狗",畏服了,大家便可化干戈为玉帛,战败的仍不失为"安乐公",照样可以乐不思蜀。反过来,哪怕是同胞兄弟、患难朋友,别说怀有不臣之心,就是显露出了不臣之才,也是莫大的罪恶,必欲置于死地而后快,所谓"卧榻之旁岂容他人酣睡",所谓"功勋盖世者不赏,威略震主者身危"是也。范蠡、张良深明此理,得以善终;文种、韩信心存侥幸,身亡族灭。

有这样的文化熏陶,这样的社会课堂,"二狗哲学"在中国久盛不衰还有什么奇怪的呢?"文革"中"二狗哲学"更是被林彪、江青一伙发展到了历史新阶段。

当然,各色人等运用"二狗哲学"的水平和动机不相同。安禄山、林彪之类装"二狗",装得最谦卑,自称满肚皮忠心,那是为了以屈求伸,伸其虎狼之志;苏味道(苏模棱)、王珪(三旨相公)之流装"二狗",无可无不可,是为了固位,久享荣华富贵;躬行"四得"(即"时候耐得,银钱舍得,闲气吃得,脸皮没得",语出《孽海花》),钻营谋利者,是等而下之的禄蠹。阮籍佯狂、徐庶无语、娄师德唾面自干,乃是政治情势所迫;黎民百姓装"二狗",只不过为着苟全性命而已。

然而,无论出于何种动机,你也装"二狗",我也装"二狗","二狗哲学"便成了社会公理。于是,低眉顺眼、谦恭逊让、谨小慎微便成了大贤大德。

现在,大概再没有人给自己或孩子取"二狗"之类的贱名了。但是,"二狗哲学"并没有完全消亡。比如郑达理同志对李向南灌输的"弹烟灰的学问",就与"二狗哲学"有异曲同工之妙。

可以说"二狗哲学"不从中国的广大的土地上加以彻底清除,中国人民站起来了就是一句空话。

评点:

> 文章从民间"取贱名"引申出所谓"二狗哲学"的精义:"人只有轻贱自己,才能获得保全;人只要轻贱自己,就可能全身远祸。"
>
> 不禁要问:究竟是什么使人们选择这样一种懦弱的、卑怯的、自我羞辱的、自我作贱的生存方式?自装"二狗"的安禄山之流着实可恨,自甘"二狗"的苏味道之流着实可笑,佯狂为"二狗"的阮籍之流着实可悲,而为了苟全性命而不得不装"二狗"的黎民百姓呢?
>
> 最要紧的是,先要铲除那养育"二狗"的土壤,让所有的人都不用再装"二狗"。

帮闲文学与帮忙文学[①]

王元化

中国的帝王连帮闲文人都觉得讨厌的,据我所知,大概只有两位,一个是大名鼎鼎的汉高祖,另一个就要算宋文帝了。

高祖是流氓出身,历史上说,他的臣子在饮宴时,争功狂呼,拔剑击柱,简直丑态百出。而高祖自己无缘无故地取下别人的儒冠来小便,这更是无赖中的头一等角色。无赖自然不懂得"雅",所以他们觉得帮闲文人酸溜溜的可厌是毫不足为怪的。至于宋文帝讨厌帮闲文人,只因为他是个风流才子,以文章自高,妒忌比他才气大的文人像鲍照、惠休和尚等。其实鲍、休二人何尝有什么革命思想?何尝有什么不安分的打算?只看他们写起文章来,战战兢兢,不敢竭尽才力,便是证明。可是结果,一个竟遭受到当时批评家们的围剿,一个终不免被勒令还俗,连和尚都不许做了,当时文人的命运真是可悲可叹!幸而无赖的开国雄主和喜欢争风吃醋的风流天子,究竟是偶然例外的特殊人物。多数帝王并不如此。别的不说,枚乘赋柳,赐绢五匹;相如赋长门,得金百斤,就是明证。

外国的情形,我不大清楚,不过据我所熟悉的几个"桂冠诗人"看来,似乎和中国帮闲文人多少有点不同。这原因在于他们多少保持了一些独立人格,一些自我的思想感情,所以他们的作品也并不完全臭气熏天,有些还是很可观的。把中外帮闲文人同列,对于前者固是过奖,而对于后者却是侮辱了。其实,只有外国朝廷上的弄臣才能说明

[①] 选自《经典杂文读本》(当代世界出版社 2010 年版),腾浩选编。

中国帮闲文人的身份。国王贵人没有弄臣在旁插科打诨是吃不下饭，睡不着觉的。中国的帮闲文人虽然用的是文绉绉的诗词歌赋来博主子的"一粲"，但那功效却并不比弄臣的打趣插科高明多少。

胡适先生在《白话文学史》中说，汉唐以来的大批乐府是文学作品渐趋平民化、白话化的表现，这有些片面。归纳历史材料，自立系统，原来应该，但不可偏于主观的成见，以致流入牵强附会。帝王贵族忽然记起了一向看不起的民歌民谣，只是为了要换换口味，正像吃惯了山珍海味的阔佬，有时反要尝尝穷人的大饼一样，是用不着我们大惊小怪的。北平至今还有一些店铺出卖一种"小窝头"，就是前清时专为献给西太后用的。可是阔佬吃穷人的大饼，只取其意，不在其实，因为他们往往要把穷人的东西编出许多新花样，加以改制，不这样，就不能配他们的细腻的胃口。

乐府之中，也许还保存了部分的民间原作吧，但不少却是帮闲文人的辛苦劳作的成绩。乐府就是后世所谓的教坊，太平盛世，主子闲得慌，叫个娼妓，唱歌跳舞，这时帮闲文人的任务就是制曲作谱，收集民间的歌谣加以改造。我对帮闲文人可怜多于厌恶，也正因为他们的作品并不包含什么欺凌弱小的政治目的，只要取媚主子一人就已足够了。所以帮闲文人虽为志士所不齿，但平心而论，他们的身上倒没有杀人的血腥味。

帮闲文人不过和主子畜的鸟兽、摆的花草相仿。帮忙文人却不同，是国家的重臣，权门的军师，虽在一人之下却在万人之上。主子无聊的时候才要帮闲文人献诗作赋，如果主子忙得不可开交，哪还有闲心情来下棋品茗，猜拳行令，听些阿谀献媚的混话？这时候，自然是帮忙取帮闲而代之了。帮忙是要想主子想不到的办法，出主子出不出的计划，他们往往比主子的心田更加恶狠，比主子的手段更加毒辣。

王秀楚的《扬州十日记》描写清兵杀人如麻，流血有声，读了之后，令人毛骨悚然，如游地狱，忘掉人间。然而最使我感到可怕的却是下面的一段话：

> （清兵）逐户索金，意颇不奢，稍有所得，即置不问。或有不应，虽操刀相向，尚不及人。后乃知有捐金万两相献而卒受毙者，扬人导之也。

清兵的残忍还是出于扬人的教授，实在是我读了《扬州十日记》后的一大收获。

如果奴才一旦由乡下的土棍恶霸换作了博览群书、通晓各种知识的帮忙文人，就越发可怕了。我对于曾国藩之类的憎恶远在替清兵做走狗的扬人以上，就是从这种认识出发的。然而至今听说还有教员强迫小学生去读《曾文正公全集》，称他为"儿童模范"的事发生。我实在不明白这些人的居心何在。莫非替现在的帮忙辩护不够，还要给过去的帮忙捧场吗？曾国藩虽然已成古人，可是我们还有一点记性的。别的不说，以他帮助清帝征服太平天国的举动看来，就可以列入帮忙文人中的头一等人物了。如果不是帮忙，他为什么要给太平天国造谣言，说他们"贫富不分一概抢掠"，"将不肯解脚的妇女斩足示众"呢？即使真有"斩足示众"之类的事吧，然而我觉得比起清朝"将不肯剃发蓄辫的汉人斩首示众"轻得多。帮忙造谣的伎俩多是低能的，诬蔑对方往往会露出自己的残酷。而且自古至今的帮忙总是反反复复唱不完这个老调。至于曾国藩颠倒黑白粉饰现实的本领都是一批帮忙文人望尘莫及的。例如他在《讨粤匪檄》中说：

> 今天子忧天惕厉，敬天恤民，田不加赋，户不抽丁。

这样说来，好像人民安居乐业，皇帝仁德至极的样子。事实上如何呢？清帝要比他忠厚得多，坦白得多了。在曾国藩《讨粤匪檄》公

布前,皇帝下过"哀痛之诏",直言不讳地说:

> 总缘亲民之吏,多方婪索,竭其脂膏,因而激变至此。然州县之所以剥削,不尽自肥己囊,大半趋奉上司……小民脂膏有几,岂能供无厌之求?

这岂不是帮忙比主子更加厚颜无耻的证明吗?主子不好意思讲的话:他反毫不在乎地脱口而出了。我想,这种本领只有从历史中来证明"几世纪来中国就已实行了民主政治"的学者之流才可望其项背吧。

曾国藩和皇帝来往的折奏和批谕又说明了帮忙和主子之间的另一种秘密。就是他们虽然剽窃了法家的末技,好像军法神圣不可侵犯,其实他们徒有法家的外表而没有法家的精神。商鞅变法,结果受到车裂之刑,李斯重刑,结果惨死在赵高的手里,立法的人反而亡命于法下,这正说明了他们还不完全是帮忙文人。主子对于帮忙是不会怀疑也不肯用严刑厉法的,因为知道他们绝不会不卖力气,纵令他们没有把事情弄好,也只是"江郎才尽"罢了。

近来历史剧热闹起来了。讲到抵抗异族的志士有人拉出史可法,讲到民族革命的英雄有人抬出刘伯温,其实这都是似是而非。

我相信明末官兵压榨自己的同胞并不比清兵逊色,也是受了《扬州十日记》的影响。兵临城下,史可法的将卒还要敲诈平民,纵欢取乐,如果没有身历其境的人,恐怕很难描出这样一幅图画来。

> 己酉夏四月十四日,督镇史可法从白洋河失守,踉跄奔扬州,坚闭城以御敌,至念四日未破。城前禁门之内,各兵守,予宅西城,杨姓将守焉。吏卒棋置,予宅寓二卒,左右舍亦然,践踏无所不至,供给日费钱千余……主者喜音律,善琵琶,思得名妓以娱军

暇:是夕,邀予饮,满拟纵欢,忽督镇以寸纸至,主者览之色变,返登城,予众亦散去。

当我读完了这段话后,不禁打了个寒噤。暗想:清兵是异族,抢、烧、奸、杀,犹有可说。怎么史可法的手下对于同是同胞的扬州人也要"践踏无所不至"呢?王秀楚是明末遗民,抱了憎恶清朝的民族思想,愤而著《扬州十日记》,所以他对于明末官兵的专横跋扈大抵是略而不述的,可是由此一端,其余也可想见了。

照当时的情形看来,官兵腐化不见得就是史可法昏庸的证明,这个道理我也明白。打破我对于史可法的崇拜,不是别人的议论,而是他自己的《复多尔衮书》。我想,稍有头脑的明人对于清兵、吴三桂之类的厌恶总不下于流寇李自成等辈吧。可是史可法竟说"我大将军吴三桂借兵贵国,破走逆贼"是"震古烁今"的举动!

"凡为大明臣子,无不长跽北向,顶礼加额,岂但明谕所云感恩图报已乎!"明朝的老百姓对于"破走逆贼"的清朝是不是要"长跽北向,顶礼加额"?我们暂且不管。但是,把流寇放在清兵之下却分明是抱了阶级偏见的结果,这种态度直到梁启超还不能完全免掉,他对于太平天国的议论,也露出过同样的口吻。

至于史可法的真心企望却很清楚地在信末闪露出来了:

今逆贼未服天诛,谍知卷上西秦,方图报复。此不独本朝不共戴天之恨,抑亦贵国除恶未尽之忧。伏乞坚同仇之谊,全始终之德;合师进讨,问罪秦中;共枭逆贼之头,以泄敷天之愤。则贵国义闻,照耀千秋,本朝图报,惟力是视。

寥寥数十字活现出苟安求活的心理。史可法打算用"同仇之谊"来感动清朝,幻想合师进讨,共取逆贼之头,可惜这一类的希望往往要被现实粉碎。我不免往坏处着想,觉得史可法后来抵抗清兵实在是莫可奈何的办法,因为这只是共存共荣的幻影破灭了之后的唯一出路。后世这样推崇他,只因当时的小人太多,褒贬善恶的标准不得不随之降低。这恐怕就是俗话所说的"山中无好汉,猢狲称大王"吧。

说史可法是抵抗异族的志士尚能勉强,说刘伯温是民族革命的英雄却未免过分了。

明太祖在起事的时候,固然是用民族思想来号召,可是大功告成之后,他的脸色一变,完全换了另一副样子了。他对于平民的压榨不但不比元人放松,反而更加加紧,甚至连不满元人的话,也要下令禁止。其实这和他以前的态度并不冲突,不过是证明了他的欺骗的手段而已。死在欺骗之下的百姓,比死在暴力之下的百姓,不会更舒服吧。

说得露骨一点,刘伯温就是朱元璋的帮忙,他乱谈天象,正是笼络群众的骗局,打算用迷信替主子收服民心。我不懂,为什么我们的剧作家会挑中这等角色来做"光明人物"的化身?

我觉得,与其在历史中挖掘英雄好汉,还不如在历史中勾出些帮忙的嘴脸,暴露他们的伎俩来得有意义,可惜现在的剧作家不是把帮忙写作英雄,就是把帮忙的鼻子抹白——连喜欢风趣,爱斗蟋蟀的帮忙中的"雅士",也被写成旧戏里曹操一般角色了。其实帮忙的脸孔并不是千篇一律的。

1941 年

评点:

除了无赖的开国雄主汉高祖和喜欢争风吃醋的风流天子宋文帝,帮闲文人在帝王们那里得到的,都是很高的待遇。这恰好说明了帮闲文人的弄臣地位。在帝王们眼里,他们与娼妓歌女并无二致。

　　帮闲文人可怜,在于他们缺乏独立的人格,他们的作品用于献媚,是帝王们闲暇无聊时的消遣工具;与之相对的,是帮忙文人的可恶。他们是"国家的重臣",是"权门的军师",是走狗,是鹰犬,其用心之恶狠,手段之毒辣,比起其主子,有过之而无不及。他们的作品往往刀光剑影,杀机四伏。

　　或帮闲,或帮忙,文人堕落至此,不仅是文人的悲哀,也是社会的悲哀。当一个社会的知识分子费尽心机谄媚权贵,或者沦落为权贵们的走狗,这个社会也堕落了。

第二章 自由思想

自由思想至少有两层含义：一是思想本来是自由的，二是思想应该是自由的。

前者的意思是，思想与生命同在，如同有了火，就有了火焰。思想是无法扼杀、禁锢和消灭的。专制者至多消灭产生思想的肉体，却无法扑灭思想本身。

每个生命的形态是不同的，每个生命的轨迹和力度也是不同的，这决定了每个人都是独立的思想家。有的人像太阳一样耀眼，那是先知先觉者；有的人像月亮，在每个晚上静静守候在天边，借助太阳的照射，散发出微弱的光亮，给仰望他的人以希望。还有的人像萤火虫，在草丛间，在墓冢旁，在庄稼地里，积攒了好几天，闪亮几秒钟。但那又怎么样？只要有生命，就一定有思想的光彩。

后者的意思是，思想的自由，像宿命似的，从来都是专制者、暴虐者扫荡的对象。大到法西斯体制，小到某个自以为得了真传的邪教教主，都试图把自己的思想填充到别人的头脑中，并使之在别人的头脑中开花结果。但如同所有人看到的那样，熄灭思想火花的尝试，只能激发出更多、更灿烂的思想烈焰。思想的淤积，犹如江水的壅塞，一旦溃堤，其爆发力将成百上千倍地壮大。但是，专制者和暴虐者总是没有记性，他们连一天也不放过对思想的禁锢。为了"自由思想"这个理想的境界，已经有无数的前人付出了包括生命在内的代价。

思想原本应该是自由的。

思想本能地寻求表达、交流、繁衍与扩张。思想是可贵的，但若缺乏了表达，缺乏了传播的路径和媒介，思想在很大程度上就失去了它的生产力和战斗力。

自由思想，并不意味着每一种思想都有益于人类的进步，有益于改善人类的处境。思想，总是真理与谬误同在，正义与邪说共生。只有在开放的平等的"思想市场"上，危险的、虚伪的、荒诞的思想才能被淘汰。否则，骗子们就能轻而易举地将假冒伪劣披上真理的外衣，到处兜售。

对于一个民族来说，最有战斗力的，是思想；对于每个个体来说，支撑你走到最后的，依然是不竭的思想。

让思想燃烧①

林贤治

"知识就是力量。"培根如是说。

的确,知识是重要的;但是,人类如果仅仅拥有知识是不够的,还必须有思想。知识,经验,都必须转化为思想。即如培根,他的代表性著作《新工具论》所给予我们的,就不是单纯的知识,而是掌握和运用知识的新方法、新工具;我们凭借这工具,可以更便捷地打开思想之门。其实,方法论本身又何尝不是思想!思想产生于知识是一个事实,可是,知识是绝不可能囊括思想和代替思想的。正因为如此,才有人申论学者的无知。用赫尔岑的说法,那些不带思想的学者,其实处于反刍动物的第二胃的地位,他们咀嚼着被反复咀嚼过的食物,唯是爱好咀嚼而已。

思想何为?思想是以人类的生命热情、生活体验所消融了的知识。它是被激活了的,炽烈的,深邃的,流动的,也许博大,也许精微,却都同样含有毁灭性物质;但是,它在走向生成,因而不致僵化、凝固和死寂。没有已故的思想,已故的思想只是知识。真正的思想,活在知识与自我的关系之中,是彼此的互动与重塑。对于自我而言,思想是吸纳的,又是敞开的,无论面对社会权力还是知识权力,都是独立的。可以肯定,思想与标本之类无缘,是对范式的超越。它处在现实的维度上,即使用古远的材料构成,仍然显示着当下的指向。但是,它又不为现实所羁,它将焚毁既定的因而是"合理"的桎梏;在它的光焰

---

① 选自《经典杂文读本》(当代世界出版社2010年版),腾浩选编。

中,有着未来世界的生动影像。洞穴里的哲学家常常瞥见这种影像。在古希腊,哲学家被称作"爱智者",其实,智慧仍然是不能混同于思想的。智慧是磷火,不是石火和薪火,无须摩擦,撞击,自然也无须点燃。形而上学家的智慧,大抵用于建造空中楼阁,而思想是大地的。

任何时代都需要思想,生气勃勃的思想,何况是方死方生的大时代!

当我们把一些富于思想或同思想相关的文字,从报刊和书籍中采集起来,本意就不是为了知识的重现,炫耀珍奇,培养趣味,而是专一期待着读者,从阅读——一种热烈的接触——中间,让思想得以持续地燃烧!

卡代尔神父在讲说颜色的光学时说:"绘画中的黑色往往是火所致,火总是在接受它强烈印象的物体中留下某种腐蚀性和发烫的东西。"于是我们看到,一些人老是在灰烬和烟雾中辨认火,把这些看作火的本质部分。他们念念不忘火的毁灭性倾向,唯独忽略生机。有谁会从绿色想到火的呢?有谁会从健康的肌体想到火的呢?虽然关于刀耕火种的传说,以及以火治疗的故事尚未失传,但也算不得真确的知识;在乡居的日子里,我却是无数次亲见了烧荒的大火的。那是何等气派的火焰,美丽的火焰呵!由是我被告知,火是与小百姓的生存有关的,放火当然也就不是秦始皇、希特勒一类名人的专利——

把火把举起来吧!

1998 年 7 月 23 日

评点:

知识是宝贵的,但知识不可能囊括思想和代替思想。因为,"思想是以人类的生命热情、生活体验所消融了的知识"。因此,思想才是生命的本质,生命与思想同在。

生命是自由的、奔放的、富有创造性的,它无法凝固,不能控制,难以规范,无法消灭。这也是思想的特征:思想总要冲破桎梏,它将焚毁既定的因而是"合理"的桎梏;在它的光焰中,有着未来世界的生动影像。

让生命张扬,让思想燃烧。

所谓"借古讽今"[1]
——《皇后之死第三集》序

柏 杨

中国自从纪元前一世纪,罢黜百家,独尊儒术以来,泛政治、泛道德观念,开始繁衍,几乎对所有的事物,只要有权的大爷愿意,就都可以往政治的或往道德的方向,加以引申曲解。明明拉不上关系的,也能硬拉上关系。中国人的灵性——想象力、创造力,和辨别是非的思考力和勇气,遂受到可怕的伤害。盖泛政治、泛道德是一种钳制独立思考的残酷工具,专门制造假象,并且用暴力保护这种假象,胆敢戳戳假象屁股,揭揭假象伪装的家伙,都要人头落地。于是,久而久之,真相被淹没、被扭曲,甚至被牺牲。中国人不但不敢接触真相,反而恐惧真相。万一有人胆大包天,使真相大白,习惯于假象的朋友,也会加以拒绝,而且老羞成怒。

最近在电视台上演的美国电视影集《根》,美国人——包括那些奴隶主的后裔在内,没有一个人认为那是对白人和黑人的挑拨离间,更没有一个人认为那是"别有居心"地激起黑人对白人的仇恨。另外一个影集《珍珠港惊魂》,暴露了上校夫人跟士兵通奸的丑闻,也暴露了没有奥援的低级军官,如何用妻子去巴结上级的内幕,美国人——包括美国三军将士在内,也没有一个人认为那是对美国军人的侮辱,更没有一个人认为那会打击美国的军心士气。这些小说和由这些小

---

[1] 选自《中国新文学大系(1976—2000·第十九集·杂文卷)》(上海文艺出版社 2009 年版),王蒙、王元化主编。

说改编的影集,如果在中国,它能露面乎哉。即令露面,铁定的要大祸临头。呜呼,两千年来与日俱增的密如蛛网的禁忌,造成了中国人行尸走肉的伟大景观。俗云:"看了《玉匣记》,不敢放个屁。"《玉匣记》是中国最古老的占卜书籍之一,禁忌多如驴毛,生活在《玉匣记》世界里,出门都要看好日子,坐板凳都要看方向,洗衣服也要看时辰,一举一动,连偶然打个喷嚏,都可能得罪鬼神——中国人怎能虎虎生风?

柏杨先生自从在高雄《台湾时报》,跟它的姊妹报——旧金山《远东时报》,以及香港《香港晚报》写《湖滨读史札记》,发掘出来一些历史上被埋葬了的事实,于是《玉匣记》里的牛魔王和琵琶精,纷纷出笼,一口咬定我"借古讽今"。台北某一次所谓文化人聚会上,有几个鲨鱼作家,还一口咬定我另一本专栏《乱做春梦集》,更借古讽今得厉害。嗟夫,"借古讽今"是一种阴险恶毒,动手杀人前,歇斯底里的嘶喊,可以听见有人在那里磨刀霍霍。最早的是嬴政大帝,用它焚书坑儒。最近的是"四人帮",用它摧毁人性,制造千万冤狱。然而,我们奇怪的不是杀戮,而是这些古代的人和古代的事,怎么会被硬拉到今日的人和今日的事上?柏杨先生不过用现代人所了解的和通用的字汇,对古人古事作一个报道和分析,如此而已。如果一定要在其中找些罪行恶迹,自以为那就是他,或自以为那就是影射某一个家伙,则中国五千年历史,就成了一部《新玉匣记》矣,小民还敢读历史乎耶?

我们最大的盼望是,中国人必须跳出《玉匣记》幽灵,管它黄莺叫也好,臭虫跳也好,不再疑神疑鬼地拼命往自己头上猛罩。中华民族必须扫除积沉已久的病态心理,必须成长为一个健康的民族;有健康的心理和健康的人生观,然后才能产生一个健康的社会。天地何其广阔,有多少事等待去做,中国人的眼光应往前看,没有开阔的、气吞八荒的胸襟,只在疑神疑鬼中打滚,只有使自己更鬼祟,使中华民族更衰弱。中国弄到今天这种地步报应已够沉重的矣,不应该再为子孙种下恶因。

最后,引用古德先生一诗,作为祝福。古德先生诗曰——

彩云影里神仙现,手把红罗扇遮面。
急须着眼看仙人,莫看仙人手中扇。

1982 年 1 月 21 日于台北新店花园新城

评点:

在泛政治化和泛道德化的文化环境中,偶然的一个行为可能被看作谋反的蛛丝马迹,随手的一个动作也能成为伤风败俗的如山罪证。在这样的病态心理驱使下,柏杨先生对历史的考证与评说,被人看作"借古讽今"甚至要上纲上线,就不奇怪了。真是精神衰弱,疑神疑鬼,杯弓蛇影。一个民族,若心理虚弱到这个地步,不但不能正视历史和现实,而且必定会陷入自欺欺人的陷阱而不能自拔。

诚如作者所言,中华民族要成长为一个健康的民族,必须有健康的心理和健康的人生观,必须扫除一切丑陋的心理痼疾。

早叫的公鸡[1]

朱健国

这寓言是宋朝人写的:有个人养了一笼公鸡,以便报晓起床。有一天,一只鸡在子夜便叫了,害得他起床好久而未天亮;于是大怒,杀了那早叫的公鸡。鸡们见状,从此天亮也不敢打鸣了,于是乎也被"格杀勿论"。

这好像是咎由自取。天明而啼,本是公鸡之光荣传统,谁叫你大胆早叫?死有余辜!不料,日前看了一个有关地震的资料,不禁痛感那早叫的公鸡死得冤枉。也就是前几年,某地的公鸡们突然"神经失常",晚上十一点就喔喔长啼。主人们恼怒不已,将它们或"关进"肚里,或"流放"异域。然而,没多久,地震大发,许多置早叫的公鸡于死地的人,自己也跟着倒了大霉。人们这才明白,公鸡之以反常早叫,实在因为地壳有异常征兆,要地震了。倘当时知此,鸡一早叫,便采取防震措施,该有多少生灵得救啊!

幸乎不幸乎,人中也有些"早叫的公鸡",他们的命运有的也酷似公鸡。屈原沉江,不就是因为在楚国未亡之时而高叫将亡?伍子胥掉头,不就是早看出了越国要灭吴国?布鲁诺因为说出地球围绕太阳转,结果被教会活活烧死!当年猛批马寅初的"新人口论",结果是人口失控……若那时不以"早叫"为恶,而是"闻鸡起舞"防患于未然,结果将是别一样的。

---

[1] 选自《中国当代杂文二百家》(上)(吉林人民出版社 2009 年版),刘成信等主编。

几场大地震，人们对公鸡的早叫终于宽容、保护、鼓励了。可是对于早叫的人呢？有些"上焉者"还不免皱眉瞪眼，甚至采取"铁的手腕"。君不见，有些"世外桃源"里，继续挖极左病根的人，仍然被斥为"乌鸦的怪叫"，率先站出的改革者，依旧有搞"资本主义"之嫌疑，艺术新流派的探索者，还被人念"背离现实主义"的紧箍咒。

这里，我们应该仔细想想开篇寓言的结尾：那些吓得不敢叫的公鸡，终因"天明不唱"之罪，也全被主人怒杀了。而主人呢，从此没了报晓的鸡，糊糊涂涂过日子了。

是"公鸡"，当早叫就勇敢地早叫吧——不叫也是要遭难的——千秋功罪，自有公论！

是"主人"的，又该怎么办呢？

评点：

世人皆醉唯我独醒，举世皆浊唯我独清。这样的人，就是卓异的先知先觉者，他们就是"早叫的公鸡"。遗憾的是，这些"早叫的公鸡"，命运大都与宋朝的那只类似。

可悲的是，人类社会中，不断有"早叫的公鸡"打鸣，但也不断地有"早叫的公鸡"被戮。当然，也不断地有主人们在地震来临的那一瞬间幡然醒悟，但悔之晚矣。

历史最终记取的，是"早叫的公鸡"昂首一啼的悲壮，嘲弄的是那些独断专行自取灭亡的"主人"。

此文先就"鸡"论"鸡"，后由"鸡"及人，先古后今，由虚及实，思路缜密，可为借鉴。

"语录"考①

王春瑜

我国编纂"语录"的资格之老,恐怕是世界第一。

从比较广泛的意义上说,儒家古老的经典《论语》,可以被视为我国最早的"语录"。《汉书·艺文志》载:"《论语》者,孔子应答弟子、时人,及弟子相与问答之言,而接闻于夫子之语也。当时弟子各有所记,夫子既卒,门人相与辑而论纂,故谓之《论语》。"显然,《论语》不过是孔丘及其门徒等的"语录"。在汉代,《诗》《书》《礼》《易》《春秋》,被称为"五经",《论语》和《孝经》一样,只被看成是解说经书的"传";到宋代,朱熹将《论语》与《孟子》以及《礼经》中的《大学》《中庸》编在一起,才成为在中国封建专制主义文化史上影响极大的"四书"。

但是,唐以前,毕竟没有用"语录"二字直呼《论语》之类的典籍的。"语录"的正式问世,是宗教运动的产物。清代考据学者钱大昕在《十驾斋养新录》中说:"佛书初入中国,……初无所谓语录也。……数传以后,其徒日众,而语录兴焉,支离鄙俚之言,奉为鸿宝,并佛所说之经典,亦束之高阁矣。……释子(即佛教徒)之语录,始于唐;儒家之语录,始于宋。"这就是说,孕育"语录"这个怪胎的,是和尚。唐时的僧徒,多半不通文墨,为了学佛,最省力的办法,就是把其师说的东一句、西一句的话,记录下来,奉为经典,经常朗读,死记硬背,这就叫作"语录"。有些"语录",至今尚存,如《神会和尚语录》,

---

① 选自《百年百篇经典杂文》(长江文艺出版社 2004 年版),刘洪波主编。

新中国成立前还翻印过,尽人皆知。宋代理学的渊源之一,正是佛教。清朝汉学家江藩,曾将宋代的理学与禅门(即佛教)作过一番比较,指出:"禅门有语录,宋儒亦有语录;禅门语录用委巷语,宋儒语录亦用委巷语。"宋代道学家的"语录",是向和尚"语录"学来的。但是,"青出于蓝而胜于蓝",宋代道学家的"语录",无论在数量上还是在影响上,都是佛教徒的"语录"所望尘莫及的。据《宋史·艺文志》记载,宋儒的"语录"有《程颐语录》二卷(这是宋儒最早的一部语录)、《刘安世语录》二卷、《谢良佐语录》一卷、《张九成语录》十四卷、《尹敦语录》四卷、《朱熹语录》四十三卷。但实际上,并不止这几种。周敦颐的《通书》、张载的《经学理窟》等,大体上也属于"语录"一类。宋以后,特别是在明代,各种"语录",更多如牛毛。清初的黄宗羲就曾感慨:"明人讲学,袭语录之糟粕……从事于游谈!"

"语录"几乎渗透到封建社会政治生活的各个领域。据马永卿《嫩贞子》记载,宋代的大文学家苏洵与其子苏轼、苏辙,曾一起攻读《使北语录》一书,并将陪同使节出使时之语,抄录下来,供皇帝参考。可见"语录"的触角,已伸到外交方面。在"语录"的熏陶下,小人满街走,骗子不如狗。在宋代道学家的心目中,只要读读"语录",记住一些片言只语,就是有高尚道德的人——实际上不过是一帮满口仁义道德、一肚子男盗女娼的小人。清代初年的思想家颜元说得好:"宋儒之学,如吹膀胱,以渺小为虚大。"(《颜习斋年谱》)更值得注意的是,"语录"成了骗子、野心家的敲门砖。南宋人周密在《癸辛杂识》中曾尖锐地揭露:道学家们对搞经济的,看作搜刮钱财,对带兵保卫边疆的,看作蠢材……所读的书不过是"四书"及语录,还标榜自己是"为往圣继绝学";刊注"四书",编编"语录",就可以名利双收,取得高官厚禄。别人"稍有议及,其党必挤之为小人……异时比将为国家莫大之祸"。看来,周密的眼光是十分敏锐的。这伙手捧"四书"、口念"语录"的野心家、政治骗子,终于成了"国家莫大之祸"。他们的横行无忌,显然是南宋王朝覆灭的重要原因之一。

诚然,从宋代直至清代,个别"语录"中,间或也有真知灼见。但是,"语录"的绝大多数,都是宣扬主观唯心主义的欺人之谈。"语录"风行的结果,使人们只记得"圣人"、名人支离破碎的牙慧,而忘记或忽略了思想的完整性,更不用说作为一种体系来看了。这是对人类思维的践踏,是中国古代思想史上的浩劫。宋、明道学家"语录"对人民群众思想的麻痹、毒害,更是不可低估的。特别是朱熹之流,把"语录"宗教化,要老百姓像和尚念经一样苦读,影响尤为恶劣。朱熹在江西南康当知县时,曾特地写了《示俗》一文,说《孝经》的《庶人》章"用天之道,用地之利,谨身节用,以养父母,此庶人之孝也"。这五句话是孔夫子所说;他"奉劝民间,逐日持诵,依此经解说,早晚思惟,常切遵守"。无独有偶,清代湖南的儒家之徒,甚至效法佛教、道教打醮、做道场那样,搞"儒醮"的把戏。《清稗类钞》载:"湘中儒生,效释道之诵经,以孔孟之书朗颂,谓之儒醮。"我们知道,孔丘、孟轲的书,真正靠得住的,是《论语》《孟子》,但二者主要是孔、孟的"语录"。这里的"以孔孟之书朗颂",无非也就是将孔丘、孟轲的"语录"在口中念念有词而已。儒家的"语录"经与和尚、道士的打醮、做道场争强斗胜,这不仅是莫大的历史讽刺;在一片噪声中,也在事实上宣告了儒家之流"语录"的彻底破产!

评点:

> "语录"本无罪。在特定的时代特定的环境下,"语录"却能风行天下,泛滥成灾,成为"国家莫大之祸"。这依然不能说明语录有罪,有罪的是那些包藏祸心的人和滋生罪恶的土壤。
>
> "语录"炙手可热,天下必有妖孽。"语录"者,不过

是圣人名人们鸡零狗碎的牙慧,将其辑录成册,口能称颂,奉若至宝,非别有用心之人不为也。迷信"语录",必然会在思想上偷懒,必然会取消独立自主的思考。若有人借"语录"招摇过市,拉大旗作虎皮,必然危害社会,麻醉人心。

而今何处觅怪杰[1]

周 彪

能够被后世目为怪杰,必须具备两个基本条件:一是才华横溢,言论惊世,思想奇特,方可为"杰";二是行为举止与众迥异,和"主流社会"格格不入,方能称"怪"。梳理一下我们几千年的历史,特立独行的人才在中国几千年大一统的历史上是难得一见的异数。春秋战国时的诸子皆为有才有识之士,但"入世"的功利心过重,和"怪"字有一定距离;西晋时的"竹林七贤"曾抱团"不拘礼法",行为举止接近于"怪",但后来被司马氏"分而治之",除阮籍、嵇康、刘伶外,其余的都融入了"主流社会",可谓有始无终;明代江南四大才子,皆为才华盖世之人、多才多艺之身,都曾积极融入"主流社会",因种种原因,各人的境遇大不相同,他们的"怪"更多是来源于后人的附会、杜撰或文学加工。在皇权肆虐、等级森严、礼教大炽的时代,才华横溢尚且难以融入"主流社会",你若还沾上了特立独行、恃才傲物的"毛病",那一辈子就别想出人头地了。

近读《中国近代十大怪杰》,颇引人沉思。书中介绍了清末民初一群特立独行的人物,有名扬中外的"东西南北老人"辜鸿铭、时僧时俗的苏曼殊、从花花公子到佛界高僧的李叔同、"狂人""疯子"章太炎、文坛怪才林琴南、流氓学者叶德辉、晚清奇才王壬秋以及黄侃、黄人、刘师培、陈寅恪、张之洞一干人等。这些人的奇闻轶事流传甚多,

---

[1] 选自《2010 年中国杂文精选》(长江文艺出版社 2011 年版),向继东选编。

无须笔者赘述。让我倍感兴趣的是这些奇士怪才为何集中出现在清末民初这样一个特殊的历史时代？而历史上一个又一个的"盛世"反而让奇才怪杰"万马齐喑"了呢？难道真是"乱世出英雄""变世出奇才"的铁律在作怪？有论者说，晚清面临的是"三千年未有之大变局"，内忧外患接踵而来……是新旧矛盾的冲突、中西文化的碰撞，铸就了近代光怪陆离、千奇百怪的人物性格；而民国初年政局的动荡、社会的黑暗与混乱、传统价值观的进一步崩溃，加深了人们心中的孤独与寂寞、失望与痛苦，于是放浪形迹、怪异立世就成了一部分人的行为方式。我不否认时代的急剧变迁会给人们的心灵和思想带来巨大的震撼，甚至会扭曲某些人的思维与行为方式。让我深感诧异的是这些怪杰何以能在我们这个"排异"能力最强的社会中生存下来？思想另类、行为另类，只能存在于文明的国度和开放的社会里，可晚清与民初都不具备这一特质。合理的解释只能是晚清在列强炮舰政策的频频冲击下，统治者维持政权的运行已经疲于奔命，对于意识形态方面的管制已然力不从心，这才给奇才怪杰留下了一定的生存空间。而民初的"城头变幻大王旗""你方唱罢我登场"，使秉权者无暇他顾，才给奇才怪杰的生存创造了条件，甚至从某种意义上说，是民初特定的社会环境给我国20世纪30年代人才辈出埋下了种子。

"国家不幸诗家幸"，讲的是文学发展史的奇特规律；"乱世出怪杰"则反映了社会与历史发展的吊诡。从诸子百家、建安七子、竹林七贤到明代四大才子乃至明末清初的顾炎武、王船山等，似乎都在印证着历史的吊诡。而这一规律似乎并未随着时代的发展而发生根本改变。甚至当一个古老民族步入历史上最具希望的时期，怪人怪事频频出现，尤其是怪官层出不穷，可就是难觅奇才怪杰的踪迹。究竟是一种什么样的力量将我们拽回了历史的时空隧道？我想不清楚，说不明白。

我清醒地知道，我不能强词夺理地判定怪杰频出就必然代表着社会的开放与文明,但一个开放、文明、民主的社会无疑具有极大的包容性,可以让不同性格、不同行为、不同思想、不同信仰的各色人等和谐相处,其中理所当然地包括了我们视为"怪杰"的奇士异才。

评点:

读本文可参考龚自珍的这段文字(见《乙丙之际箸议第九》):

"衰世者……左无才相,右无才史,阃无才将,庠序无才士,陇无才民,廛无才工,衢无才商,抑巷无才偷,市无才驵,薮泽无才盗,则非但鲜君子也,抑小人甚鲜。当彼其世也,而才士与才民出,则百不才督之缚之,以至于戮之。戮之非刀、非锯、非水火;文亦戮之,名亦戮之,声音笑貌亦戮之。戮之权不告于君,不告于大夫,不宣于司市,君大夫亦不任受。其法亦不及要领,徒戮其心,戮其能忧心、能愤心、能思虑心、能作为心、能有廉耻心、能无渣滓心。又非一日而戮之,乃以渐,或三岁而戮之,十年而戮之,百年而戮之……"

怪杰龚自珍的这段话似可解释"而今何处觅怪杰"的疑问。

从高考作文看"代圣人立言"的传统①

十年砍柴

从小学三年级开始,老师就告诉我,写作文关键是"立意",不然写再好也得不了高分。什么叫"立意"正确呢?就是跟报纸上、广播上的调门是一样的。

我从小深谙这种为文之法。小学升初中,作文题目是"家乡变化",当时正是分田到户后一年,我写了村里一个本家奶奶盖新屋上梁、大宴宾客的热闹情形,然后再写分田到户之前她家怎样怎样穷,阅卷老师大喜,给了个满分。我入初中后,他特意来我们班看这个得满分的小孩。其实,那个本家奶奶家境以前在生产队就算殷实的,否则分田到户这么短时间内,怎能从穷变富呢?但我相信大多数阅卷老师不会在乎这些"常识",只要你的"立意"高,加上文字还可以,绝对给高分。

尝到这个甜头后我就更加明白,考作文就是考你说大话、套话和假话的水平。一旦思想上开窍,加上勤学苦练,自然就有收获。我高中时班上有一个特别要好的朋友,我俩平时写的作文,老师和同学更喜欢读他的,因为他的文字更优美,更有感染力。可是每次参加作文竞赛,他总不如我,老师总结说我更能揣摸命题者的心思。

《儒林外史》中的高翰林,在分析马纯上先生为什么考秀才时成绩不俗,一到正式的科场就折戟沉沙,有这样一番话:"'揣摩'二字,

---

① 选自《中国杂文:当代合集之九》(吉林出版集团有限责任公司2013年版),十年砍柴著。

就是这举业的金针了。小弟乡试的那三篇拙作,没有一句话是杜撰,字字都是有来历的,所以才得侥幸。若是不知道揣摩,就是圣人也是不中的。那马先生讲了半生,讲的都是些不中的举业。他要晓得'揣摩'二字,如今也不知做到甚么官了!"

所谓"字字有来历",就是不能说自己话,而是说别人说过的、被证明"正确"的话。叶圣陶在当小学教师时,感叹当时的学生作文,"叫他们将自己的写出来,他们偏偏将自己的隐蔽,却将别人的显出来"。他感叹"这是我的失败"。因此他告诉学生,"现代练习作文,既不像从前人那样,为要求取功名,也不像一部分青年所期望的那样,为要成什么文豪文学家;最重要的还在练成一种技能,能够以笔代口,意无不宜,在日常生活中得到种种方便与受用"。——可叶圣陶这样的教师,今天来教小学、中学,未必受家长和学校的欢迎,关键的升学考试又不是你在阅卷,这样只管写真心感受的文章大约得不了高分。

我高考是十六年前,那个夏天有点特殊。参加考试前老师一再叮嘱我们:不管你们心里怎样想的,平时怎样议论的,写作文千万不要写出格的话,要和上面保持一致,要说拥护英明决策的意思,否则十年寒窗就付之东流。——大部分人虽是小小年纪,但早就训练成到什么山唱什么歌的本事,当然不会犯这样的错误。

我现在是靠码字为生,用流行的话来说,是宣传喉舌,当然要坚持正确的舆论方向。能否胜任这个工作,关键还看当年受"代圣人立言"的训练怎样。——我自认为自己还算胜任。只是尚能保持一份清醒,知道这些文字并不是我的,而是代替别人写的。因为害怕时间一长,自己只会鹦鹉学舌般写作,所以私下里尽量多写说真话的文章,这样的写作是很痛快的。我把这两种写作状态形容为周伯通的"双手互搏",虽然有点痛苦,但总比只有"代圣人立言"的独门功夫要好一些。

我相信,由于网络的发达,资讯的丰富,今天的青少年除了接受课堂教师"代圣人立言"的作文教育外,他们明白还有更有趣的写作,一本正经装作思想家、道德家说话,那是为了得高分。如此的教育方式,如此的考试导向,我想最大的成效,可能是培养更多的、更年轻的"双手互搏"高手。

评点:

有人说,人生撒谎作文始。意思是,"说大话""套假话"的写作模式教会了我们撒谎和骗人。这话听起来有点耸人听闻,细想却是不争的事实。拔高立意、虚构故事、编造数据甚至自制"名人名言",如今在学生作文中都见惯不怪了。最触目惊心的,是某年高考,相当数量的学生竟然编排了亲人患绝症罹天灾的谎话,真是有违人伦。

"代圣人立言"式的写作,有意无意取消了写作者的独立思想和自主判断,让写作者精于揣摩和效仿,揣摩权威、领导、长辈等人的心思,鹦鹉学舌,复制所谓的高分作文满分作文,既贬损了自己的人格,又妨害了写作能力的提高。

让学术成为思想的风骨[1]

邓晓芒

我历来不认为思想与学术有什么根本的区别,在我看来,学术是用来表达思想的,思想没有学术也是不可能深入的。当20世纪90年代有人提出"思想淡出,学术凸现"时,这只不过是一些自以为很有思想的学界中人走投无路时的自我欺瞒的说法。不能否认,80年代的"思想"在今天看来的确是乏善可陈。"人道主义"问题和"异化"问题、自由问题和主体性问题的讨论,西学的大量引进和"美学热""人学热""文化热"的兴起,文艺领域中各种"禁区"的逐步突破,固然反映了时代的躁动,但由于很少进入深层次的学理层面,思想上总的说来是旧话重提,并没有超出"五四"以来的"启蒙"的范围。人们急于追求的是形成"热点",成为大众关注的中心。学理的浅薄限制了思想的深化。进入90年代,知识界面临信仰危机,暴露出中国知识分子所谓的"思想"并没有自己独立的地位,也从来不是靠"学术"能够撑得起来的。因此一些文化人开始"渴望堕落";有的则以"纯学术"来掩饰自己思想的贫乏和信仰的丧失,满足于一种阿Q式的精神胜利,到陈寅恪、吴宓、钱锺书等人的书斋生活中去寻求"学术独立"和"人格自由"的楷模。随着"人文精神"讨论的滥觞和"国学热"的兴起,思想和学术都呈现出一种向内龟缩的趋势,与其说是思想和学术,还不如说是意气和文章。理论兴趣的消解使学者越来越"文人化",甚至

---

[1] 选自《2001—2002·东方·人文备忘录》(光明日报出版社2002年版),东方杂志社编。

连作家、艺术家也纷纷疏离了艺术本身,而成为一群又一群靠时令散文、小品文逢场作秀的文人了。

当然,我不是说在中国就没有真正的思想和严肃的学问了。深刻的思想和学问是不分家的。思想和学问的分裂有两种情况。一种是在当时的政治环境下,学者不敢表露自己的思想,只能以学术的方式来藏匿思想,或借以自保。另一种是思想的狂躁和学术的浅薄导致的分裂。我以为,真正的学术规范应当是思想的规范,即通过正常的思想交锋和辨析从理论上清除思想界的陈腐之见,在具有基本思维能力的学者中形成某些共识。这就要求一方面尊重事实,包括尊重历史事实和尊重当代生活的客观现实,另一方面尊重逻辑,要努力从历史和当代现实中寻找某种规律性的东西,并且要能自圆其说。没有相当的思想穿透力,这两点都是难以做到的。即使是对单纯事实的接受,也需要有健全的思想。如"文革"到底是中国传统文化的"断裂"还是"沉渣泛起",不同的人对同样的事实就有不同的说法;又如当前中国的腐败现象究竟是由于"现代化"所导致的,还是由于不够"现代化"所导致的,人们也是各执己见。这些问题没有学理上的分析和逻辑上的推断,单凭个人感觉甚至情绪倾向来体会,是绝对解决不了的。

由此观之,中国当代思想和学术分裂的主要原因并不在于思想发展的空间过于狭窄,而在于中国学人的思想本身过于狭窄,就是说,这种思想本质上还不是一种"学术思想",而只是传统型的道德思想或政治思想。中国传统学术历来只是道德(及道德情感)的附庸,而由于道德的政治化,也不能不是政治的附庸;也正由于这一点,这种学术哪怕表面上"独立"了,实质上也不过是对其依附对象的暂时的悬置,而不可能有自己真正的安身立命的根基。人们在学术上所关心的,还是传统儒家经典的训诂正义。这就是为什么在中国学人眼里,一谈"学术凸现"就是"国学凸现"的缘故。研究老古董既可避开现实敏感问题,又可曲折地标榜自己对待现实的道德态度,凸现自己不与现实

"同流合污"的"独立人格",这对于传统型的中国文人的确不失为在现实理想受挫的情况下的一种心理治疗方法。至于作为纯粹思想探索的学术研究,以及动用纯学术来进行思想上的开拓和突破,则是中国传统学人连想都没有想过的。所以"思想和学术分裂"一说只不过表明了中国学人的一种主观心态,而事实上,道德政治化的思想和依附于其上的学术从来都没有什么"分裂",而只有"隐显"之别。这真是中国学术界和思想界的悲哀。

我以为,当代中国学人的要务并不是如何把学术和思想分开的问题,而是如何超越旧的学术思想而开拓新的学术思想的问题。所谓"新的学术思想",不仅仅指它的内容,而且也包括思想和学术的一种新型的关系,即不再单纯把学术看作思想(道德政治思想)的附庸,而是将严格的学术作为思想本身内在的风骨,它引领思想的灵魂一步一个脚印地建立自己的基地、居所和世界,使思想真正成为立足于自身生命的、因而可以能动地作用于现实生活的独立主体。学术是思想的自律,只有自律的思想才是自由的思想,只有自由的思想才有超越现实和改造现实的力量。这种力量首先是一种批判的力量,它当然也包含有道德政治的内容,但又不止于这些内容,而是对整个人类精神生活的反思和审视;因而它是超功利的,但同时又是与现实生活息息相关的,它直接关系到人在现实生活中的精神状态和"前理解结构"。从历史上看,人类一切曾经有过的思想在学者眼里都已经成为"学术";就当下来说,没有一种学术不是同时也在表达着一种思想。学术对现实的超越其实是对现实的深化,即深入了人心和人性的普遍现实、深入了一个时代的思想,即"时代精神"。我们这个时代的时代精神是自春秋战国以来最为活跃的时期,在它的前面充满了未知数,是根本不可能用一种封闭的、内部一片混沌的思维框架(天人合一、天道有常、五德终始等)来把握的,而必须精炼我们的思想武器,用一种经过现代学术训练的、锐利而轻灵的逻辑理性来刺穿现实的表层,揭示其内在的本质趋向。在这方面,马克思的《路易·波拿巴的雾月十八日》是一个不可多得的典范。

以这种标准来衡量我们今天的学术思想,就会迫使我们克服中国人历来健忘的毛病,而认真研究和冷静分析我们的传统和历史,包括一个世纪以来我们被动挨打遭受屈辱的历史,不是停留于义愤和仇恨,而是找寻出规律和原因,不是沉浸于"要是当初不……那将会……"的可笑假设,力求不要重蹈历史的覆辙。这样的学术研究本身就是思想的探讨和成长。学术和思想的关系实际上也可以归结为历史和哲学的关系。只有在哲学的眼光中,历史才能真正成为历史,因为按照当代解释学的说法,所谓历史并不仅仅是编年史和史料史,而是历史的意义的历史,不是外在器物的历史,而是赋予这些器物以意义的人的发展史,而这些单凭自然科学的实证眼光是无法揭示出来的。反过来,也只有在对历史发展的思索中,哲学和深刻的思想才有可能形成,并对历史具有超越性,才能产生真正的"新"思想。恩格斯说,一个人要想获得哲学的修养,除了学习哲学史以外别无他法。那种自以为不读前人的著作,只凭一个晚上的冥思苦想就能构造出一个全新的哲学体系的想法,只能是痴人说梦。今人之所以能超越古人,并不在于个体天才的超常发挥,而主要在于今人有条件站在古人的肩膀上,因而能够看得更远、更全面、更深刻。所以,那种天马行空、师心任性、玄妙高蹈而不留痕迹的"原创性"思想,我总觉得不像是真正有学术价值的思想。真正站得住的思想总是在与前人和同时代人的艰苦辩难和反复对话中建立起来的。哲学家就是那种善于站在每个人尤其是每个其他哲学家的地位用他们的眼光看世界的人。

评点:

深刻的思想和学术是不可分的。缺乏学术支撑的所谓思想,或者缺乏思想根基的所谓学术,都是不正常的现象,或者因为外界环境的严酷,迫使思想家以学术的外衣包装思想,或者因为学者的浮躁肤浅而导致了思想与学术的分裂。

学术是思想内在的风骨,有了学术,凌空高蹈的思想才能落地,思想才能"真正成为立足于自身生命的、因而可以能动地作用于现实生活的独立主体"。

藐视学术规范、缺乏学术底蕴的所谓思想,看起来天马行空,实际上空洞无物,它连自己都未能超越,何谈超越生活与现实?

第三章

公民意识

作为世界上最古老的公民,苏格拉底有着高度自觉的公民意识。他说他愿意做一只城邦的牛虻,依附在城邦的身体上,为了城邦的健康,生命不息,叮咬不止;他整天游荡在街头,与那些无知却自以为博学的青年人辩论,让他们灰溜溜地逃走,然后在街角的某个不起眼的地方,惭愧地回望那颗伟大的头脑。

公民,首先是一种身份。你不是某个君父的子民,不是匍匐在地的臣民,更不该是违法乱纪的暴民。你是这个国家的组成部分,不可分割的一部分。你不比任何人卑贱,也不比任何人尊贵。你享受你的权利,维护你的利益,但你不用对谁三跪九叩感恩戴德,因为那是你的权利,而非别人的恩赐。当然,你也该尽你的义务,承担你的责任,你不能推卸,因为那同样是公民的一个部分。

公民,走在中国的大地上,走在阳光下。

公民,说句大白话,国家认你是自家的人,你也不把自己当外人,就是这样。

确认自己的公民身份,意味着再不能仅仅满足于做一个好父亲好儿子好丈夫,因为你在属于家庭的同时,还属于这个社会。在家里侍候好生病的父母,出了门看到倒地的别人家的大爷大妈,也不能因为害怕被讹诈而拒绝施以援手。

公民的身份,更多体现在你在公共空间的言行。在公共空间,使个人的情感逻辑暂且让步,让法律先行,让公德先行,让理性先行。

公民身份是天然的,但公民意识却不是。国家意识欠缺,权利意识淡薄,法律与公德概念不清,等级观念严重,缺乏独立人格……这一切,都与公民身份相悖。难怪老一辈思想家李慎之先生晚年感慨:若有来生,他想做一个中学公民教员。

己所不欲,勿施于人[①]

林 达

美国很多学校有公民教育课程,《公民读本》的教材很多,一般是学者写的,各地学校的老师从中选挑。可是,他们的大原则在那里,课本也就大同小异。我随意挑了一本看看。那是密歇根大学的教育学教授写的。

前言里引了一个伟大哲学家的话:"了解你自己。"课本认为,你要做个好公民,先要了解你自己。这一部分,一共谈了四章。从第一章,"你:一个人"开始,谈"一个健康的人""你和你的个性""和他人相处",直到"做个好公民"。第二章是"你:一个学生",谈"学习能力的不同""改善你的学习""清醒地思考"。第三章是"你:一个家庭成员",谈的是"家庭是不同的""家庭的问题""做一个好的家庭成员"。第四章才是"你:一个公民",谈"你生活中的政府""政府存在的理由"。

《公民读本》如此开端的原因,是此书在开篇第一句话就告诉孩子们的,这个国家"建立在这样的一个理念之上,就是每一个人都是重要的。它的政府制度、经济体系、人与人之间的关系,都建立在这样一个理念之上"。你作为一个人,是最重要的,所以,在这个制度下,你必须能"自由买卖和拥有,你自己决定做什么"。而政府只是为你服务的机构:"当政府是你的仆人,你是自由的;当政府成为你的主

[①] 选自《新评论:新京报名家评论精选(上)》(南方日报出版社2006年版),新京报编。有改动。

人,你就像一个奴隶那样,不再重要了。"课本还告诉孩子,由于"个人是最重要的",政府就不能把自己的意志强加给生意人,生意人就不能欺骗顾客,工会才必须要代表它每个成员的利益。因为"个人的尊严是至高无上的"。

课本同时让孩子们认识自己,尊重个人,不是唯我独尊。作为个人,人都是有不同弱点的,而自己的弱点是需要认识和改善的。一个好的公民是有民主性格的。课本对民主性格的总结,我觉得简直就是中国人的老话,译成中文很准确的就是:"己所不欲,勿施于人。"你不愿意被伤害吧?那么,你不要伤害他人。因此,课本教育孩子,必须学会控制自己,"一个好公民是一个善于调节自己的人""是一个善于学习的人""善于思考的人",在以上前提下,才应该是"一个能够行动的人"。

一个好的公民是忠于自己国家的,这意味着你对国家是取建设性、而不是毁坏的态度。假如政府做错事,你严厉批评政府,那是希望它改善,这就是建设性。假如你明明发现国家在走向错误的道路,你却还是说,走得好走得好。那是一种毁坏的态度。

作为一个准公民的学生,《公民读本》告诉你,学科"分数对于精神活动的衡量,是非常有限的",好分数只在测定"学校的成就",而不是在测定你"人生的成就"。"智商是在改变的",而"智力是不同能力的组合"。作为准公民,要学会"清醒地思考"。课本认为,能够清醒思考,是做个好公民的最基本品质之一。假如不能清醒思考,给你民主权利,你照样可能被人操纵和利用。

那么,如何才能清醒地思考呢?

首要的是,"你的思考必须在事实的基础上"。所以,非常简单的前提是,你有权利知晓全部事实。作为一个为公民社会服务的政府,就必须让信息自由流动,让公民们能够得到全部事实。没有这个前提的社会,就很难有合格的公民。课本还建议学生,不仅知晓事实,还要

"不断认识最新发现的事实",知晓事实之后,一个清醒的思考者"要能够解决问题"。

课本向孩子们指出了最容易陷入的"思路不清"的误区。先是不能有理想化倾向的"愿望思考",例如,不能在心里希望一个理想社会实现,就认定它一定能实现。还有,要避免"情绪化的思维",课本告诉孩子们,"我们每个人都是有偏见的。我们都有自己喜欢的和不喜欢的事情,可是我们不要让它影响我们的清醒思考"。否则,难免走极端。而那些走极端的思路,"对个人和国家都会造成最大伤害"。课本还告诉孩子们,不要轻易下结论,思考要从事实出发,就是说"不要从观念出发",不要从主义出发。

课本还对这些孩子,未来的丈夫和妻子、父亲和母亲们说:做个好的家庭成员,是做个好公民的基础。课本告诉孩子们,有各种不同的家庭,家庭是有种种问题的,解决家庭中的问题是多么的不容易,而幸福取决于你的生活方式、取决于你对家庭成员的关心和爱。虽然课本不能解决孩子们未来将面临的复杂生活,可是它给了你思想准备,让你懂得,重视"家庭价值"是一个好公民的基本条件。在关心国家、社会、他人之前,先要关心和爱护自己的家人。

然后,课本才对孩子们推出"自治"的概念。自治建立在公民具有民主性格的基础上,霸道的管理不是民主的自治。在家里有家庭管理的问题,在学校有学校管理的问题,课本鼓励孩子,你们可以从小尝试,学会组成各种社团,在"人民定规则"之前,每一个个人,要认识和改善自己,敢于承担责任、学会平等地和他人相处。

《公民读本》在告诉"你",民主很具体。要改造社会吗? 先从把自己改造成一个好公民做起。而最后,你会发现,这样的公民准备,又是在使"你"和他人的生活,都变得更容易。它和最初的出发点是一致的,那就是,个人的幸福,是最重要的。所以,《公民读本》第一课,谈的就是"你"。

评点：

此文除了普及一些基本的公民概念，还提及了一些非常具有启发价值的观点：比如学科"分数对于精神活动的衡量，是非常有限的"，好分数只在测定"学校的成就"，而不是在测定你"人生的成就"；如提醒孩子们警惕"愿望思考"和"情绪化的思维"，以免陷入"对个人和国家都会造成最大伤害"的"走极端的思路"；再如不要轻易下结论，思考要从事实出发，就是说"不要从观念出发"，等等，都值得我们借鉴。

如何处理自己与社会、国家的关系？第一课提出了"在关心国家、社会、他人之前，先要关心和爱护自己的家人"，颇类似于中国古代"修身齐家治国平天下"的逻辑。

民主与自治是公民的精髓。公民教育的核心，正在于培养公民的民主素养和自治能力。

为国家带好一个小公民[1]

张丽钧

我在伦敦一所学校做"影子校长"期间,听到了这样一件事:一位母亲,因为纵容她的孩子逃学而被判八周监禁。校长告诉我们说,如果学生身体健康,那么学校和家长必须要保证他的出勤率是百分之百,否则,就触犯了法律。

无独有偶,美国华盛顿北郊一位粗心的父亲,带着半岁的女儿驾车出门,打算乘火车到华盛顿市区办事,为了赶上火车,他泊好车子就朝火车站的方向狂奔,根本没意识到宝贝女儿被落在车里了。这位仁兄如愿以偿地赶上了南去的火车,顺利抵达了目的地。直到出了火车站,他才突然发现女儿丢了。结果,这位粗心的父亲被告知,他因为触犯了"不得将八岁以下幼儿单独留在汽车或建筑中"的法律条款,将面临最高五百美元或者三十天的监禁。

这样的事情,在我们看来就觉得有些不可思议。我们会觉得,反正是我自己的孩子,有意无意地善待亏待,都是我们自己家的事,别人用不着过多干涉!我曾在电视上看过一则报道:一个农民,因为嫌弃自己的女儿,便虐待她,稍不如意,轻则拳脚相加,重则鞭打火烫,这个可怜的女孩被自己的生身父亲折磨得遍体鳞伤。采访的记者也只能从道义的角度进行指控和抨击。我们的法律,远没有周密严谨到视孩子的伤情给这个禽兽父亲定罪的程度。

---

[1] 选自《中国当代杂文二百家》(下)(吉林人民出版社2009年版),刘成信等主编。

我们的法律对孩子接受九年义务教育作出过明确规定。承担义务教育的学校,要做大量的"控辍保学"工作,因为上级规定每年的"辍学率"不得超过百分之三(初中)。岁尾年终,精确到小数点后两位数的统计结果报上去了,那是一个绝对小于百分之三的令人欣慰的数字。但是,有谁愿意认真挤掉这个数字当中的水分,看到底有多少孩子由于什么原因辍学了呢?我所在的学校曾有过一个学生家长,死了丈夫,自己摆着一个菜摊,隔三岔五就让她读初中的儿子逃学去帮她守摊卖菜。班主任老师登门去做工作,告诉她这样做是违法的,不想那女人对年轻的班主任破口大骂,将他轰了出来。

我们向来以为,孩子是我们的私有财产,用不着别人指手画脚。古人说"为国育儿",当今社会,有这样境界的父母究竟有多少呢?我看到太多的家长其实根本不配做家长,他们好比没有通过"路考"就莽撞上路的司机,要多无知有多无知,要多危险有多危险。他们一味娇宠自己的孩子,不由分说地剥夺了他们劳动的权利、受挫的权利,要星星不敢给月亮,顶在头上怕摔了,含在嘴里怕化了,他们不知道自己是在全力为国家的未来打造一件"易碎品"。在我看来,"棒杀"孩子的家长固然可恶,"捧杀"孩子的家长也罪不可赦。每当我看到自己学校"心理咨询室"里少男少女的哭诉,我都会萌生出"审判"其家长的冲动。因为几乎所有的心理疾患全是惯出来的毛病——我愤怒地称之为"爱之病"。

我更愿意将我们拥有一个孩子说成"上帝让我们遇到一个孩子"。这个孩子,是上帝赐予我们的礼物,他(她)需要我们动用大智和大爱去精心抚养。因为疼爱得深沉,所以计划得长远。伦敦的一位女校长曾意味深长地对我们说,我们的教育,就是为国家的未来提供"燃料"。我想,优质的家庭教育和优质的学校教育一样,都应该是为国家的未来提供"燃料"的。每个有社会责任感的成人都应经常这样提醒自己:不要让孩子在蕴蓄能量的过程中无端受阻。

弄丢了孩子是件可怕的事，但更可怕的是我们在不知不觉中弄丢了孩子的灵魂。在可以拿报酬的工作之外，为人父母者还有一项更艰难、更神圣的不取报酬的工作——为国家带好一个小公民。

评点：

中国人多认为，孩子是自己的私有财产，想怎么养就怎么养，想怎么教就怎么教，他人无权置喙。但是，按照现代国家和公民的观念，孩子不仅属于父母，也属于社会。《为国家带好一个小公民》说的就是这个理：父母应该站在培养国家公民的高度来养育自己的子女。

虐待孩子往往会引起周围人们的义愤，而捧杀孩子却常被视为理所当然。文章写道："他们一味娇宠自己的孩子，不由分说地剥夺了他们劳动的权利、受挫的权利，要星星不敢给月亮，顶在头上怕摔了，含在嘴里怕化了，他们不知道自己是在全力为国家的未来打造一件'易碎品'。"

文章的结尾可算是"豹尾"："弄丢了孩子是件可怕的事，但更可怕的是我们在不知不觉中弄丢了孩子的灵魂。在可以拿报酬的工作之外，为人父母者还有一项更艰难、更神圣的不取报酬的工作——为国家带好一个小公民。"

随感录三十八（节选）①

鲁 迅

中国人向来有点自大。——只可惜没有"个人的自大"，都是"合群的爱国的自大"。这便是文化竞争失败之后，不能再见振拔改进的原因。

"个人的自大"，就是独异，是对庸众宣战。除精神病学上的夸大狂外，这种自大的人，大抵有几分天才，——照 Nordau 等说，也可说就是几分狂气。他们必定自己觉得思想见识高出庸众之上，又为庸众所不懂，所以愤世嫉俗，渐渐变成厌世家，或"国民之敌"。但一切新思想，多从他们出来，政治上宗教上道德上的改革，也从他们发端。所以多有这"个人的自大"的国民，真是多福气！多幸运！

"合群的自大""爱国的自大"，是党同伐异，是对少数的天才宣战；——至于对别国文明宣战，却尚在其次。他们自己毫无特别才能，可以夸示于人，所以把这国拿来做个影子；他们把国里的习惯制度抬得很高，赞美的了不得；他们的国粹，既然这样有荣光，他们自然也有荣光了！倘若遇见攻击，他们也不必自去应战，因为这种蹲在影子里张目摇舌的人，数目极多，只须用 mob 的长技，一阵乱噪，便可制胜。胜了，我是一群中的人，自然也胜了；若败了时，一群中有许多人，未必是我受亏：大凡聚众滋事时，多具这种心理，也就是他们的心理。他们举动，看似猛烈，其实却很卑怯。至于所生结果，则复古，尊王，扶清灭洋等等，已领教得多了。所以多有这"合群的爱国的自大"的国民，真是可哀，真是不幸！

---

① 选自《鲁迅全集》（第 1 卷）（人民文学出版社 1983 年版），鲁迅著。

评点：

鲁迅先生提出"个人的自大"与"合群的自大"这对概念，是基于他对文化的深切了解和对社会的痛彻把握。中国多的是"合群的自大"，非理性的乌合之众常借国家和集体之名，满口国家尊严、民族利益，其实是聚众滋事，张目摇舌，于国于民都是灾难。

"合群的爱国的自大的"国民，不是现代意义上的公民。公民，首先是具有独立人格和真知灼见的人。

华表的沧桑①

牧 惠

在北京住了那么些年,经常路过天安门,也就总见着竖在金水桥前的华表。可这华表到底是代表怎么回事呢?从来也没有想到过要打听。后来读《史记》,才终于晓得,这华表原来大有来历。

据说,在唐虞盛世,"圣君"们很重视接受群众的监督,注意听取各种意见。除了在朝廷里设有史官、谏官之外,对来自民间的意见也很重视,"士传言谏过,庶人谤于道,商诱议于市",知识分子、平民百姓、做生意的人,都可以公开议论政事。尧又是其中一个很得人心的圣君。他在治理国家的时候,有一项措施是,竖一根有一条横木像个"午"字那样的"表"在外头,叫作"诽谤之木",让人们把他在政治上的缺点写在上面。这"诽谤之木",相当于意见箱、意见簿之类。它就是华表的前身。

这"诽谤之木"如何一步步演化成华丽的装饰品华表呢?照我看,大概同"诽谤"这个词的含义的变迁有着很密切的联系。

如果我们细心地分析一下,确实可以找到不少这样的现象:一个词,本来的意思是好的,褒的,由于种种原因,它开始同它本来的含义区别、分开甚至闹到对立起来,变成一个坏的贬的意思。例如"辩论"这个词,按照字典的解释,按照过去的理解,应当是持不同意见的各方互相辩论,分清是、非、真、假的意思。讨论问题的各方

---

① 选自《中国当代杂文二百家》(上)(吉林人民出版社 2009 年版),刘成信等主编。

面应当是平等的,讨论的方法应当是说理的。然而,曾几何时,"辩论"这个词儿却变得有点可怕。"辩他一辩""这个人挨辩论过",这话给人的印象是这个人犯了非同小可的错误,最少批判过。"造反"这个词,在封建社会和新中国成立前,等同作恶;新中国成立后,明白"造反"其实就是革命;后来,又给林彪、"四人帮"把它搞成同捣乱、破坏一样意思。诸如此类,例子不少,"诽谤"这个词,同样有过这种经历。

现在我们讲"诽谤",那意思与歪曲、造谣、诬蔑之类的词义是相同或相近的。其实,在最先,"诽谤"只是非议的意思。对政事有什么非议,你就写在"诽谤之木"上头,如同今天写在意见簿上一样。既然是非议,是意见,粗分起来,最多两种。一种是符合事实的,正确的;一种是不符合事实的,错误的。为什么后来"诽谤"就只剩下后一种含义呢?一种可能是"诽谤之木"老是写着一些造谣诬蔑的谎话,因而慢慢把"诽谤"这个词败坏得如造谣;一种可能是,那上头写的其实是一些实实在在的值得听听的意见,统治阶级不喜欢,把一切非议都说成坏的,得定罪的,慢慢地也会把"诽谤"同恶毒攻击混同起来。看来,在封建社会,后一种可能性要大些。诽谤变成恶毒攻击,"诽谤之木"给塑上龙凤,成为摆设,也就是自然而然的了。

这也不纯是靠推理。大家都晓得,秦始皇那时就是不欢迎提意见的。刘邦数秦的罪状,说它"诽谤者族,偶语者弃市",只要非议一下秦始皇,就有灭族之祸。贾谊给汉文帝上书,也讲到秦所以失败得那样快,就是由于他"纵恣行诛,退诽谤之人,杀直谏之士"。从这里看,在汉那时,"诽谤"两个字还并没有等同造谣诬蔑;但是,秦始皇却早已经把它看成很坏很坏的字眼了。也许在秦那时,"诽谤之木"就早成为阿房宫前面的华表了吧?

在封建社会,一些开国的皇帝,一些比较清醒的政治家,多少懂得设立这个意见牌之类的必要性。唐太宗李世民的纳谏且不去讲了。朱元璋也是个开国皇帝,他设了一个通政使司,就颇有点竖"诽谤之木"的味道。按规定,"凡四方陈情建言,申诉冤滞,或告不法等事",可以密封交到通政使司,然后直接送到朱元璋手里。洪武十年,他任命曾秉正当通政使,对曾"训谕"一番。意思说,政治好比水,得经常流通,使下情容易上达,天下才得太平,所以管这个单位叫"通政司"。朱元璋让人民有机会直接向皇帝非议政事,这个制度应当说是好的。

但是,封建皇帝到底不可能同人民群众有真正的"流通",更多的时候是堵塞,搞"诽谤者族"。朱元璋自己当政时都未必通,他才死不久,一切更是告吹。不要说来自民间的非议他的子孙听不进,因为进谏而被皇帝下令廷杖至死的,多得难以统计。到后来,好几个皇帝索性根本不同大臣照面。当了十几年皇帝,见过一次大臣,就被歌颂为"盛事"了。仅仅因为谏阻正德皇帝老是去游玩,就有数以百计的大臣罚跪午门,关入囚狱,廷杖至死。如此这般,浑浑噩噩地过了一百六十多年。

于是,明朝永乐皇帝修建的宫殿在,华表在,而明朝的江山却被这些未必懂得华表的作用的子孙断送了。竖立在那里的华表,就成了这一切的见证。

1980年1月

评点:

追溯"华表"的原意,考究"诽谤"一词由褒而贬的演化过程,无非是要管窥专制社会中百姓言路的越来越壅塞,言论自由的越来越匮乏。到了明清时代,"文字狱"取代了"诽谤之木",万马齐喑,天下静默。在国民党专制时期,"莫谈国事"这样的警示语遍布城乡,足见专制之嚣张与粗野。

古之有识者这样劝谏君王:防民之口,甚于防川,川壅而溃,伤人必多。唐太宗这样的英明之主总算还能听听魏征的意见,朱元璋这样的开国之君也还能力求下情上传。只是这样的君王太少了。

恩赐的权利是靠不住的。天下者,天下人之天下也。言论自由,参与国事,本来是国民的天然权利,在专制时代却被剥夺得一无所有,言论自由倒成了明主的恩赐,真是颠倒黑白。

华表,值得现代公民凝望。

坐着的权利[①]

狄 马

1955年12月1日,在美国亚拉巴马州蒙哥马利市一家百货公司工作了一天的黑人裁缝罗莎·帕克斯登上了回家的公交车。那时的公共汽车实行严格的种族隔离制,也就是说,在车厢里白人坐前半部分,而黑人只能坐在后排。可是那一天的黄昏正值下班高峰,上来的人越来越多,于是驾驶员(当然是白人)便命令坐在后排的四个黑人乘客站起来为白人让座。其中的三个照办了,只有帕克斯太太坐着未动。

旋即,她就遭到逮捕。理由是蔑视蒙哥马利市关于公共汽车上实行种族隔离的法令。

这时,一位年轻的黑人牧师马丁·路德·金愤怒了。他站出来告诉大家:"美国民主的伟大之处是公民有为权利而抗议的权利",号召黑人弟兄拒乘公交车。四天后,蒙哥马利市数千名黑人由拒乘开始,掀起了一场美国现代史上黑人为争取基本人权的波澜壮阔的民主运动。他们扶老携幼、互帮互助,或乘小车或步行,甚至宁肯跑步也不乘公交车。为此,许多人被白人老板解雇。罗莎·帕克斯在多次接到白人种族主义者的暗杀恐吓后,不得不迁往密歇根州。

但他们争取平等的脚步并没有因此停顿。他们勇往直前,义无反顾。在拒乘了381天后,美国最高法院被迫作出关于蒙哥马利市在公

[①] 选自《〈随笔〉三十年精选》(下)(花城出版社2009年版),《随笔》编辑部编选。有改动。

交车上实行种族隔离的法令为"违宪"的裁定。他们回到了久违的公交车上,虽然自由的梦境并没有随着最高法院的裁定书一齐来到,此后他们注定还要为自身的权益付出更多的代价,但胜利毕竟是胜利,以至于44年过去,也就是1999年的6月15日,美国国会议员、民权领袖及各界代表近千人还齐集国会大厅,参加由克林顿总统亲自授予这个瘦弱的黑人老妪——今年86岁的罗莎·帕克斯国会最高荣誉奖的仪式,大家一致称帕克斯太太为"美国自由精神的活典范"。

这个朴实无华、通体散发着慈爱光辉的太太曾有一句著名的话:"我上那辆公共汽车并不是为了被逮捕,我上那辆车只是为了回家。"但在一个充满歧视的车厢里,坐着还是站起,确实是一个问题。克林顿引用金博士的话说:"她坐在那里没有起来,因为压在她身上的是多少日子积累的耻辱和还未出生的后代的期望。"——难道坐着也是一种权利?

是的,当我们正襟危坐、西装革履开着各种有聊或无聊的会议时,当我们俯仰自如、伸胳膊蹬腿看着电影电视时,当我们铺纸研墨、故作深沉伏案工作时,我们何尝意识到坐着也是一种权利?同理,当我们把每次的演出、报告以及各种会议的前排席位让给权贵政要、名腕大款时,我们不认为我们是在放弃权利。相反,在许多场合,我们几乎是自觉地、心悦诚服地站起来以利名角登场。我发现,我们这个灾难深重的种族对"坐"几乎有一种源自"集体无意识"的仇恨。汉语词典里有关"坐"的词语几乎全为贬义:坐罪,坐等,坐误,坐牢,坐吃山空,坐而论道,坐地分赃,坐视不管,坐失良机,坐以待毙,坐井观天,坐享其成,坐山观虎斗,不一而足。

"站起"当然也是一种权利(比跪着好),问题是站起以后干什么。是于社会进步国计民生有益还是与之相反?如果这些问题没有想好,那么我们不妨先坐着。坐着就是拒绝起哄,就是把存在的全部重量都托付给大地,就是以一种不卑(不同于跪)不亢(不同于立)的姿态来维护主体的人那大写的尊严与深沉。

佛家把修持叫"打坐",把入境叫"坐忘",把死亡叫"坐化",就是基于"坐"的立体性和安详性。当楚王的高官以宰相之位许于濮水之上,庄子是坐着的;当贵公子钟会驾轻衣肥、趋前搭讪而打铁不受影响,嵇康是坐着的;当怕狗的钱玄同,征衣褴衫,来到会馆,请大师出山,鲁迅也是坐着的。无独有偶,古希腊罗马时期,权倾四海的亚历山大来到一个木桶前,恭敬地说:"我能帮你做点什么吗?"结果,蹲在里面的哲学家第欧根尼没有动,只是睨视了他一眼,说:"我请你走开点,不要挡住我的阳光。"

坐着,是幸福的。

1999 年 10 月 18 日毕于废都

评点:

坐着还是站起,不仅是个问题,而且是个关涉尊严与权利的大问题。

在美国,坐着曾经是一种权利,这权利的背后隐藏着无数黑人的屈辱;在中国,坐着也曾经是一种权利。作者说"我们这个灾难深重的种族对'坐'几乎有一种源自'集体无意识'的仇恨",其实也不尽然。在中国,"坐"何尝不是一种权利?在朝堂,在衙门,在祠堂,在家里,在每一个社会空间,"坐着"都曾经是一种身份,一种权利,由皇上、官员、族长们独享,他们高高在上,颐指气使,金口玉言;那些站立的,或称奴才,或称小民,毕恭毕敬,唯命是从。坐着与站立,不仅是一种身体姿势,而且是一种社会符号。坐着的人,可以坐着,也可以站起,充分享受支配自己与他人的乐趣,他可以旁若无人,可以为所欲为。只是苦了那些站着的人,不仅身体要经受煎熬,精神上也被剥夺得一无所有。即使站立,也不是属于你的天然权利。坐着的人可以让你站,出于某种目的还可以恩赐你坐,但既然坐或者站由不得自己,那么让你不站不坐也就不奇怪了。比如,跪。

坐着或者站起,这本来不是个问题。如果在精神上已经低下了头弯下了腰做了侏儒,那么站起来或坐下去,又有什么不同?

公民埃米莉与总统约翰逊[①]

徐迅雷

谁是我们的主人?谁是我们的仆人?作为社会个体、作为职务中人,该如何进行身份认同?这都是问题。

这是一个很让人感慨的故事——其实不算故事,只能算"细节"。它发生在美国,对求解上述问题有很大的帮助:

> 埃米莉是美国著名经济学家约翰·加尔布雷斯的管家。在20世纪60年代中期的一个下午,作为林登·约翰逊政府经济顾问的加尔布雷斯,那天因为很疲倦要睡会儿,他吩咐埃米莉挡回所有电话。
>
> 不久电话铃响了,是林登·约翰逊总统自己从白宫打来找加尔布雷斯的。
>
> 电话被埃米莉挡了回去:"他正在睡觉,总统先生。他说过不要打扰他。"
>
> 林登·约翰逊说:"那就请你把他叫醒。我有事要和他谈。"
>
> 埃米莉没有通融:"那可不行,总统先生。我是为他干事不是为您干事的。"
>
> 后来加尔布雷斯给总统回电话,林登·约翰逊还挺高兴:"告诉那位女管家,我想让她来白宫工作。"

[①] 选自《2008年中国杂文精选》(长江文艺出版社2009年版),向继东选编。

加尔布雷斯回忆这一幕时,心境必定是温暖的。温暖让生活绚丽,让人生美好。在这里,加尔布雷斯是埃米莉的主人,而埃米莉则是总统林登·约翰逊的主人。换言之,埃米莉是加尔布雷斯的仆人,而总统是埃米莉这些公民的仆人。当然,这里所谓"主人""仆人",都是不同身份之间的关系表述,不存在褒义贬义之别;也就是说,无论是埃米莉,还是加尔布雷斯,还是林登·约翰逊,大家都是平等的。正因为这种骨子里的平等意识或无意识,使埃米莉脱口而出:"那可不行,总统先生。我是为他干事不是为您干事的。"

　　向普通美国公民埃米莉致敬。是公民环境的长期熏陶,使普普通通的女管家埃米莉以自然的、平等的眼光看待众人,包括总统。总统对她来说无非是"仆人"——也就是我们所说的"公仆",因为总统是老百姓雇佣来为大众服务的,百姓使用的是纳税的钞票和投出的选票。美国总统权力够大的了,但没有任何"高人一等"的"地位"。对于埃米莉来说,她决不会将自己的行为纳入权力的逻辑结构当中,因为总统的权力无论多大,无非都是"全心全意为公民服务"的。

　　向美国总统林登·约翰逊致谢。这位在1963年接替遇刺身亡的肯尼迪而任职的美国第36任总统,尽管内政外交多有褒贬,但他能高兴地说出"我想让女管家来白宫工作",而不是用鼻孔看人,这为一个平等的公民社会增添了一丝绚丽的色彩,应该感谢他。

　　我的文章说到这里,其实对"忠于主人还是忠于权力"的问题已经有了明确的答案。下面回到"现实生活":辽宁西丰"进京抓记者"的事,已经甚嚣尘上;这个国家级贫困县的县委书记张某某,鼓捣重大的政绩工程——号称全国最大"土特产航母"的"大市场","无偿"拆迁了女商人赵某某的加油站;女商人未获拆迁补偿,于是叫板"县太爷",从而发生了所谓"西丰事件",结果身陷囹圄;京城《法人》杂志记者朱文娜为此采写了"一场官商较量",西丰"一把手"就让手下若干人马进京拘传女记者,罪名是"涉嫌诽谤"。2008

年1月17日《南方周末》刊发了对西丰"大市场案"进行再调查的报道,那"西丰拆迁"大抵是"嘉禾拆迁"的翻版。嘉禾拆迁的名言是"谁影响嘉禾发展一阵子,我影响他一辈子",原来西丰拆迁也是如此这般。在整个事件中,县委书记张某某始终是权力无边的"主人",商人赵某某也好,记者朱文娜也罢,在他眼里都是"仆人",而且是可"奴役"的仆人,想把人怎样就怎样。

权力仆人要忠于授权主人,这本来不是个问题,现实却让它变成了一个问题。对于公务人员来说,百姓是主人,别忘了公务公务就是为公众服务的,你是服务者;对于百姓来说,包括各级官员在内的公务人员是我们的公共仆人,这些公仆是我们花钱请来为我们服务的。这是大逻辑大前提。如果这样的逻辑前提被颠倒了,包括商人、记者在内的百姓,恐怕是不会有平安安全的日子好过的,所以,公民社会必须坚定地将其矫正过来、颠倒回来。

在现有的"权力矫正"系统中,只追问权力中人"抓人"是没有多大效果的,人家来个"道歉"就完事了;如今追问"政绩开发"中的荒诞行为,是深入了一步,但这也无法扳倒"权力冲动",因为人家的理由是"拆迁是为了造福一方";所以,就得追问"一把手"们隐藏得很深的腐败问题,这才可能让其滚下台来。"不查出腐败就不会下台",这其实是一个更深层次的大问题,须要进入真正的公民社会才能找到正确的答案。

评点:

这里借用魏德胜的杂文《总统算什么》中的几个片段作为评点:

"……比如作家福克纳。这位诺贝尔文学奖获得者,像康德一样,一生居住在故乡那'邮票般大小的地方',过着离群索居的生活。到了晚年,福克纳更是买下一座农庄,彻底隐居起来。这时,身为美国总统的肯尼迪,不知是心血来潮,还是出于对福克纳的敬仰,竟然高调请福克纳到白宫吃饭。不料,福克纳很不给面子:'就为吃一顿饭,让我跑到白宫去啊?太远了,我走不动。'仅此一句,福克纳就把美国总统的一番美意给拂得干干净净。"

"福克纳如此,另一位美国作家詹姆斯·米契纳亦然。美国第三十四任总统德怀特·艾森豪威尔发函,邀请米契纳到白宫做客。米契纳收到邀请后,给艾森豪威尔回了一封信:'亲爱的总统先生,我三天前接到您的邀请函。但很遗憾,我不能如期到白宫赴约,因为我已经答应在那一天出席我高中老师的晚宴。我想您的晚宴缺了我无关紧要,但我不想令我的老师觉得遗憾。'在谢绝'龙王请俺宫中宴'方面,米契纳显然比福克纳委婉多了,但你又不得不承认,他似乎更有甚处,即拿总统与自己的老师比,前者远不如后者在他心目中的分量。"

话说"野心家"[1]

刘兴雨

过去一说谁是野心家,就像说谁是麻风病人或是艾滋病患者一般,避之唯恐不及。也许看到了人们对野心家的这种厌恶心理,每当要整倒谁的时候,给他安个野心家的名号,往往立见奇效。好像野心家天然就是二等公民,就矮别人一头。

记得1959年整老帅彭德怀的时候,康生说:"你原名彭得华,不就是想一人得到中华吗?这个名字就暴露了你的野心。"也许这名字只是哪个三叔二大爷或是哪个私塾先生起的,并没征求过他本人的意见,但一和野心沾了边,就变得无比可怕了。

其实,所谓野心也者,不过是对权力或名利大而非分的欲望。换句话说就是在人们看来难以实现的愿望。一旦这个愿望实现了,人们就不再说他有野心,而是说他有理想有志向了,最起码会说他有雄心。

在咱们中国,野心是个很犯忌的东西,这个道理似乎小学生都能领悟。所以,在他们写关于理想的作文的时候,尽管没人写自己要当个农民工或者是要当个小姐,可也没人写自己要当个部长、省长,好像这样一来自己就成了小野心家,会变成众矢之的。国家主席、国家总理或三军司令就更没人敢想了。如果你翻检中国小学生的作文就会发现,我们的小学生的理想往往都是当解放军战士、当医生、当教师,顶多写当科学家,或是影星歌星。就不像外国小孩公

---

[1] 选自《2012年中国杂文精选》(长江文艺出版社2013年版),向继东选编。

开宣称自己将来要当部长或是总统。当然,前些年也出现一个异数,有个小孩公开写他想当"贪官",惹得知情者一片哗然,到处声讨。其实,真正该声讨的是那个小学生吗?

其实,有了所谓野心,未必就是坏事,它常常能激励人们向更高的目标攀登。拿破仑最有名的话就是"不想当将军的士兵不是好士兵",士兵距离将军,足有千里之遥,有了这样的野心,士兵就会奋勇拼杀,出谋划策,有百利而无一害。人们如果都安于现状,都按部就班,社会就会像一潭死水,怎么能有活力!

人们害怕野心家,往往不是害怕他们的野心,而是害怕他们为实现野心无所不用其极的手段。在我们中国人的观念里,野心家约等于阴谋家。似乎谁有野心,就意味着他会使用各式各样卑鄙无耻的阴谋。也难怪人们都害怕野心家,他们不怕别人的野心,只是怕被别人算计。

其实,有野心不可怕,可怕的是没有与之相匹配的本事。就像李白,在诗里自吹:"但用东山谢安石,为君谈笑静胡沙。"好像他有整顿天下的高超本领,可他跟着一个王子打仗,最后却当了另一个王子的俘虏。要不是郭子仪救他一命,他也许就写不出"朝辞白帝彩云间,千里江陵一日还"了。现在各地村庄都实行了直选,想当主任不再被当成有野心。但你光是想当村主任的种种好处,却不能为老百姓办事,就不会有人给你投票。

有些人由于没有本事,就会忌妒有本事的人,就把有本事的人看成眼中钉、肉中刺,必欲除之而后快。最后弄得武大郎开店,不准别人比自己高。受损的不仅是个别人才,而是整个事业。

人的野心往往并不是一开始就有的,而是随着地位的不断升迁而不断膨胀的。就像曹操,过去顶多就想在死后在墓碑上写下"汉故征西将军曹侯之墓",没承想官越做越大,你想让他没野心都办不到。好在他有点自知之明,绝不做皇帝,顶多想做周文王,也就是想做皇帝他爹。

野心家不可怕,可怕的是对野心家没有约束。孟德斯鸠说:"一切有权力的人都容易滥用权力。"那么,就得想办法限制权力,让他们不能想占地就占地,想拆迁就拆迁,想另搞一套就另搞一套,想开历史倒车就开,别人又束手无策。这个约束不仅仅是诸葛亮对付魏延的锦囊妙计,而是一套成熟且行之有效的制度。这个制度就包括民主选举、民主监督。你相中哪个位置不能凭阴谋获得,得大家同意才行。在为官的岁月里,你如果胡作非为,就会受到监督、受到制裁,让你无法肆无忌惮地作恶,在没铸成大错之前就能紧急刹车。就是部长也不能随便乱花钱,就是省长也不能想弄个博士就弄个博士。狮子老虎固然凶猛,可把它们关在笼子里,他们就不会随意伤人而只能供人观赏。让制度来看管社会,比一两个明君贤相更起作用。如果没有成熟而行之有效的制度,好人也会变坏,更不要说天生就不愿受拘束的野心家。

很多人把当官看成得好处、摆威风的行当,一旦让它危机四伏,就是野心家也会望而却步吧。

评点:

在传统文化中,"野心家"意味着僭越、阴险和贪婪。在一个讲究尊卑贵贱、等级名分的社会,任何与自己的地位、身份不符的欲望都可能被视为"野心",即所谓"非分之想"。"野心"是相对于自己的"名分"来讲的,但这个"名分"不是后天的,不是自己选择的,而是指那些先天的、既定的或者继承的地位与身份。"野心"云云,包含着浓厚的宿命论和血统出身论的色彩。

其实,有野心不可怕,可怕的是无视每个人的正常欲望,是对欲望无端的贬低和扼杀,是无法将野心转化为有利于社会和个人的"正能量"。

口中剿匪记[①]

丰子恺

口中剿匪，就是把牙齿拔光。为什么要这样说法呢？因为我口中所剩17颗牙齿，不但毫无用处，而且常常作祟，使我受苦不浅，现在索性把它们拔光，犹如把盘踞要害的群匪剿尽，肃清，从此可以天下太平，安居乐业。这比喻非常确切，所以我要这样说。

把我的17颗牙齿，比方一群匪，再像没有了。不过这匪不是普通所谓"匪"，而是官匪，即贪官污吏。何以言之？因为普通所谓"匪"，是当局明令通缉的，或地方合力严防的，直称为"匪"。而我的牙齿则不然：它们虽然向我作祟，而我非但不通缉它们，严防它们，反而袒护它们。我天天洗刷它们；我留心保养它们；吃食物的时候我让它们先尝；说话的时候我委屈地迁就它们；我决心不敢冒犯它们。我如此爱护它们，所以我口中这群匪，不是普通所谓"匪"。

怎见得像官匪，即贪官污吏呢？官是政府任命的，人民推戴的。但他们竟不尽责任，而贪赃枉法，作恶为非，以危害国家，蹂躏人民。我的17颗牙齿，正同这批人物一样。它们原是我亲生的，从小在我口中长大起来的。它们是我身体的一部分，与我痛痒相关的。它们是我吸取营养的第一道关口。它们替我研磨食物，送到我的胃里去营养我全身。它们站在我的言论机关的要路上，帮助我发表意见。它们真是我的忠仆，我的护卫。讵料它们居心不良，渐渐变坏。起初，有时还替我服务，为我造福，而

[①] 选自《现代经典杂文浅识》（吉林人民出版社2010年版），刘成信编著。

有时对我戕害,使我苦痛。到后来它们作恶太多,个个变坏,歪斜偏侧,吊儿郎当,根本没有替我服务、为我造福的能力,而一味对我贼害,使我奇痒,使我大痛,使我不能吸烟,使我不得喝酒,使我不能作画,使我不能作文,使我不得说话,使我不得安眠。这种苦头是谁给我吃的?是我亲生的,本当替我服务、为我造福的牙齿!因此,我忍气吞声,敢怒而不敢言。在这班贪官污吏的苛政之下,我茹苦含辛;已经隐忍了近十年了!不但隐忍,还要不断地买黑人牙膏、消治龙牙膏来孝敬它们呢!

我以前反对拔牙,一则怕痛,二则我认为此事违背天命,不近人情。现在回想,我那时真有文王之至德,宁可让商纣方命虐民,而不肯加以诛戮。直到最近,我受了易昭雪牙医师的一次劝告,文王忽然变了武王,毅然决然地兴兵伐纣,代天行道了。而且这一次革命,顺利进行,迅速成功。武王伐纣要"血流飘杵",而我的口中剿匪,不见血光,不觉苦痛,比武王高明得多呢。

饮水思源,我得感谢许钦文先生。秋初有一天,他来看我,他满口金牙,欣然地对我说:"我认识一位牙医生,就是易昭雪。我劝你也去请教一下。"那时我还有文王之德,不忍诛暴,便反问他:"装了究竟有什么好处呢?"他说:"夫妻从此不讨相骂了。"我不胜赞叹。并非羡慕夫妻不相骂,却是佩服许先生说话的幽默。幽默的功用真伟大,后来有一天,我居然自动地走进易医师的诊所里去,躺在他的椅子上了。经过他的检查和忠告之后,我恍然大悟,原来我口中的国土内,养了一大批官匪,若不把这批人物杀光,国家永远不得太平,民生永远不得幸福。我就下决心,马上任命易医师为口中剿匪总司令,次日立即向口中进攻。攻了11天,连根拔起,满门抄斩,全部贪官,从此肃清。我方不伤一兵一卒,全无苦痛,顺利成功。于是我再托易医师另行物色一批人才来。要个个方正,个个干练,个个为国效劳,为民服务。我口中的国土,从此可以天下太平了。

1947 年冬于杭州

评点：

口中的牙齿，本来是身体的一部分，本来应该给我们带来吃饭的快乐，说话的自在，却不料它们居心不良，变质，歪斜，偏侧，吊儿郎当，不仅不为"我"服务，还来暴虐残害，让人痛苦不堪。怎么办？

真是个精巧的类比。文章将贪官污吏比作口中作祟的牙齿，姑息养奸只能养虎为患，只有将他们"连根拔起，满门抄斩"，国家才能重整旗鼓，百姓才能安居乐业。

剿灭贪官污吏，肃清贪污腐败，需要有壮士断腕的勇气。文章写当初"我"将就它们，袒护它们，结果更加痛苦不堪。这说明对于贪腐不能心慈手软，否则后患无穷。

潘金莲的砒霜,武松的刀①

鲍鹏山

武松出差离开阳谷县后,潘金莲与西门庆在王婆的撮合下,勾搭成奸。为了长做夫妻,在王婆的点拨下,用砒霜毒死了武大并火化成灰,企图把事情做得干干净净,不露痕迹,瞒天过海。

其实,他们根本不需要这样费心费神,因为,根本没有人管这事。郓城县各级官府对自己眼皮子底下发生的这件骇人听闻的人命事件根本置若罔闻。好在武大还有一个弟弟武松。武松回来,不到半天时间,他就找到了证人——何九叔和郓哥,证物——两块酥黑的骨头,一锭十两银子,还有一张纸,写着火化日期、现场送丧人名字,证实了自己的怀疑:哥哥武大是被害死的。而且,他还锁定了嫌疑人——嫂子潘金莲和西门庆。

此时,除了具体的作案细节,案情基本清楚。这时,武松想到的,是通过法律途径解决问题。能这样想的,是好百姓,是相信政府并尊重政府的好百姓。如果能让好百姓实现这样想法的,就是好社会、好政府。但是,可惜的是,武松碰到的,不是这样的社会,不是这样的政府。所以,武松也就做不成好百姓。

武松把何九叔、郓哥一直带到县厅上,对知县说:"小人亲兄武大被西门庆与嫂通奸,下毒药谋杀性命。这两个便是证见。要相公做主则个。"

可是,县令与县吏都是与西门庆有关系的,西门庆得知武松要告

---

① 选自《头条》(2016年第6期)。

状,又马上给他们使了银子。拿人钱财,替人消灾,于是,县令和县吏,对武松打起了官腔。一大堆无比正确且无懈可击的官腔,武松听不明白。但武松明白的是:这番官腔的核心就是不准所告,不予受理。

按说,武松也不是一般平民百姓。他的身份还是很特殊的。第一,他是县步兵都头,相当于今天的县公安局刑警大队大队长。第二,他刚刚帮知县办过一件私密的家事,也算是知县的心腹人了。这样的人,尚且不能得到法律的保护,不能得到官府的公正对待,一般普通百姓,在这样的社会得到的待遇,也就可想而知了!一般人碰到官腔,只有忍气吞声。

但是,武松偏偏不是忍气吞声的主儿。说白了,他此时试图通过官府解决问题,是他对官府的尊重,是他在给官府面子,是他在给官府机会——是他给官府做好官府,行使权力的机会。他本来有力量有办法自己解决问题——他有刀。

协商不能解决的,用法。法度不能解决的,用刀。可见,官府不作为,会造成极大的社会问题:无力自己解决问题的,成了无依无靠的顺民。有力自己解决问题的,成了无法无天的暴民。顺民是国家的累赘,暴民是国家的祸害。一个强大的国家和民族,既不要暴民,也不要顺民,要的是:公民。

面对知县的官腔,武松几乎一点也不要听,也不给知县找麻烦,马上就打了退堂鼓。

武松道:"既然相公不准所告,且却又理会。"

毫不纠缠。

善打官腔的知县大约觉得很得意:官腔是战无不胜的,只要拿出官腔,小民一般马上就偃旗息鼓,天下马上太平。

但是,他可能没有注意到,当他用官腔堵住了武松依靠法律解决问题的道路后,武松的身边,只剩下了一个东西。

那就是刀。

这就是他"却又理会"的理会之法。

潘金莲在社会的底层，张大户这样的强势一方强加给她一桩不幸的婚姻，无论是道德、风俗还是法律，都不会给她支持。她哀哀无告。

要不，接受命运；要不，只能用非法手段改变自己命运。于是，她使用砒霜。武松要为兄报仇，要为被害死的兄长讨还公道，无论是行政，还是法律，也都不会给他主持公道。要不，忍下这口气，让死者沉冤莫雪，让罪犯逍遥法外。要不，也只能用非法手段实现正义。于是，他使用刀子。潘金莲的砒霜、武松的刀，是他们犯罪的罪证，更是社会不公、官府渎职的罪证！有一个非常值得我们反思的现象：我们的传统文化倾向于肯定复仇。也就是说，在古代，中国文化肯定复仇，文学歌颂复仇。

《水浒》就是歌颂复仇之作。

实际上，在中国古代文学作品中，大量的对复仇事件津津乐道的描写，对复仇人物热烈的情感倾注，其中隐藏着一个极深刻的社会心理，那就是：全社会对法律的无信任，并通过文学作品表现出来。当法律不能主持正义时，代表着社会良心的文学必然表现出对法律的失望和鄙视。

当西门庆和潘金莲谋杀武大郎时，法律沉默，官府不作为，于是，人们不再寄希望于法律，不再信任法律，也不会再遵守和维护法律。而武松这样的强梁会自行解决问题，用个人复仇来讨得被侵犯的公道。此前，武松并没有杀过人，从杀嫂开始，武松就杀人不眨眼了。

一个人，就这样变成了暴民。

评点：

> 潘金莲的砒霜、武松的刀，是小民犯罪的凶器，更是社会不公、官府渎职的罪证。

官府不作为,乱作为,百姓要么做顺民任人宰割,要么做暴民胡作非为。

顺民是国家的累赘,暴民是国家的祸害。

国家需要的,不是顺民,也不是暴民,而是公民。

公民的成长,既需要自我的良知与理性,也需要法律的保障。

第四章 理性精神

18世纪的法国启蒙思想家,为了反对蒙昧主义、专制主义和宗教迷信,祭出"理性"的旗帜,提出现存秩序和一切事物都必须接受理性的审判,并为自己的存在寻找理由。"理性"是启蒙运动的剑与矛,一路筚路蓝缕,披荆斩棘,摧枯拉朽,为建立自由、平等的新秩序立下了汗马功劳。

理性是一切愚昧、专制、迷信、极端、狂热、绝对、暧昧、骑墙的天敌。在虚幻与事实之间,它选择客观;在愚昧与科学之间,它选择规律;在冷酷的现实与狂热的理想之间,它选择直面;在盲从盲信与自觉自主之间,它选择独立思考和批判。它否定多快好省式的"大跃进"和狂热的全民运动,而主张实事求是、注重效益、讲究程序,追求实际的成果与利益。

理性,说到底是人类在不断的实践与反思中形成的一套公理、规律与法则。人类总在为自己的冲动、盲目、野蛮、偏执和某些莫名其妙的诗情画意买单,在无数次的悔恨中,终于领悟了"理性"的价值;终于意识到,做任何事不仅要追求"合目的性",还要讲究"合规律性",因为只有尊重事实,尊重规律,才能最终实现自己的目标。否则,只能是南辕北辙,买椟还珠。

既要合目的,又要合规律,"理性"必然将人类导向科学、实证与逻辑,导向民主、法治与多元,导向对话、妥协与和平。人类历史证明,这些理性的价值才能给人类带来稳定、繁荣与进步。

本能、欲望、情感、直觉、意志这些非理性,也是人性的重要内容,是生命力与创造力不竭的源泉。不过,人的本质恰在于理性对非理性的自觉和有效的控制。若没有理性的引导和制约,本能与欲望就会恶性膨胀,情感和意志就会异化变形,美好的信仰也会误入歧途。

随感录四十八①

鲁　迅

中国人对于异族,历来只有两样称呼:一样是禽兽,一样是圣上。从没有称他朋友,说他也同我们一样的。

古书里的弱水,竟是骗了我们:闻所未闻的外国人到了;交手几回,渐知道"子曰诗云"似乎无用,于是乎要维新。

维新以后,中国富强了,用这学来的新,打出外来的新,关上大门,再来守旧。

可惜维新单是皮毛,关门也不过一梦。外国的新事理,却愈来愈多,愈优胜,"子曰诗云"也愈挤愈苦,愈看愈无用。于是从那两样旧称呼以外,别想了一样新号:"西哲",或曰"西儒"。

他们的称号虽然新了,我们的意见却照旧。因为"西哲"的本领虽然要学,"子曰诗云"也更要昌明。换几句话,便是学了外国本领,保存中国旧习。本领要新,思想要旧。要新本领旧思想的新人物,驼了旧本领旧思想的旧人物,请他发挥多年经验的老本领。一言以蔽之:前几年谓之"中学为体,西学为用",这几年谓之"因时制宜,折衷至当"。

其实世界上决没有这样如意的事。即使一头牛,连生命都牺牲了,尚且祀了孔便不能耕田,吃了肉便不能榨乳。何况一个人先须自己活着,又要驼了前辈先生活着;活着的时候,又须恭听前辈先生的折衷:早上打拱,晚上握手;上午"声光化电",下午"子曰诗云"呢?

---

① 选自《鲁迅全集》(第1卷)(人民文学出版社1983年版),鲁迅著。

社会上最迷信鬼神的人,尚且只能在赛会这一日抬一回神舆。不知那些学"声光化电"的"新进英贤",能否驼着山野隐逸,海滨遗老,折衷一世?

"西哲"易卡生盖以为不能,以为不可。所以借了 Brand 的嘴说:"All or nothing!"

评点:

面对异族,要么俯首称臣,要么居高临下,要么视之为"禽兽",要么尊之为"圣上",这使得我们在中外文化交流中,始终不能抱以平等与自主的态度。所谓"中体西用",不过是借用西方的"坚船利炮"来维护封建的统治与礼教,而西方文化的民主、科学、人权、理性等精华却被摒弃在外。这就是鲁迅概括的"学了外国本领,保存中国旧习"。

学习外来文化方面,我们一贯主张"取其精华,去其糟粕"。这似乎有理。问题是,什么是精华与糟粕呢?谁来决定精华与糟粕呢?譬如一头牛,你不解剖它,你不去吃吃看,如何知道哪些是精华,哪些是糟粕呢?

或许我们该借鉴一下鲁迅提到的"All or nothing"的原则。

谁是中国最可怜的人[①]

刘再复

想想中国历史的沧桑起落,看到一些大人物的升降浮沉,便冒出一个问题自问自答。问的是:"谁是最可怜的人?"答的是:"孔夫子。"最先把"可怜"二字送给孔子的是鲁迅。他在《在现代中国的孔夫子》一文中说:"种种的权势者便用种种的白粉给他来化妆,一直抬到吓人的高度。但比起后来输入的释迦牟尼来,却实在可怜得很。诚然,每一县固然都有圣庙即文庙,可是一副寂寞的冷落的样子,一般的庶民是决不去参拜的,要去,则是佛寺,或者是神庙。若向老百姓们问:孔子是什么人?他们自然回答是圣人。然而,这不过是权势者的留声机。"(《且介亭杂文二集》)被权势者抬的时候、捧的时候已经"可怜得很",更不用说被打、被骂、被声讨的时候。

孔夫子的角色被一再揉捏、一再变形之后,其"功能"也变幻无穷。鲁迅点破的功能是"敲门砖",权力之门,功名之门,豪门,侯门,宫廷门,都可以敲进去。不读孔子的书,怎可进身举人进士状元宰相?但鲁迅看到的是孔子当圣人时的功能,未见到他倒霉而被定为罪人时的功能。在"批林批孔"运动中,他从"至圣先师"变成"反面教员",其功能也是反面的。先前要当进士得靠他,现在要当战士也得靠他,谁把孔子批得最狠,谁才是最坚定忠诚的革命战士。至于他的"徒子徒孙",则必须反戈一击,把他作为"落水狗"痛打痛骂,划清界限,才

[①] 选自《2008年中国杂文精选》(长江文艺出版社2009年版),向继东选编。

得以自救。"文革"后期,孔夫子运交华盖,成了头号阶级敌人,与反党叛国集团头目林彪齐名。因为林彪引用过"克己复礼"的话,铁证如山,于是,孔夫子竟然和他一起被放在历史的审判台上。这回与"五四"不同,"五四"时只是一群知识分子写写文章,这次批孔则是全国共讨之,动用了整个强大的国家机器,不仅口诛笔伐,还给他踩上亿万只脚。史学家们着手把"以阶级斗争为纲"的《中国通史》改为"以儒法斗争为纲"的通史新版。这个时候,中国文化翻开了最滑稽也是最黑暗的一页。

"文革"后期,孔夫子被打到了谷底,真正是被批倒批臭了。没想到三十年后,孔夫子又是一条好汉,孔老二又变成了孔老大和孔老爷子。他再次成为"摩登圣人"(鲁迅语)。这一回,孔夫子是真摩登,他被现代技术、现代手段所揉捏。电台、电视台、电脑网络,从里到外,轰轰烈烈。古代的手段也没闲着,立庙、烧香、拜祭全都汹涌而至。这次重新摩登,差不多又是把孔子当面团,不同的是二十年前那一回把他踩下了地,这回则是捧上了天。揉捏时面团里放了不少发酵剂,于是格外膨胀,不仅《论语》被视为放之四海而皆准的真理(连"唯女子与小人难养也"也千真万确),而且孔子也变成超苏格拉底、超耶稣的第一大圣,什么先进文化都在他身上,孔老先生成了"万物皆备于我"的大肚至饱先师。有此大圣在,还扯什么"五四"精神,什么德先生、赛先生,连圣诞节、元旦都是胡扯,都是有损于我大中华形象,应当用孟母节取代母亲节,用孔子纪年代替公元纪年。这回孔夫子除了当"敲门砖"之外,还充当"挡箭牌",起了掩盖"问题"的奇妙作用。有此挡箭牌在,"独立之精神,自由之思想"自然就该退避,蔡元培、陈独秀、鲁迅、胡适、王国维、陈寅恪等,就该统统靠边站。

鲁迅说中国人对待宗教的态度是利用即"吃教"。对孔子也是食欲大于敬意。都是用口,讲孔子和吃孔子界线常常分不清楚。当今吃孔子的方法很多,吃法不同,有的是小吃,有的是大吃,有时是单个吃,有时是集体吃,有时是热炒吃,有时是泡汤吃。充当"心灵鸡汤"时,放点西洋文化参掺和,有些变味,尚有新鲜感,最怕是大规模集体炒作,让人又浮起政治运动与文化运动的噩梦。

说了这么多,不是说孔子有问题,而是说对待孔子有问题。孔子确实是个巨大的思想存在,确实是人类社会的重大精神坐标,确实值得我们充分尊重、敬重。但是,20世纪以来,问题恰恰出在不是真尊敬、真敬重,或者说,恰恰是不给孔子应有的尊严。不管是对待孔子还是对待其他大思想家,第一态度应当是尊重,然后才去理解。如果只给孔子戴高帽子,把他当作傀儡和稻草人,那还谈得上什么理解,还有什么好研究的?余英时先生说,对待孔子和儒家经典,应当冷读,不应热炒,便是应当坐下来以严肃冷静的态度,把孔子以及儒学当作一个丰富、复杂的巨大思想存在,充分尊重,认真研究。在此前提下,再进入思想体系的内里,把握其深层内涵,这样倒可以还原一个可敬的孔子形象。但愿孔夫子在21世纪的命运会好一些。2008年新春之际让我们祝他老人家好运和重新赢得思想家的尊严。

评点:

谁是中国历史上最可怜的人?原来是尊为万世师表的孔子。被肆意揉搓的孔子是可怜的,揉搓他的有帝王,有学者,有商人,有野心家,有巫婆神汉,有军阀地痞;有人为权,有人为利,有人为名,有人为信,还有的因为无聊;揉搓的手段,有的肢解,有的歪曲,有的附会,有的捧,有的杀。一个伟大的思想家,一部不朽的经典,就这样被玩弄了两千多年。

应当把孔子及儒学当作一个丰富、复杂的巨大思想存在,充分尊重,认真研究,而非各取所需,各为所用。对经典,对传统,对先人,我们缺乏足够的敬畏。

是根深蒂固的文化实用主义和市侩主义让孔夫子成了"最可怜"的人。

到底谁有理,问问"第三方"[1]

徐贲

有一位资深的美国国会议员曾说,他在国会里作过无数次辩论演说,但只说服过一个人,那就是他自己。这位国会议员能这样自我调侃,是因为他很明白辩论自身的局限。

一个人作论辩说理,很少有能直接说服对立一方的。这并不表示他缺乏说服的能力,而是因为,论辩式说理说服对立一方的可能本来就是非常微弱的。一般来说,论辩式说理起到的是强化自己一方,而并非软化对立一方的作用。因此,对立的双方就有可能在辩论中越说越僵,以至于发展到相互责备、谩骂、肢体冲突。从微博叫骂发展到约架,便是辩论越说越僵的极端表现。

极端的越说越僵,这种情况在说理文化良好的社会中较少发生。这是因为,辩论者知道,在辩论中,理是说给"第三者"而不是说给对立方听的,由于第三者在论理中扮演重要的角色,论理根本不需要以压倒对立方为目的,无须把对方逼得灰头土脸,哑口无言。

以第三者为说服对象,并由此来确定说理的主要构成要素,这便是英国哲学家和教育家图尔敏(Stephen E. Toulmin)对公共说理的一大贡献。在图尔敏之前,对说理结构的理解和分析是以形式逻辑为着眼点的。图尔敏提出的说理分析模式有不同的着眼点,它着眼于听众,具体而言,是那些立场中立,具有独立思考和判断能力的第三者听

---

[1] 选自《怀疑的时代需要怎样的信仰》(东方出版社2013年版),徐贲著。

众。例如,在法庭上,有争执的双方各自陈述自己的立场和理由,同时还就对方陈述中的具体环节和细节提出质疑。各方在这么做的时候,是为了说服中立的法官或陪审员,而不是为了说服自己一方或对立一方的人员,因为自己人无须说服,而对立一方的人又根本不愿被说服。

听众是谁,这是说理首先需要确定的,因为这会影响到实际的说理策略、方式,并使得说理具有说服或宣传的不同性质。例如,20世纪60年代曾经有过一场大张旗鼓的中苏两党论战,其实双方都不是为了说服对方(那是不可能的),而是为了争取第三者的同情和支持。然而,并没有多少国际的第三者对这种恶狠狠的论战感兴趣,因此,论战实际上是用来作为一种对内宣传的手段。这样的争论你说你的,我说我的,只有恶狠狠的对立,根本不可能达成任何共识或妥协,最后定然会以争论者们相互交恶,彼此变成势不两立的仇敌而告终。

图尔敏论证模式所关注的是那种能够达成某种共识,至少是达成某种妥协的争论。它需要在争论的过程中充分考虑到对方的主张和理由,如果不是为了接受那些主张和理由,至少也可以通过反驳它们来加强自己的主张和理由,使自己的说理更理性周全。简略而言,图尔敏论证模式包括六个部分:主张(claim)、保证(warrant)、论据(grounds)、支持(backing)、语气(modality)和反驳(rebuttal)。它具有两个基本的认知特征,第一,说理中所有的主张、理由、中介保证、理由的理由、对保证的支持等,都是可以由对方诘问和质疑的,说理一方必须为此做好准备。第二,决定说理一方是否有理的是中立的第三者(法官和陪审员),不是自己一方或反对一方的"粉丝"。在这两点上,图尔敏模式都不相同于形式逻辑论证。

形式逻辑论证是以它本身的说理结构(包括分析方式)为准的,至于谁是说理的具体听众,那些听众会提出什么质疑,可能会有什么样的保留意见,这些都并不重要。然而,这些恰恰是图尔敏论证模式所关心的。

单纯的形式逻辑的论证,无论它本身如何严密,都不能保证能说服第三方,更不要说对方了。群体内部说理有别于敌对双方的"说理",群体内部说理的"公共理性",按罗尔斯(John Rawls)的政治主张,提倡"以对方能够接受的理由进行说服"的互惠构想。这里面包含了罗尔斯对"政治"的特定了解,即视之为公民相互合作,才能成就的共同事业。在充满分歧的政治世界中,公民简单说出自己觉得有说服力的论据并不足够,而是要找出其他人也能够共享的理由。公共理性不是一套寻找真理的哲学,而是处理不同意见的对话模式。然而,即便如此,由于各方不愿或无法放弃各自的利益,仍然会无法说服对方。由于说服或争论不可能无限继续下去,说理需要有"到此为止,做一了结"(或暂时做一了结)的机制,法庭判决或委员会表决便是这一机制中最为典型的。

　　图尔敏论证模式就是着眼于有"做一了结"能力和权威的第三方,要求辩论者在说理时,要站在第三者的立场仔细检查自己论证的每一个部分,并尽量事先估计到对立一方可能提出的反对理由。法官和陪审员是典型的第三者听众,但是,在公共说理中,第三者是公众。公众往往并不像法官和陪审员那样拥有裁决的权威,公众所起的第三者作用是形成舆论,公众越是具备理性思考的素养,他们的舆论机制就会对争论说理的双方提出越高的文明礼仪要求。谁在争论中穷凶极恶、出口伤人,不管他说得多么头头是道,都已经先在第三者眼里成了不值得尊敬、不值得信任的人。

　　在像国会这样的论争体制中,避免对立双方越说越僵的机制是发言以后的表决程序。如果可以用票数决胜,那就自然不用把对方骂个狗血喷头,或者甚至打翻在地了。在公共辩论和争论中,避免对立双方越说越僵的机制是普遍具有教养的公众所发出的舆论,他们以理性、客观和冷静的第三者身份来进行仲裁,而不是如情绪化的"粉丝"那样狂热地崇拜和偏袒一方。"粉丝"以"哄客"的面目出现在网络的公共空间,他们习惯于用暴力的酷语、色语和秽语来武断地表现自己的立场。在哄客成群的地方,论争者失去了必不可少的第三者听众,双方直接顶牛,越说越僵,最终变成仇寇。

评点:

如果我们对自己说服他人的能力确信无疑,那么,我们极有可能在论辩中越说越僵,以至于发展到相互责备、谩骂、约架到动手动脚。

因为,论辩式说理说服对立一方的可能本来就是非常微弱的。或许,我们应该换一个说理对象,以第三者为说服对象,并由此来确定说理的主要构成要素。这种由图尔敏提出的论辩模式,着眼于那些立场中立、具有独立思考和判断能力的第三者听众。正是在这个主张的基础上,图尔敏提出了与形式逻辑不同的图尔敏论证模型。它的目的不在于赢得论辩,而在于达成共识与妥协。

这就是公共说理。公共理性不仅是为了寻求真理,而且是着眼于实际问题解决的对话。发达的公共说理,不仅取决于说理者本人,也取决于公共舆论能否做到客观、理性与中立,即"理中客"。

荒谬的苦难哲学（节选）①

狄 马

中国人喜欢赞美苦难，认为苦难能磨炼一个人的意志，从而使一个人变得坚强和伟大。过去有一句话叫"吃得苦中苦，方为人上人"。因而，现在的"成功人士"都喜欢把自己的过去说得一无所有，几乎每一个企业家都是白手起家，告贷无门，最后忍辱负重，不惜胼颜事敌，终获成功。流风所及，甚至一篇普通的中学生作文也总是喜欢讴歌母亲的任劳任怨，含辛茹苦，终将自己拉扯成人。但母亲的苦难是什么原因造成的？谁应该对这种苦难负责？做子女的在改善母亲的境遇方面做了什么？除非你打算继续让母亲享受苦难，否则，这些现实的问题是不容回避的。但在这些作品里，现实的苦难远远没有浪漫的抒情重要，不但不重要，好像还应该感谢似的，因为如果没有这些苦难，母亲就没有发挥"忍耐"功夫的舞台。

其实，苦难并不总是导致伟大。相反，在很多情况下，它毁坏了人的尊严，伤害了人的心灵，扼杀了天才的创造力。中国人在讲到苦难时，喜欢引用司马迁在《报任安书》中的话："盖文王拘而演《周易》；仲尼厄而作《春秋》；屈原放逐，乃赋《离骚》；左丘失明，厥有《国语》；孙子膑脚，兵法修列；不韦迁蜀，世传《吕览》；韩非囚秦，《说难》《孤愤》；《诗》三百篇，大底圣贤发愤之所为作也。"但几乎所有的引用者都忽略了前面的几句话："夫人情莫不贪生恶死，念父母，顾妻子，至

---

① 选自《一头自由主义的鹿》（中信出版社 2014 年版），狄马著。有改动。

激于义理者不然,乃有所不得已也。"谁也不能说,文王不拘就演不出《周易》;仲尼不厄就写不出《春秋》;屈原留在宫中,就不赋《离骚》;左丘眼明,就不会写《国语》;孙子脚好,就不修兵法;不韦仍然是宰相,就不编《吕览》;韩非不囚,就没有《说难》《孤愤》;《诗》三百篇,圣贤高兴的时候就一定写不成?因而,这是把特殊的历史情境当成了普遍的创造规律。

实践当然是检验真理的一个标准,但谁的实践是检验真理的标准?由于历史经验的不可重复性,有人获得了实践的检验权,别的实践就没有了检验的机会,谁能保证它不是真理?曹雪芹全家喝着稀饭,喝酒也要靠"借贷",居然写出了《红楼梦》,但谁能保证他吃饱喝好就写不出《红楼梦》,或写得更好?

这牵扯到中国人如何对待苦难的问题。苦难在一定的意义上,提升了人的精神品质,增强了人自我实现的能力,使得一个人可以最大限度地摆脱生命的庸碌,甚至在有限的范围内,我也愿意承认这种苦难哲学对人的安慰作用。但不是所有的苦难都能转化为创造的动力,苦难转化为创造的动力是有条件的。这首要的条件就是苦难的承担者必须具有非凡的毅力、超人的心智,以及对自己牺牲较低价值换取更高价值的坚定不移。当然,在任何时代、任何社会一些人为了取得更高的成就,总是得牺牲在他们看来价值较小的目标,但对处于历史关头的承担者来说,这种选择有时会变得异常残酷。因为它不仅要牺牲自己的健康、安逸和生命,有时甚至会影响到别人的健康、安逸和生命,而且更令人丧气的是,即便牺牲了自己和别人的健康、安逸和生命也不一定能换回自己所期望的目标。它需要牺牲者的才力、勤奋和机遇都处于一个比较协调的状态里。可以想见,在大多数的情况下,人们的创造精神被苦难和凄惨的生活窒息。在荣誉、金钱和地位的诱惑面前,在只有按照既定的方式生活才能获得尊严的社会里,要让所有人都顶住贫困、疾病以及各种世俗专断势力的压迫从事他所心仪的事业,未免是奢望;在离婚、抄家、监禁、杀戮、秘密处决甚至灭门九族的威慑面前,只有极少数人能够扼住命运的咽喉向撒旦宣战,而大多数人则选择了投降。在他们看来,自由虽然是好东西,但要牺牲世界上那么多的好东西来保全它,就未必值得。这就是历史上被处宫刑的人多矣,而司马迁只有一个的原因。

其次,对制造苦难的人来说,也要有最低限度的容忍。我们知道,身被诸苦成就非凡事业的人有 个共同特点就是,牺牲他们认为价值较低的目标来成就他们认为价值更大的目标。但这种牺牲也得有一个限度,一般来说,不能剥夺他们的生命,因为生命是创造一切价值的基础。仁人志士可以不顾及自己的生命,但如果牺牲了生命也无法换取更大的目标,这种牺牲就变得毫无意义。在生命保全的前提下,牺牲者必须要能得到最低限度的"自由"或者叫"牺牲的自由"。"文王拘而演《周易》"当然是历史佳话,但我想,商纣王的监狱里一定没有牢头狱霸,否则,保命尚且不暇,哪里顾得上推演八卦?进而说明大殷帝国,尤其是羑里监狱当局的管教干部具备起码的人文素质,否则,怎么能允许一个朝廷要犯在监狱里搞科学研究?方孝孺恪守儒家经典教义,拒不草诏,被灭门十族,磔裂于市,但如果朱棣让他求生不能、求死不得,他就没有办法以死来完成他的节烈美名……

中国的传记作家喜欢描摹传主的不幸,以为传主越不幸,他们的人格就越伟大。最终给人一个印象:这些传主之所以取得巨大成就,不是靠他们自身的才华和努力,而是靠苦难本身的孕育。但这无法解释像歌德、泰戈尔这样命途顺遂的天才;反而,有可能推出一系列荒谬的结论:如果说苦难对一个人有帮助的话,那么楚怀王就成了推动中国文学事业发展的功臣,因为如果没有他的迫害和放逐,就没有屈原的《离骚》和《九章》;汉武帝就成了支持史学研究的好领导,他虽然没有给司马迁拨经费,但如果不是他阉割了司马迁的话,司马迁可能就写不出《史记》;皇权专制就是好,要是没有政治的黑暗和腐败,李白、苏轼、关汉卿就不会留下那么多牢骚满腹的诗篇;甚至奴隶制也不坏,要是没有秦始皇的皮鞭,奴隶们哪会心甘情愿地修长城、筑皇陵?……而且,为了让这些才子俊逸写出更多更好的作品,最好让楚怀王、汉武帝、秦始皇爷爷做得更糟糕些——正如一辆汽车,动力越大,牵引力就会越大——作为读者,我们自然就会收获得越多。然而,任何人都没有权利要求别人牺牲他的利益甚至生命,来满足自己日益增长的物质文化、精神需要,哪怕被要求者是古人或外国人。

在游览长城、兵马俑、故宫、颐和园等名胜古迹时,我们常常听到一句陈陈相因的话:"这是古代劳动人民智慧的结晶。"但解说员甚至是学者们没有告诉我们的是,"这些古代劳动人民"是不是愿意发挥他们的智慧?这些"结晶"又是怎样形成的?是由血、汗、水还是葡萄糖析出来的?在我看来,任何一门艺术如果不能体现人类的尊严和价值,甚至完工之日就是创造者的生命终结之日,那么,这门艺术之所以留存下来,就是因为后人要研究祖先的耻辱。长城也许雄伟壮丽,兵马俑也许奇巧无比,故宫和颐和园也许幽深似海,但作为人类罪恶的象征,我们应该首先记住,这些用白骨奠基,充斥着脓血和眼泪的所谓"艺术"只是因为时间的久远,使我们拉开了距离"审美"。充其量是坏事里面衍生出的好事,不值得赞美。就像强奸使一个寡妇怀孕,使她晚年的生活有了依靠,但不能因此赞美强奸;流氓将一个少年的腿打断,使他没有资格报名服役,从而避免了"为国捐躯",但不能因此颂扬流氓打断腿的行为;一恶棍无端将一男子阉割,使他没有机会犯生活作风问题,但不能因此炫耀说:"还是阉割好哩!"……

一切没有选择的行为,在道德上都是没有价值的。你表扬一个太监守贞操,就像在我们的时代表扬一个下岗工人勤俭节约,农民衣着朴素一样没有意义。只有当我们可以依照自己的良心选择并对自己的选择负责时,我们的"牺牲"才是有价值的。也就是说,善恶在个人不能负责的范围内是没有意义的。一件我们完全不能把握的事件,在道德上就既没有机会获得好评,也没有机会招致恶损。在皮鞭和棍棒下被动地从事一件他完全不得已的工作,和顶住舆论的压力,毁家纾难,成就一项他认为有价值的事业,这二者是有天壤之别的。如果不问选择和被迫的区分,一味赞叹受难者的勤劳勇敢,即使他们的工作真对后人有意义,也显得全无心肝。

由于和意识形态"捆绑销售"的时间太长,中国的文人学士喜欢把一切问题都"泛道德化"。一座偌大的城市十里不见厕所,市民忍耻到墙角排泄,论者归结为"素质低",而全然不管市政当局的不作为;一个乡村教师三十年如一日,省吃节用,自费买砖,亲自手提肩背,将一座学校背上山,媒体高度赞扬"刘老汉"的"主人翁精神",而只字不提教育部门的失职对一个老人的身心摧残;一个云南乡村的女邮电员工资不够坐车,步行穿山,独自往返数百公里,好多地方要靠溜索穿越,记者采访完毕,只是一个劲地称赞她的任劳任怨……这种冷血文化培养出的冷血道德鲁迅称之为"瞒和骗"。"瞒和骗"的要诀在于,闭上眼睛,绕开真实人生,把一切需要改良的现实问题转化成一个无私奉献的道德自律问题,然后用形而上的空洞抒情代替形而下的技术改进。苦难和苦难的制造者就这样一起消失。"亡国一次,即添加几个殉难的忠臣,后来每不想光复旧物,而只去赞美那几个忠臣;遭劫一次,即造成一群不辱的烈女,事过之后,也每每不思惩凶,自卫,却只顾歌咏那一群烈女。"(鲁迅《论睁了眼看》)看来这种"乾坤大转移"的法术自古有之。

评点:

没有人喜欢苦难,却有无数赞美苦难的诗篇,这是不是很荒谬呢?苦难可能是生命的财富,但在多数情况下,苦难让生命黯淡,甚至彻底沉寂。尤其是对那些没有选择权而不得不牺牲和受难的人,赞美他们的苦难无异于助纣为虐。这荒谬的苦难哲学,常常以对受难者的赞美,来转移我们对苦难根源的追问。从这个意义看,苦难哲学不啻一味甜美的麻醉剂,它的功能正是鲁迅先生所说的"瞒和骗":"亡国一次,即添加几个殉难的忠臣,后来每不想光复旧物,而只去赞美那几个忠臣;遭劫一次,即造成一群不辱的烈女,事过之后,也每每不思惩凶,自卫,却只顾歌咏那一群烈女。"

人人渴望幸福,人类追求大同。重要的是,我们要消灭苦难,消灭产生苦难的土壤,而不是"泛道德化"地去歌颂苦难,歌颂苦难的磨砺之功。

当然,在苦难中崛起的人物,依然值得我们景仰;苦难给予人们的磨砺和启迪,依然值得思考。

富人区[1]

冯骥才

在洛杉矶,一位美国朋友开车带我去看富人区。富人区就是有钱人的聚居地。美国人最爱陪客人看富人区,好似观光。到那儿一瞧,千姿百态的房子和庭院,优雅、宁静、舒适,真如人间天堂。我忽然有个问题问他:"你们看到富人们住在这么漂亮的房子里,会不会嫉妒?"

我这位美国朋友惊讶地看着我,说:

"嫉妒他们?为什么?他们能住在这里,说明他们遇上了一个好机会。如果将来我也遇到好机会,我会比他们做得还好!"

这便是标准的"老美"式的回答。他们很看重机会。

后来在日本,一位日本朋友说他要陪我看看不远处的富人区。原来日本人也有这种爱好。日本的富人区,小巧、幽静、精致,每座房子都像一个首饰盒,也挺美。我又想到上次问过美国人的那个问题,便问日本朋友:

"你们看到富人们住着这么漂亮的房子,会嫉妒吗?"

这个日本朋友稍稍想了想,摇摇头说:"不会的。"继而他解释道:"如果一个日本人见到别人比自己强,通常会主动接近那个人,和他交朋友,向他学习,把他的长处学到手,再设法超过他。"

噢,日本真厉害。我想。

前不久,一位南方朋友来看我,闲谈中说到他们的城市发展得很快,已经出现国外那种"富人区"了。我饶有兴趣地打听其中的情形,

---

[1] 选自《最好的杂文大全集》(华文出版社 2010 年版),黎娜主编。

据说有的院子里还有喷水池、车库,门口有保安,还养了大狼狗。我无意中再次想到问过美国和日本朋友的那个问题,拿来问他:

"有没有人去富人区参观?"

"有呀,常有人去看。但不能进去,在门口扒一扒头而已。"这位南方朋友说。

"心理反应怎么样? 会不会嫉妒?"

"嫉妒?"他眉毛一扬,笑道,"何止嫉妒,恨不得把那小子宰了!"

我听了怔住。

评点:

美国、日本和中国这三个国家的游客对富人区的态度迥然不同。美国人对富人不嫉妒,他们相信机会,抓住了机会就会发展,心平气和;日本人尊重和羡慕富人,他们相信只要努力就有机会;而中国人,多是嫉妒乃至嫉恨。这种"仇富心理"的历史渊源和现实原因究竟是怎样的呢? 传统的"为富不仁"的观念根深蒂固,现实中贫富差距的惊人反差,社会生活中的某些不公,都会加剧人们的"仇富心理"。

是该理性地反思"仇富问题"了。

网络时代,我们需要"保卫"汉语吗[①]

刘 伟

很多很多年后,我们会记得"你不是一个人在战斗",还是"岂曰无衣,与子同袍";会记得"男默女泪",还是"行人驻足听,寡妇起彷徨"?

网络日益普及,社交媒体高速发展,快速催生出新词、流行语。

被多数人以"好玩儿"的心态迅速吸收、使用的网言网语,对于汉语——一种已经存在数千年的优秀古老语言意味着什么?

是新创意,还是污染源?能迅速发酵,会不会积累沉淀?而对奔袭而来的网言网语,汉语需不需要被"保卫"?

新词是怎样产生的?

近日,中国教育部和国家语委发布了《中国语言生活状况报告》,盘点了2015年的热词和流行语,包括"互联网+""世界那么大,我想去看看""主要看气质""重要的事情说三遍"等都榜上有名。

从时下流行的互联网和工业、商业、金融业等的创新融合,到一份网上被热议的女教师辞职信;从歌手晒照片后引发的网友跟风晒图游戏,到起源于国外的流行说法,都会被收进每年的"热词榜";常年从事传媒语言研究的中国传媒大学教授侯敏则从2006年开始,每年都要编一本新词手册,收录当年出现的400到500个新词语。

在她看来,这些词语分为几类。其中比较重要的一类是一年中出现的新的事物、现象、观念、认识和科技成果,比如"互联网+",有效保

[①] 选自《新华网》(2016年6月23日)。

持和利用水资源的"海绵城市",指代在线课程开发模式的"慕课",伴随微信这个新事物出现的"点赞"等。

第二类是随着一些词语的语义磨损出现的替代词。比如当人们觉得说"很好"已经不足以形成巨大的冲击力时,会改说"巨好""超好"等,虽然"超"原本是一个动词。

第三类是网络上出现的减缩造词,比如前些年人们用得很多的"人艰不拆""不明觉厉""喜大普奔""城会玩""何弃疗"等。

"其实减缩造词一直都有。"侯敏说,"语言变化的一个原则就是省力、经济,当一个长的词语用多了,人们就会简化。"她给出的一个例子是"高等学校入学考试"。"现在人们说'高考'久了,反而很少能说出全称了。"她说。

事实上,全民造词的现象并非中国所独有。

在英国牛津大学出版社列出的 2012 年度网络热词中,"Omnishambles"就是利用构词法造出来表示"局面完全失控,出现系列差错和误算"的混乱状态。从"喜大普奔"到"Omnishambles",你或许能看到相似的地方。此外,"Mobot"把莫·法拉赫的名字和"机器人"连在一起,用来形容这位英国中长跑运动员获得奥运金牌后的庆祝舞蹈动作。还有"YOLO",是"You only live once"(你只能活一次)的首字母缩写。这些新词的产生与构词方式都和汉语相似。

"其实每年都会出现新词和新的流行语,反映出社会变化和变革。"侯敏说,"这些词中,有些可能转瞬即逝,有些则可能被一直保留在我们的语言中。"

什么词能留下来?

深谙古汉语一度让彭敏成为"网红"。

33岁的彭敏小时候最早读的是《唐诗三百首》和《古文观止》。对古汉语的浓厚兴趣让他成为 2015 年《中国成语大会》和《中国汉字听写大会》的双料年度总冠军。

在彭敏看来,中国民间对于汉语言的介入改造从古至今从未停止过。

"周朝的时候就有专门的采诗官,到各地去采集民间的歌谣,把民间当时的流行语言记录下来。"他说。

随着中国的发展,语言也有了很大的变化。"到了元朝,语言中俗语越来越多,假如李白看到了关汉卿写的东西,说不定会觉得语言被糟蹋了。"他说,"到了新文化运动之后,很多新的词进入了字典。比如'对号入座',古人如果看了可能会觉得很俗,他们不一定理解什么是'号'。"

侯敏对此表示认同。"社会变化越快,新词语出现得也就越快越多,"她说,"试想在一个男耕女织的宁静乡村,可能很多年语言都不会有太大变化。"

新的问题是:新的词语能有多强的生命力?

侯敏曾经对2006到2010年中出现的2976个新词语在2011年的使用状况进行了分析。其中,有170个词语在主流媒体十几亿字的语料库中,一年被使用超过1000次,比如"微博""保障房""动车组""醉驾""给力"等,占总数的5.71%,370个词语年使用频次在100到999之间,包括"学区房""囧""人肉搜索""凤凰男"等,占总数的12.43%,686个年使用频次在10到99之间,比如"孩奴""脖友"等,占总数的23.04%。

余下的有四分之一在低频使用中,还有三分之一彻底被遗忘。比如还有多少人记得,什么是"撞峰",什么是"裸烟","楼断断"又是什么典故?

侯敏认为,一般能够被留下的那部分词语大多是用来描述新出现的事物。根据一些句子的缩减造词,如果那个句子不是特别常用,通常会慢慢消亡。

一些流行语甚至走进了被认为是最重要汉字教育读本的《新华

字典》。在第十一版的字典里出现了"晒""奴"和"门"等字在网络上的用法。比如"晒"的解释是"展示,多指在网络上公开透露自己的信息",例如"晒工资";"奴"的解释是"为了支付贷款等而不得不拼命工作的人",例如"房奴";"门"的解释是"事件,多指负面的事件",例如"学历门"。

入侵还是注入活力?

对于迅速出现的新词汇,有人表示接受,有人表示质疑:它们究竟是为汉语注入新的活力,还是"污染"了汉语?

一些人尤其是上了年纪的人表示,越来越听不懂年轻人讲话了。

彭敏所在的期刊社中有很多老学者。他们的主编50来岁。一次他们说到"人艰不拆"这个词,主编就完全不明白他们在讲什么。后来彭敏告诉他,那是网民的创造,意思是"人生已经如此艰难,有些事情就不要拆穿"。

2015年《中国青年报》一个问卷调查结果显示,1601名受访者中64.2%认为当下网络流行语入侵汉语现象严重,46%的受访者担心会污染汉语。

在这样的背景下,很多人认为应该加强传统文化方面的引导。

语文出版社上个月宣布对中小学语文教科书做了修订,新的小学课本中关于传统文化的内容增加到了30%,初中课本中增加到了40%。从今年秋季开始,来自湖南、河南、广东、辽宁等地的超过400万名小学一年级和初一学生将会用上这本新的教材。

电视播出各种传统语言类的节目,比如《中国诗词大会》《中国成语大会》等,也提升了全社会学习、了解传统文化的兴趣。获胜后,彭敏和队友的PM2.5组合成了文化偶像,曾被学校请去讲课。"希望对青少年能有一点儿带动作用吧。"他说。

网络也带火了一大批试图把传统文化与流行语进行结合的年轻人,比如26岁的张方。

2012年,张方曾经结合当时很火的"杜甫很忙"系列图片把流行歌曲《最炫民族风》歌词改成了杜甫的诗,引得网友大呼"太有才了"。

后来他又用古风来翻译网上的流行语。比如"能靠长相吃饭却偏偏要靠才华",他翻译成"陌上公子颜如玉,偏向红尘费思绪";"我的内心几乎是崩溃的",翻译成"吾心已溃,如崩如坠";"重要的事情说三遍",翻译成"言一隅,当以三隅反复之";"你咋不上天呢",翻译成"何不乘风归去,莫惧琼楼玉宇"。

"有些人觉得古典很遥远。因此我这样做,是希望能够借助社会与网络热点的平台把古文推广出去。"他说,网络语言的门槛低,更容易被接受,但是这并不意味着古典的语言就会被取代,会慢慢消失。

他告诉记者,自己曾经在人人网上做了两个公众号,一个是关于网上热点的,开号半个月就有了30万粉丝;还有一个叫"刘备",是关于古文化的,做了几个月粉丝数量也不到4万。但是后来当他转到其他社交平台,"刘备"的4万粉丝一直跟着他,而网络热点公众号早已无人记得。

"我们现在看到的古文、古诗是经过了几千年大浪淘沙之后得以保留的,生命力不强的都已经被淘汰了,留下的都是精华中的精华。"他说,"而出现的这些新词、流行语,到了千百年后说不定只能剩下一两句了。"

侯敏对这个自然选择的过程表示认同。"在古代,没有电视和手机,很多人把语言的锤炼当成一大乐事,他们对自己的文字很敬畏,因此才会'吟安一个字,捻断数茎须'。"她说,"现在人失去了这种敬畏。"

她给出的一个例子是某报纸曾经用过的"屌丝"一词。"媒体用这样低俗的词起了非常不好的作用,这样的词语会污染我们的语言。其实人都有追求美的本性,只怕这样的词语多了,我们的孩子分不清什么是美了。"

"应该让人们回归对语言的敬畏,让孩子知道什么是语言之美。"她说。

评点:

敬畏我们的母语,与如何对待网络时代风起云涌的各种语言现象,中间隔了很远。

面对所谓的网络流行语入侵汉语的现象,焦虑与愤怒是不必要的。语言是一种交际工具,它的价值在于传递信息和表达自我。语言自有语言的传播与发展规律。大浪淘沙,留下来的未必都好,但留下来的,肯定有其独特的魅力。

何况,留得下来的,并不意味着能够留下去。语言也逃不过新陈代谢的铁律。

追求语言的规范与雅致是必须的,但在网络语言面前,完全没必要忧心忡忡。

理性精神的缺失,比想象力的匮乏更糟糕[①]

余党绪

一个关于儿童想象力的故事曾经让很多人扼腕叹息。雪化了是什么?儿童的答案"雪化了是春天",而无趣的老师非要孩子接受"雪化了是水"的标准答案。在这个故事的诠释中,教师成了扼杀孩子想象力的凶手,而儿童则成了教育的牺牲品。

近些年,关于中国学生缺乏想象力的议论很多,连高考作文也迫不及待地掺和了一把——"假如记忆可以移植"不知给多少考生留下了难以移植的伤心记忆。很多人将想象力与创造力联系在一起,认为想象力的匮乏不仅制约了国人的创造力,而且将影响中华民族的未来。网上有一篇文章,叫作《中国孩子想象力为何世界倒数第一》。文章将"影响20世纪生活的20项重大发明中,没有一项由中国人发明"归咎于中国人想象力的匮乏。前不久乔布斯辞世,又引起了一轮关于教育、关于人才的热议。扼杀想象力,几乎成了损害中国教育形象的罪魁祸首。为什么咱们没有乔布斯?为什么咱们没有人获诺贝尔奖?这样的追问,几乎无一例外地都会将矛头指向想象力。

我们的孩子缺乏想象力,这个判断大体上是客观和真实的。看一看每年的中考高考作文,就不难发现那些千篇一律的文章,是多么应景地呼应了这个判断。但是,将科技落后和中国人缺乏创造力直接归结于想象力的匮乏,我觉得还是隔靴搔痒,没有说到点子上。

"苹果落地"让牛顿发现了万有引力,这个几百年来被人们津津

[①] 选自《I时代报·教育周刊》(2012年1月6日)。

乐道的典故，似乎成了想象力孕育科学的绝好证据。可是不要忘了，这只是个传说。退一步讲，即便那只苹果真的有幸砸中了牛顿的头，我们也不能将万有引力的发现归功于这只苹果"砸"出的想象力。我相信，千百年来，一定有无数的中国人也被苹果砸中过，但遗憾的是，只有牛顿的那个被砸的脑袋发现了"万有引力"。恐怕想象力的欠缺并不是最关键的。如果牛顿没有寻求真理的热情，如果牛顿缺乏良好的科学素养，如果牛顿没有科学的思维方式，再多的苹果砸在他头上，也还是无济于事。过分强调想象力这个因素，会给人这样一个错觉：似乎有了想象力，牛顿就横空出世了。这样的误导反而会妨害我们去做一些更为基础性也更有价值的工作，比如培养学生的批判精神、怀疑精神，等等。

　　想象力之于科学，犹如灵感之于艺术。灵感很重要，但你要培养人的灵感，却无从下手。在我看来，培养以怀疑精神、批判精神为核心的理性精神，远比想象力的培养迫切。想象力是与生俱来的，任何一个正常的儿童都充满了各种想象。我们要做的，是保护、鼓励和引导儿童的这种天赋。与此相反，理性精神则只能通过后天的教育才能拥有。一个人缺乏想象力，顶多在生活中少点乐趣与浪漫，而如果他缺乏理性精神，可能连正常的生活都没有，何谈科学研究与发现？一个民族也是这样。没有想象力的民族可能是沉闷的，但没有理性精神的民族，则可能陷入疯狂与虚妄。

　　什么是理性精神？启蒙主义者们宣称，一切所谓的真理、教义、法条、常识，都必须接受理性的审判，并为自己的存在寻找理由。简而言之，理性精神就是不盲从、不盲信、不人云亦云、不唯书、不唯上、只唯实、只唯是、追求真理、追求真相。坦率地说，无论是我们悠久的文化传统，还是当代的学生，理性精神的稀缺都远比想象力的缺乏严重。你让学生写作文，题目是"细节决定成败"，学生洋洋洒洒，将细节的决定性作用讲得头头是道；你让他写"大局决定成败"，他同样是滔滔不绝,如数家珍,让你相信大局确实重要。到底是细节决定成败,还是大局决定成败?鲜有人去追问、去质疑。独立的人格、自由的思想、个人的判断、真理的追求,都在应试教育中被一点一点地戕害了。

其实,中国人并不缺乏想象力。女娲造人、后羿射日、嫦娥奔月、愚公移山,这些神话故事完全可以和古希腊神话媲美。但遗憾的是,我们的想象力很多时候用得不是地方。鲁迅讲,中国人很聪明,脖子细,就发明了砍头;膝盖灵活,发明了下跪;屁股上肉多,发明了打板子。还有那些挖空心思的刑具,那些穷尽想象的阴谋诡计,还有那些人际斗争的谋略和韬晦,你能说这些没有想象力吗?古代中国的科技水平曾经远远走在人类的前列,中医就是经验与想象力合作的杰作。可直到现在,中医的科学性还饱受质疑。为什么?因为中医在很多时候经不起质疑,很多地方经不起求证。在现代科学面前,中医必须为其"天人合一"的想象寻找合理的证明。

有人将想象力与知识对立起来。似乎知识越多,就越没有想象力。这种神秘主义很容易滑入蒙昧主义。知识并不必然排挤想象,相反,科学的想象必然建立在科学原理与知识的基础之上,否则就是胡思乱想。因此,想象力要在科学研究中发挥关键作用,前提是必须有相应的科学知识和素养。对于当今的中国教育来说,讨论想象力的缺失,还是一件很奢侈的事情。眼前最重要的,是把学生培养成具有独立人格、自由思想、质疑和批判精神的现代公民,而非把他们改造成唯唯诺诺、按部就班、人云亦云的螺丝钉。

作为一个凡人,我坚信,牛顿是独一无二的,爱因斯坦是可遇而不可求的。作为一个教育工作者,我相信,再周详的培养计划也造就不出牛顿,再完美的教育也不一定能培养出爱因斯坦。我们所能做的,只能是为牛顿与爱因斯坦的横空出世准备好些、再好些的条件。

这些条件中,质疑精神与探求真相的理性精神,才是最为根本的。

评点：

想象力之于科学发展和技术发明，其重要性不言而喻。但若将科技落后的原因归因于中国人想象力匮乏，你觉得合理吗？

显然这是将问题简单化了。想象力只是科技发展中的一个因素，甚至算不上是最基本的因素。比起想象力，理性的怀疑精神，实事求是的研究精神，在科技发展中的作用更为根本。

当我们呼吁培养学生的想象力的同时，不要忽视了那些更为根本的因素。因为中小学教育，就是要为学生的终身发展打下基础。

第五章

质疑能力

我思故我在,思想是人存在的表征。思想的起点,在于质疑。质疑的对立面,就是迷信与独断。迷信的人不知道质疑,独断的人反对质疑。

质疑,首先是一种意识和姿态。面对所谓的权威、传统、权力、大多数、圣人、雄辩的逻辑,你会怎么办？遗憾的是,在不断的熏陶或盘算后,许多人都会低下高贵的头颅,放弃了质疑的权利。更为悲哀的是,这样的屈服在频繁的反复后,会积淀成为本能。可怜的人啊,在思想上已经做了奴隶。

其实,质疑原是人的本能。每个生命都有自己的意志。风可以吹起一只风筝,却无法吹走一只蝴蝶。为什么？不服从就是生命的特性。不服从,就会质疑。但环境能改变人的天性,消弭人的本能。在更多的时候,顺从与皈依所带来的安全感、满足感和成就感,会腐蚀追求自由的心,聪明的人们选择了逆来顺受。

质疑,基于生命的本能,却又有赖于理性的力量。停留在本能之上的怀疑,算不上真正的质疑。《祝福》里的祥林嫂,她也质疑。逃婚就是一种质疑；拒绝嫁给贺老六,是质疑；在婚礼上拼死拼活,也是质疑。临死了,她还在质疑人死后是不是真的有灵魂。但祥林嫂的质疑给她带来了什么呢？是一次又一次地而且越来越惨痛地将她送进了命运的死胡同。为什么？因为祥林嫂的质疑,始终局限在别人为她设定的圈套里,她在别人的逻辑中走迷宫。所以,她越质疑,离生命自身的需要越遥远,礼教的绳索将她捆得越紧。

独立的人格,自由的思想,乃质疑的前提；理性的精神,科学的素养,才是质疑的基础。

质疑,并不必然导致怀疑主义。质疑的价值,在于肯定真理,在于摒弃谬误。只有这样,在质疑基础上建立的知识与信仰,才能长久地停留在心田。若所谓的圣贤权威因质疑而颜面扫地,那不是质疑的罪责,恰是质疑的功勋。

多数与少数[1]

陈　源

我向来就不信多数人的意思总是对的。我可以说多数人的意思是常常错的。可是,少数人的意思并不因此就没有错的了。我们主张什么人都应当有言论的自由,不论多数少数都应当有发表意见的机会。可是,我们固然反对多数因为是多数就压制少数,我们也不承认少数因为少数就有鄙夷多数的权利。

中国人向来是不容异己的论调的,所以在全国鼎沸的时候,有人居然肯冒众怒出来说几句冷话,只要他是有诚意的,我个人十分佩服他的勇气,不管他说的对不对。可是他的勇气不一定就使他对了。把这次的国民运动与拳匪来打比,实在未免过于不伦不类,在中国的外国人,因为他们始终"什么都学不到,什么都忘不了",自然这样地想。中国人自己如若不看见这二十余年的进步和分别来,只可以证明他们自己的不进步。至于人家已经打了头阵,自己跟在后面说便宜话,还要以"袁许"自负,——希望我做文章,所以用激将法——我们听了着实有些替他肉麻。

我是不赞成高唱宣战的。中国的大兵,叫他们残杀同胞虽然力量有余,叫他们打外国人就非但没有充分的训练,并且没有至少限度的设备。如果许多热心的军民人等自己投效去作战,那么,以血肉之躯去和机关枪、毒气炮相搏,就完全牺牲完了也得不到什么。

---

[1]　选自《中国杂文大观(一)》(百花文艺出版社1994年版),张华等编。

可是，我们不能因为力量不及他人的什么都逆来顺受。我们虽然打不过人家，我们不妨据理力争，不妨用他种方法与他们奋斗。我们固然不宜宣战，但是要求英国撤回公使，派兵到租界去保护人民并不就是宣战。英国的政府也一定不会因此就与中国宣战，因为他们是以民意为向背的，中国政府这样的态度正可以告诉英国民众这次的运动不是暴动，而是全国的义愤。英国握政权的固然是帝国主义者，普通民众，尤其是劳工阶级可不全是帝国主义者。

总之，中国许多人自从庚子以来，一听见外国人就头痛，一看见外国人就胆战。这与拳匪的一味强蛮通是一样的不得当。如果一个孔武有力的大汉打你一个耳光，你虽然不能与他决斗，你尽可理直气壮地与他评一评理，不能因为恐怕他再打你一顿便缩缩颈跑了，你如缩缩颈地了，或是对他作一个揖，说他打得不大得当，他非但不见得看得起你，还许要尊你一声"死猪"呢。

有人说，中国人永远看不见自己的尊容。自己的军阀每年杀人遍野，大家一声也不响，一旦外国人杀了几十个中国人，便全国一致地愤慨起来。这话是很对的。可是，我们不能因为一向没有纠正军阀，现在就不抵抗外人。我们希望大家竭力地抵抗外人，因为如果杀了你几十个人不抵抗，将来也许杀你几百几千几万人。我们同时希望以后国民对于内乱也要有同样觉悟，也要有同种的愤慨，也要有同样的抵抗才好。

评点：

此文乃陈源先生缘事而起，有感而发。他主张稳重中庸的持国之道。国际外交应保持国家的尊严，争取国家应有的权利，对列强不卑躬屈膝逆来顺受，亦不逞一时意气图一时之快。此话今时依然有借鉴意义：中国从来不乏长于内斗而怯于外战的"真国贼",也从来不缺在现实的暴虐面前忍气吞声而在盲目的排外运动中为非作歹的"假爱国"。

若撇开其讨论的具体事宜,文章提倡的"我们固然反对多数因为是多数就压制少数,我们也不承认少数因为少数就有鄙夷多数的权利"倒真是现代文明的一个基本原则。人与人,人格本来平等,真理面前更是人人平等。

每个人的个性、生活方式和思想都应该得到尊重。那种借"群众"的力量打压少数派,无视少数人的权利和要求的做法,或者借伸张少数人的权利来否定和对抗大众的行为,都不足取。

"老爷"说的准没错[①]

叶圣陶

《十五贯》里的娄阿鼠说:"老爷说是通奸谋杀,自然是通奸谋杀的了。"这当然表现娄阿鼠作恶心虚,谋脱干系,可是这句话的格式可以研究一下,因为这个格式代表一种思想方法。

老爷说的话准没有错儿。为什么准没有错儿?就因为说话的是老爷。不妨听一听,老爷说是怎么样,自然是怎么样了,他的语气是多么斩钉截铁。娄阿鼠的思想方法的全部精华就是这样。

岂但娄阿鼠呢!从前许多人用"先圣有言"发端,或者用"孔子曰""孟子曰"开场,把大前提摆出来,然后立下判断。近几十年来,"先圣有言"和"孔子曰""孟子曰"几乎绝迹了,可是大前提的前边往往是"某某说"或者"某某指示我们",可见余风未衰。这些大前提为什么能做大前提,照例用不着证明,这里头隐隐含着这么个意思——是某某说的话就有资格做大前提。这就差不多跟娄阿鼠一鼻孔出气了。娄阿鼠不是相信老爷说的话准没错儿吗?所以娄阿鼠的思想方法可以做代表。

早些年有个名儿叫"偶像崇拜",今年有个新鲜名儿叫"个人崇拜",两个名儿二而一,都指的这一种思想方法。

被用作大前提的先圣,孔子、孟子以及这个某某、那个某某的话也全没有错儿,从这些大前提推出来的结论也许全有道理,也许对实际工作有好处,可是这样的思想方法总难叫人信服,因为它只认某某而

[①] 选自《最好的杂文大全集》(华文出版社 2010 年版),黎娜主编。

不辨道理,因为它无条件地肯定某某的话必有道理,这是无论如何不会约定俗成的。

摆脱这样的思想方法,该是改进文风的办法之一。

评点:

陈独秀有一篇雄文叫《偶像破坏论》,此文中的"老爷"正是这偶像中的一个。一句话,一个理论,披上了"偶像"的外衣就有了夺目的光彩,这是一种极坏的文风,也是一种可怕的思维方式,更是一种缺乏独立人格的精神现象。

若要改进此等作风,先从"孔子曰""孟子曰""某某说""某某指示我们"这类拉大旗作虎皮的辞藻上动刀子。

我看国学①

王小波

我现在四十多岁了,师长还健在,所以依然是晚生。当年读研究生时,老师对我说,你国学底子不行,我就发了一回愤,从"四书"到二程、朱子乱看了一通。我读书是从小说读起,然后读"四书";做人是从知青做起,然后做学生。这样的次序想来是有问题。虽然如此,看古书时还是有一些古怪的感慨,值得敝帚自珍。读完了《论语》闭目细思,觉得孔子经常一本正经地说些大实话,是个挺可爱的老天真。自己那几个学生老挂在嘴上,说这个能干啥,那个能干啥,像老太太数落孙子一样,很亲切。老先生有时候也鬼头鬼脑,那就是"子见南子"那一回。出来以后就大呼小叫,一口咬定自己没"犯色"。总的来说,我喜欢他,要是生在春秋,一定上他那里念书,因为那儿有一种"匹克威克俱乐部"的气氛。至于他的见解,也就一般,没有什么特别让人佩服的地方。至于他特别强调的礼,我以为和"文化革命"里搞的那些仪式差不多,什么早请示晚汇报,我都经历过,没什么大意思。对于幼稚的人也许必不可少,但对有文化的成年人就是一种负担。不过,我上孔老夫子的学,就是奔那种气氛而去,不想在那里长什么学问。

《孟子》我也看过了,觉得孟子甚偏执,表面上体面,其实心底有股邪火。比方说,他提到墨子、杨朱,"无君无父,是禽兽也",如此立论,已然不是一个绅士的作为。至于他的思想,我一点都不赞成。有

---

① 选自《中国当代杂文二百家》(下)(吉林人民出版社2009年版),刘成信等主编。

论家说他思维缜密,我的看法恰恰相反。他基本的方法是推己及人,有时候及不了人,就说人家是禽兽、小人;这股凶巴巴恶狠狠的劲头实在不讨人喜欢。至于说到修辞,我承认他是一把好手,别的方面就没什么。我一点都不喜欢他,如果生在春秋,见了面也不和他握手。我就这么读过了孔、孟,用我老师的话来说,就如"春风过驴耳"。我的这些感慨也只是招得老师生气,所以我是晚生。

假如有人说,我如此立论,是崇洋媚外,缺少民族感情,这是我不能承认的。但我承认自己很佩服法拉第,因为给我两个线圈一根铁棍子,让我去发现电磁感应,我是发现不出来的。牛顿、莱布尼茨,特别是爱因斯坦,你都不能不佩服,因为人家想出的东西完全在你的能力之外。这些人有一种惊世骇俗的思索能力,为孔孟所无。按照现代的标准,孔孟所言的"仁义"啦,"中庸"啦,虽然是些好话,但似乎都用不着特殊的思维能力就能想出来,琢磨得过了分,还有点肉麻。这方面有一个例子:记不清二程里哪一程,有一次盯着刚出壳的鸭雏使劲看。别人问他看什么,他说,看到毛茸茸的鸭雏,才体会到圣人所说"仁"的真意。这个想法里有让人感动的地方,不过仔细一体会,也没什么了不起的东西在内。毛茸茸的鸭子虽然好看,但再怎么看也是只鸭子。再说,圣人提出了"仁",还得让后人看鸭子才能明白,起码是词不达意。我虽然这样想,但不缺少民族感情。因为我虽然不佩服孔孟,但佩服古代中国的劳动人民。劳动人民发明了做豆腐,这是我想象不出来的。

我还看过朱熹的书,因为本科是学理工的,对他"格物"的论述看得特别的仔细。朱子用阴阳五行就可以格尽天下万物,虽然阴阳五行包罗万象,是民族的宝贵遗产,我还是以为多少有点失之于简单。举例来说,朱子说,往井底下一看,就能看到一团森森的白气。他老人家解释道,阴中有阳,阳中有阴(此乃太极图之象),井底至阴之地,有一团阳气,也属正常。我相信,你往井里一看,不光能看到一团白气,还能看到一个人头,那就是你本人(我对这一点很有把握,认为不必做实验了)。不知为什么,这一点他没有提到。可能观察得不仔细,也可能是视而不见,对学者来说,这是不可原谅的。还有可能是井太深,但我不相信宋朝就没有浅一点的井。用阴阳学说来解释这个现象不大可能,也许一定要用到几何光学。虽然要求朱子一下推出整个光学体系是不应该的,那东西太过复杂。往那个方向跨一步也好。但他根本就不肯跨。假如说,朱子是哲学家、伦理学家,不能用自然科学家的标准来要求,我倒是同意的。可怪的是,咱们国家几千年的文明史,就是出不了自然科学家。

现在可以说,孔孟程朱我都读过了。虽然没有很钻进去,但我也怕钻进去就爬不出来。如果说,这就是中华文化遗产的主要部分,那我就要说,这点东西太少了,拢共就是人际关系里那么一点事,再加上后来的阴阳五行。这么多读书人研究了两千年,实在太过分。我们知道,旧时的读书人都能把"四书""五经"背得烂熟,随便点出两个字就能知道它在书中什么地方。这种钻研精神虽然可佩,这种做法却十足是神经病。显然,会背诵爱因斯坦原著,成不了物理学家,因为真正的学问不在字句上,而在于思想。就算文科有点特殊性,需要背诵,也到不了这个程度。

"二战"期间,有一位美国将军深入敌后,不幸被敌人堵在了地窖里,敌人在头上翻箱倒柜,他的一位随行人员却咳嗽起来。将军给了随从一块口香糖让他嚼,以此来压制咳嗽。但是该随从嚼了一会儿,又伸手来要,理由是:这一块太没味道。将军说:没味道不奇怪,我给你之前已经嚼了两个钟头了!我举这个例子是要说明,"四书""五经"再好,也不能几千年地念;正如口香糖再好吃,也不能换着人嚼。当然,我没有这样地念过"四书",不知道其中的好处。有人说,现代的科学、文化,林林总总,尽在儒家的典籍之中,只要你认真钻研。这我倒是相信的,我还相信那块口香糖再嚼下去,还能嚼出牛肉干的味道,只要你不断地嚼。我个人认为,我们民族最重大的文化传统,不是孔孟程朱,而是这种钻研精神。过去钻研"四书""五经",现在钻研《红楼梦》。我承认,我们晚生一辈在这方面差得很远,但也未尝不是一件好事。"四书"也好,《红楼梦》也罢,本来只是几本书,却硬要把整个大千世界都塞在其中。我相信世界不会因此得益,而是因此受害。

任何一门学问,即便内容有限而且已经不值得钻研,但你把它钻得极深极透,就可以挟之以自重。换言之,让大家都佩服你,此后假如再有一人想挟这门学问以自重,就必须钻得更深更透。此种学问被无数的人这样钻过,会成个什么样子,实在难以想象。那些钻进去的人会成个什么样子,更是难以想象。古宅闹鬼,树老成精,一门学问最后可能变成一种妖怪。就说国学吧,有人说它无所不包,到今天还能拯救世界,虽然我很乐意相信,但还是将信将疑。

评点:

关于"国学",一直众说纷纭,莫衷一是。但有几点老生常谈应该成为共识,成为讨论国学问题的前提。比如传统文化有精华,也有糟粕,有了这个共识,批评国学的人,就不会被人认为是"数典忘祖"了;对国学的态度,可以因人而异,各取所需,不必靠刮一阵风搞一个运动来推广;再如,国学与西学原本没有高低贵贱之分,在"思想市场"上中西平等,不能说你是本土的就高人一等,当然也不能说"外来的和尚好念经"。这样,"21世纪是中国文化的世纪"这样的宏论也就不能蛊惑人心了。

这篇文章在调侃和幽默中所表达的"国学观",或许比高头讲章更易让人理解和接受,因为他把自己的阅读经验和体验表达了出来。

动物是人的什么[1]

王乾荣

最近看了篇文章,题目叫"人应向动物学习"。这是说,动物是人的老师了。

这篇文章引起我不少联想,想到人与动物的关系以及这种关系的变迁和人如何看待、评价这种关系诸问题,颇觉有趣。

我想蛮荒时期,动物肯定首先是人的仇敌。尽管其时人与动物都茹毛饮血,但人吃起比自己弱小的动物来,恐怕不会太多地想"为什么",只因为天然的肚子饿;而人却要时时提防着被比自己威猛的动物攻击或吃掉。躲避也好,与之战斗也罢,都是把它们当成仇敌来对待的。是仇敌,就要拼个你死我活:因为你活了,我就得死。

后来,人渐渐将一部分动物驯养,而成为自己的帮手。帮手,已经人格化了。但既然这类动物能帮人或替人耕地推磨,看家护院,人格化就人格化吧。不过依我看来,动物实质上只是人找到的一种动力或工具。帮,含有友情成分。被迫而为,不帮也得帮,那叫任人驱使。所以,说帮手,是人的伪善。有豢养的动物,如牛马,除了干活,更是人用来果腹的牺牲品,说它们是帮手,就更加伪善。

再后来,动物就成了人的朋友啦。朋友,多么温情脉脉!八哥鹦鹉,令人开心解颐,还不是朋友吗?花猫黄狗,或媚或忠,其情何深,还不能当朋友?然而我以为,这还是人的伪善。把人家关

---

[1] 选自《2001 中国年度最佳杂文》(漓江出版社 2002 年版),《杂文选刊》选编,刘成信、李君主编。

在笼中,束缚以绳索铁链,为的是自己取乐,只在人这方面说,恐怕首先就不够朋友了。

至于如今响亮而笼统地提出的"动物是人类的朋友"这口号,似乎仍嫌模糊而暧昧。这口号,是人看到动物(尤其是野生动物)越来越少而危及自身生存之时提出的,说是要保护动物这"人类的朋友",其实说到底,乃是为了保护人自身。"不能消灭动物呀,动物没有了,人也就完了。"前提终归是人——这就是人的嘴脸。但这是待友之道吗?实际上,人与动物从来就没有平等过,说什么"动物也有生存的权利",不过是人生存的权利罢了。在把"朋友"口号喊得山响的当今,人们还要屠宰牛以及其他很多动物,心安理得地大嚼其肉。有吃朋友之肉的朋友吗?

所以,我始终认为,人为了自己活得更好,就必须正确对待动物,不管是打杀之、是食其肉寝其皮,还是保护之,或引以为"友",都要做到符合自然规律,合情合理合法,片面强调某一点,都是不科学、不理智的。人系在生物链上,人离不开同样活在生物链上的动物——不管是作为仇敌、牺牲品,还是作为帮手、朋友,都是"离不开"罢了。一概说"动物是人类的朋友",不仍是伪善吗!

现在,更有人要把动物当成"老师"了。当然,人性中的某些恶,比动物还甚,因为动物并没有恶意识。从促人向善方面来说,有意识的人,无妨向无意识的动物学习,拜它们为"师"——其实也不必拜动物,拜同类的婴幼儿为师,也一样能学赤子之心。

而发表于《信息参考报》的上述文章提倡"拜动物为师"的理由是:如狗,不管遭受什么惨痛的欺凌虐待,都能将这抛诸脑后,去细嚼能找到的每一块骨头,或在公园里快活地奔跑;如猫,能随遇而安,从不为明天担忧;如鸟,能在大部分时间只为了生命的存在和活着的喜悦而欢唱。看来,人类把动物当仇敌、牺牲品、帮手、朋友的时代都过去了。人在处理与动物的关系之时,也把伪善荡除尽净了。然而,如此虔诚地拜了阿猫阿狗、飞禽走兽为师并身体力行的人,还成其为人吗?而只知道细嚼一根骨头和随遇而安的人,就是自荐给猫狗做朋友,恐怕也不一定够格呢——"人家"会嫌你是一只两脚兽,不伦不类。

评点:

子曰:"必也正名乎""名不正,则言不顺"。人与动物的关系,究竟是征服与被征服的敌对关系,还是和睦相处的朋友关系,抑或是向动物学习的"师承"关系?说说无妨,若真要理清人与动物的关系,"正"这个"名"还是十分重要的。你看,那号召"以动物为师"的理由,是不是很荒谬:"如狗,不管遭受什么惨痛的欺凌虐待,都能将这抛诸脑后,去细嚼能找到的每一块骨头,或在公园里快活地奔跑;如猫,能随遇而安,从不为明天担忧。"若真的以这样的狗猫为"师",人,还是人吗?

谁是英雄[①]

丁　辉

横扫欧洲的拿破仑,"以一己之心力,主万姓之浮沉",屠戮的生命成千上万;发明了"牛痘"的英国医生詹纳,从病魔"天花"手中拯救的生命何止成千上万,且惠泽至于今日。拿破仑却是举世闻名的英雄,受尽恭维数个世纪之久;而有多少人记得英国曾有个叫詹纳的乡村医生呢？鲁迅先生当年感叹:"杀人者在毁坏世界,救人者在修补它,而炮灰资格的诸公,却总在恭维杀人者。"

《水浒传》中的梁山好汉李逵,在中国是享誉甚高的"英雄"。其实李逵在《水浒传》中刚出场的时候并不能算英雄,相反,说他是"社会渣滓"也许更符合事实。李逵在家乡杀了一个人,惹上人命官司,后在江州为神行太保戴宗收留,在戴宗手下做个"牢子"。李逵以戴罪之身,不可能是有正式编制和稳定收入的监狱管理人员。那么李逵靠什么生活？靠在监狱里吃拿卡要,讹诈囚犯。他跟宋江的相识便起因于他讹诈宋江钱财,宋江不答应。李逵自从结识了宋江之后,江州劫法场,火烧无为军,杀人渐多,于是便成了英雄。

"窃钩者诛,窃国者为诸侯",杀了一个人的李逵是杀人犯,杀了一千个人、一万个人的李逵便是"英雄",中外古今,理固宜然,可为一叹！古书一直赞李逵的"天真憨直"（如金圣叹）,其实李逵的"天真憨直"背后是没脑子。宋江正是看中了他的头脑简单,易于

[①] 选自《2010年中国杂文精选》（长江文艺出版社2011年版）,向继东选编。

利用，才对他格外"垂青"，若说宋江和李逵之间有多少兄弟情义，却是皮相之见。而况，这种"天真憨直"又要以多少无辜的生命为代价。"江州劫法场"是李逵的"第一战"："只见他第一个出力，杀人最多……火杂杂地抡着大斧，只顾砍人。……不问官军百姓，杀得尸横遍野，血流成渠，推倒倾翻的，不计其数。"官军杀杀也就罢了，然百姓何辜？难怪有人说：若由旋风抡板斧，人间曲直鬼画符。所以鲁迅才憎恶"他不问青红皂白，抡板斧排头砍去，而所砍的是看客"。《水浒传》七十三回"黑旋风乔捉鬼"一节，狄太公的女儿与其相好王小二于房中幽会，此举即使有违纲常，罪不至死，况自有其家人处置，与李逵何干？只可惜李逵最恨此等"奸夫淫妇"，不由分说，抡板斧砍下"狗男女"人头，掷于狄太公脚下，狄太公哭道："留的我女儿也罢！"而在李逵看来，"这等腌臜婆娘，要她何用"，怒骂正为失却女儿而伤心不已的狄太公为"打脊老牛"；第二日起来，李逵又找到还在烦恼啼哭的狄太公夫妇，我为你家除却奸淫，"你如何不谢我？"太公无法，只得收拾酒食相待。真正是"天真憨直"到没有人性的地步，这究竟是"可爱"还是"可怕"？

《水浒传》自是小说家言，似乎不可信。可惜的是生活本身往往比文学更"丰富"，真实的历史似乎也比小说更"精彩"，当然也更可怕。明末农民起义的领袖张献忠在四川杀人如麻，最后甚至到了疯狂的程度。杀人的手段更是五花八门，显示了这个农民"英雄"非凡的"想象力"。李逵杀人固是残忍，还大抵有个由头；而张献忠之所以更可怕，就在于他似乎是为了杀人而杀人：派手下大将分头赴各县实施滥杀，此曰"草杀"；以狗嗅人，狗吠则杀，此曰"天杀"；张献忠曾立一块"七杀碑"，碑文曰："天生万物以养人，人无一德可报天，杀，杀，杀，杀，杀，杀，杀。"张献忠在四川的屠杀是造成四川人口剧减的一个重要原因。康熙年间由政府主导的"湖广填四川"的大规模移民，正是为了补充四川的人口不足。

生命是宝贵的。然而人们大抵爱惜的是自己的生命。只要屠戮的刀锋没有架到自己的脖子上，人们总是乐意向屠杀者奉上谄媚与赞美以及"英雄"的尊号。

刘再复先生最近在《读书》杂志上撰文论及中国文化的"伪形"问题。在刘再复看来，中国文化曾有过健康的童年。作为远古时代的精神遗存的《山海经》中的"英雄"形象皆是这个世界的拯救者和修补者："补天"的女娲，"填海"的精卫，"射日"的后羿，"逐日"的夸父，无不具有救苦救难的大愿，代表了中华民族最原始的精神气质，和后来的《三国演义》和《水浒传》中的杀人英雄和玩弄权术阴谋的英雄完全不同。《三国演义》和《水浒传》英雄观的混乱与颠倒正是中国文化扭曲、变形（"伪形"）的突出表现。鲁迅终身痛恨"三国气"和"水浒气"，不是没有缘由的。或问"三国气"和"水浒气"于今安在哉？君不见，国家媒体央视少儿频道的《文学宝库》还在用《三国演义》和《水浒传》对我们的孩子进行文学启蒙呢，夫复何言？

谁是英雄？回答这个问题，真的还需拂去厚重的历史的尘埃，穿过血腥的历史风雨，回到中国文化的童年去看看，那里或许有我们的真正的精神家园。

评点：

> 谁是英雄？是"以一己之心力，主万姓之浮沉"屠戮无数生灵的拿破仑，还是发明了"牛痘"拯救无数生命的乡村医生詹纳？显然，拿破仑的英雄形象更深入人心。难怪鲁迅感慨："杀人者在毁坏世界，救人者在修补它，而炮灰资格的诸公，却总在恭维杀人者。"
>
> 以此标准来看李逵，李逵的英雄气何在？这位杀人越货、吃拿卡要、无头无脑的人，究竟有何德何能享受我

们的景仰？若我们将充满"三国气"和"水浒气"的英雄们与中国文化童年时期的英雄女娲、精卫、后羿、夸父相比，我们的"英雄观"是不是发生了畸变？

　　文学是社会与文化的折射。虚构的李逵与现实的张献忠，都反映了文化中的某些阴暗的东西。面对历史与经典，我们需要穿越历史的雾霾，保持自己独立的判断。

塞翁失马是福还是祸[①]

陈 仓

中华民族多灾多难,受伤的心需要安慰,于是,安慰性格言应厄运而生。安慰性格言是缓解心理创伤的麻药,好处是缓解心理压力,减轻心灵痛苦,增强对苦难的忍耐力,忍辱负重,随遇而安。是药三分毒,心理动力学告诉我们一个严峻的事实,安慰性格言属于混日子哲学,过度使用会培养人是非颠倒、苟且偷生、麻木不仁的坏毛病,使人丧失警觉、意志衰退、随波逐流、混吃等死,过那种无预见、无计划、无秩序、无责任、没品质、没准备的烂日子。

"塞翁失马,焉知非福。"此语出自《淮南子·人间训》,这个故事安慰了我们祖祖辈辈千百年。可是,这个故事存在严重的逻辑问题。塞翁失马,说明塞翁没有管理好马,主观责任是失职,造成直接经济损失。丢失的一匹马带回一群马,这一个意外之福,是偶然所得,并非塞翁主观努力所得。塞翁的儿子喜欢骑着马玩,从马上摔下来,摔断了大腿,儿子行为不慎,咎由自取,塞翁负有不可推卸的失教责任。马仅仅是生产生活工具而已,成年人应对自己的福祸得失自省自察。

塞翁儿子伤残一年后,胡人大举进攻,进了长城,壮年男子都拿起武器作战。靠近长城一带的人,绝大多数都战死沙场。他儿子就因为腿瘸的缘故(没有被征去打仗),父子得以保全生命。试想,如果壮年男子都像塞翁父子那样对自己、对国家不负责任,我们岂不是早已亡国灭种。由此可见,"塞翁失马"是个最典型的懦夫哲学,殊不知,松

[①] 选自《西安晚报》(2010年1月19日)。

松垮垮,不摧自垮,混吃等死,吃得没有质量,死得没有意义。将身心两残、无血性、无羞耻、无责任、无德无能的塞翁父子与为国捐躯的民族英烈相提并论,是对马革裹尸还的英雄烈士的莫大侮辱。

"塞翁失马"的故事在民间流传了千百年。这个故事可能是阿Q"精神胜利法"的思想源头。塞翁父子是典型的懒汉懦夫世界观,出现失误,遇到天灾人祸,他们不是积极应对,亡羊补牢,总结经验教训,引以为戒,制订危机处理预案,提高应对危难能力,努力防灾减灾,而是自我安慰,然后,消极等待,坐等偶然机遇,坐等坏事变好事。

在"塞翁失马"的故事中,塞翁对一匹马的丢失没有警觉,没有从管理措施上、牧马技术上深刻反思。马为什么会丢?反思管理缺陷,马没有管好,这是不争的事实。从牧马技术方面反思,第一,养马的草料饮用水够不够?马是不是因为饥渴难耐,自动外出觅食找水?第二,生物本能冲动导致马走掉?马是不是到了发情期?如果马到了发情期,这是扩大再生产的大好时机。此时此刻,应该举一反三,逐个检查马匹发育情况,通过精细化管理,并采取切实可行的育种技术,增产增收,把小小的坏事变成效益巨大的好事。

俗话说:"老子英雄儿好汉,老子卖葱儿卖蒜,老子混账儿混蛋。"虽有偏见,但子女是父母的影子,优良的家庭教育会培养出英才,父辈的毛病也很容易传染给后代。"塞翁失马"的故事说明,"马大哈"塞翁既不是一个合格的牧民,也不是一个合格的父亲,没有尽到一个父亲教育、引导、保护孩子的责任。作为老牧民,缺乏最基本的养马驭马常识。儿子学骑马,父亲要选合适的马匹,并提醒孩子与马建立主仆感情,千万不能让儿子骑性情暴烈、未经驯服的马。塞翁儿子摔断大腿致残事件说明,塞翁是个麻木不仁、愚昧愚钝,对儿子前途命运不负责的恶劣父亲。儿子骑马摔断大腿,塞翁应立即找医生治疗,怎么可以忍心让儿子终身残疾呢?儿子残疾,不要说保家卫国、为国尽忠,即便是个人生活也不能自理,拖累全家,成家必然是低配置婚姻,更不用说光前裕后。说自私自利一点,塞翁不爱儿子,对儿子不负责,总得为自己负责吧?儿子残疾,家道中落,谁来照顾塞翁的晚年生活?

天上没有馅饼掉下来,地上常有陷阱掉下去。观念不改,父愚子傻,灾难不绝,丢马事小,断腿致残事大。面对天灾人祸,健康的心理状态是迎接挑战,迎难而上,自强自救,不该颠倒黑白、混淆是非地歌颂灾难,以"焉知非福"的不健康心态强拉硬扯福祸因果关系,通过"精神胜利法"自我安慰,不该麻木不仁地忍受灾难,苟且偷生、苟延残喘、混吃等死。危机过后,从灾难中走过的人们应该痛定思痛,亡羊补牢,从头再来,过一种有预见、有准备、有尊严、有质量、有希望的生活。

评点:

很多"安慰性格言"其实与鲁迅先生批判的"精神胜利法"本质上是一致的,比如"塞翁失马"。面对天灾人祸,健康的心理状态是迎接挑战,知难而上,自强自救,而非颠倒黑白,以"焉知非福"的不健康心态强拉硬扯福祸因果关系,通过"精神胜利法"自我安慰。危机过后,从灾难中走过的人们应该痛定思痛,亡羊补牢,从头再来,过一种有预见、有准备、有尊严、有质量、有希望的生活。

有外国学者批评中国人有一种"格言思维",说的就是类似"塞翁失马"这样的思维。

多数谚语、格言是用来励志、警示、安慰、劝勉的,是有条件有背景的,一旦被当作真理,格言就失去了其积极意义。比如"天下无难事,只怕有心人""有志者,事竟成""成功是百分之九十九的汗水加百分之一的天赋""失败乃成功之母""近朱者赤,近墨者黑""小时偷针,长大偷金"……把格言当作思维方式的民族,肯定是头脑偷懒的民族。

中国学术规范的传统与前景①

葛剑雄

一些年轻的朋友以为中国古代没有学术规范,所以我们没有学术规范的传统,只能从西方引进。这种看法其实并不符合中国的历史事实。

由于学术环境和社会环境等各方面的差异,中国古代的学术规范的确与今天有很大的不同,不少今天已经习以为常的规范在当时并不存在,这是很自然的。

例如,在中国古代,由于书籍的流传相当困难,特别是在印刷术普及以前,古代学人对前人的著作或研究成果往往只能依靠记忆和背诵,所以他们在引用前人的著作或别人的成果时常常无法逐字逐句地直接引用,而只能是取其大意,一般都是间接引用。他们大多不习惯注明出处,往往将前人的话与自己的话混在一起,或者完全按自己的意思进行改写。用今天的眼光,我们可以指责这种做法是盗窃,是掠人之美,或者是侵犯了别人的署名权和著作权,但如果了解当时的情况,我们就不难理解古人的苦衷:在书写条件很困难的条件下,或者完全靠记忆和背诵时,自然越简单越好。用自己的话更容易记住,更便于表达自己的意思。本来就不存在署名权或著作权,引用时当然就不会有这样的概念。

又如,古人为了做学问或学习的方便,也为了克服找书和读书的困难,经常从看到的书籍和资料中摘录出有用的内容,分门别类地编

---

① 选自《科学中国人》(2003年第3期)。

为类书。这些类书，有的是为自己用的，有的是为别人编的，或者是奉皇帝的命令用公费开馆编纂的。很多类书的资料来源和引文都不注明出处，除了一些现成的诗文或整段的资料有时会提一下作者或书名外，一般就按内容编入不同的类别。但要知道，这种类书的编纂，无论是因公还是因私，都不会有什么著作权，更不会拿到稿费，所以只要编得质量好，编得实用，就会博得"嘉惠学林"的赞誉，就是被引用的人也不生气，而只着眼于知识或成果的传播。在类书的编纂过程中还有一个实际困难，一些资料或成果经过无数次的传播，原作者是谁已经无法弄清，并且早已面目全非。

古代还有一种故意作伪的现象，将自己或别人的作品假托为古代或当代的名人所作，从而进行传播，如先秦的不少作品的作者都被冠以大禹、周公、孔子。在我国古代，有很多文章都假托历史上的名人所写，诗词的作者都写成唐宋大家的名字。但除了极少数人是出于政治或经济目的外，这类作伪者大多是很可怜的。因为无权无势无钱无名，即使他们的作品很有价值也无法流传，而一旦托名于古代圣贤或当代名流，就有可能被刻成碑，印成书，传诵一时，流传千古。尽管绝大多数真正的作者依然默默无闻，但他们的自我价值还是得到了一定程度的实现。这是专制集权社会的学术悲剧，我们应该予以理解和同情。

这些并不意味着中国古代就没有学术规范，相反，在一些重大的学术问题上，从先秦开始就存在着严格的规范。例如，儒家典籍和学说的传承与解释，不仅流派分明，次序严密，而且任何注或疏都注明作者，原文与注释、注释者和传播者绝不混淆。在《汉书·儒林传》中，对儒家不同流派的传承过程和人物有明确的记载，其中多数人并没有属于自己的著作，但他们对传播儒家学说的贡献得到了充分的肯定。一些重要的历史、地理著作也有这样的传统，如对《史记》《汉书》作注释的学者，对其留下的有价值的注释，后世学者无不尊重作者的署名，即使有些作者名不见经传,甚至有名无姓,也都一一注明。如唐朝的颜师古为《汉书》作注时,就本着"凡旧注是者,则无间然,具而存之,以示不隐"(《汉书叙例》,见中华书局版《汉书》第一册)的原则,收录了23位前人的注释,其中既有应劭、郭璞、崔浩这样的著名学者,也有像李斐、项昭那样不知道籍贯的人,甚至有像郑氏那样连姓名都不全的人,他们的成果都得到了颜师古和后世学人的尊重。

《水经注》研究史上有一场延续至今的学术公案,那就是戴震在四库全书馆中校勘《水经注》时究竟有没有袭用赵一清的《水经注释》?本来,全祖望和赵一清的研究成果完成在前,戴震要加以引用或采用是顺理成章的事,但在戴震校订的殿本《水经注》中,他完全没有提及全、赵等人的本子,而将一切重要的判断和改动都归结于当时其他读者看不到的《永乐大典》本。怀疑他的人认为以戴震当时所处的地位,他肯定能看到四库全书馆所征集到的全部本子,包括赵一清的本子在内。支持戴震的人则认为,以戴氏的学术水平,根本没有必要抄袭赵一清,而且大典本《水经注》确实存在,其中不乏戴震校勘的依据。

这场争论或许永远不可能作出双方都能接受的结论,但争论的焦点是事实,即究竟戴震有没有使用赵一清的成果而没有加以说明,而对这一原则——使用别人的研究成果必须注明出处——是毫无疑义的。所以,包括戴震的学生在内的支持他的人极力证明戴氏校勘本与赵氏《水经注释》的相同之处纯粹是出于巧合,真正的原因是大典本与赵氏本来就相同。要是大典本不存在或不是如此,那么他们就百口莫辩了。

由此可见中国并不缺少学术规范的传统,我们今天面临的问题是如何继承这样的传统,建立起适应现代学术发展需要的新规范。20世纪西学的大规模传入、特别是改革开放以来,中国传统的学术规范面临着新的挑战,但由于历史的原因,中国的学者能够平等地、自主地考虑如何适应国际学术规范的时间并不长,很多问题自然还来不及解决。从上面的论述不难看出,中国的传统学术规范与西方及国际通行的学术规范之间并没有什么本质上的差异,所不同的只是具体的做法、方式和程度。

于是有人认为,既然如此,我们何必要学外国的学术规范,为什么要与国际接轨?我想,这取决于我们的目的。如果我们的学术成果既不愿意让外国了解,也不希望与外国交流,那么当然不必考虑别人的要求,甚至完全不必用外文发表论著或者将论著译成外语。但我们今天的学术发展离不开国际交流,不能离开世界潮流。源于国外、传入中国的学问不必说,就是中国的传统文化、纯粹的国学(实际上也并非未受到过外来影响)也不能故步自封,闭门称雄,同样需要吸收国外的优秀成果和经验,面向世界,走向世界。再说,学术规范与国际接轨或国际化并不是一味学外国,或者非采用外国的标准,也可以向外国推广中国行之有效、具有国际先进水平的学术规范,在一些富有中国特色或传统的学科领域内更是可以做到的。

评点:

学术规范并非只有国外才有,古代中国同样也有其学术规范,只是因为环境条件的差异,表现方式不同而已。但这也并不妨碍我们向外国学习,或者向国外推广中国特色的做法。就学术规范看,这篇文章有理有据,令人信服。其实,从思想方法的角度,这篇文章可提供一个适用性更广泛的思考维度:在涉及中外古今的文化比较时,开放的心态,实事求是的精神,都是必不可少的。

没有教不好的学生,只有不会教的老师?[①]

余党绪

最近读了徐红老师的教育随笔《护长容短》,接触到一个新词,叫"树瘤":

> 校园里有一棵树,我不知道叫什么名,长得特别奇怪,所有的枝条都打着结儿,像裸露的肿瘤,鼓胀着,盘缠着,样子不甚好看。每次路过,我都痛惜它为什么没有柳树那么光滑,槐树那么挺拔,榆树那么美丽。心中老在猜想,它是不是在小树苗时就这个样子?

这是一株病态的树,长满了"树瘤"。文章结尾,作者追问道:"我真得要问问专家它为什么会长成这个样,是天生的?基因异化?抑或师傅没有好好地修剪它?"

显然,"树瘤"表达的是作者对教育的感受和思考。在文中,"树瘤"所指的,正是一个聪明伶俐但骨子里散发着邪气的孩子。我印象最深的,是孩子在捉弄老师时所表现出的那些"超人"的才智。

我在徐红老师的随笔里读出了一种为师者的自责。但更多的,恐怕还是无能为力又无可奈何的遗憾与疑惑。名为"树瘤",已经包含了某种不言自明的倾向。

这让我想起了曾经广为流传、而今依然流行的一句教育格言:没

[①] 选自《上海教育》(2015 年第 27 期)。有改动。

有教不好的学生,只有不会教的老师。当初,若有校长拿此话来训诫教师,那就算给你亮了一张红牌。如今,身为校长的徐红老师也有这样的无奈与感慨,倒给了我些许安慰:原来教育的无力感与无奈感,并非我一人所有。

多年以前,这句话曾让我焦虑不安。伴随着这疑虑的,是内心深处隐隐作痛的失败感与羞愧感——我不得不承认,我是个"不会教"的老师。我从来没有过让每一个学生都满意的辉煌,哪怕是在问卷反馈这种敷衍了事的考核中,我也没有过百分之百的完美记录。虽然我对学生也算全心全意诚心诚意,对教学也是如履薄冰如临深渊,但总有自己触及不到的领域,总有让学生失望的地方。何况,我还算有点想法的人。越是有点想法,就越能吸引人,但付出的代价,就是让另一些人疏离。就算为自己辩护吧,我不排除我的个性也招惹了个别学生的反感。作为老师,我知道这未必妥当,但我是人不是神,江山易改,禀性难移,哪怕我"吾日三省吾身",尽可能秉公持平,也总有照顾不周的时候。

这个发现让我难过与疲惫,但更多的是纠结与思虑——那么,什么才是"好"学生呢?如果没有一个关于"好"的标准,公说公有理,婆说婆有理,那么,所谓会不会教,也就失去了实际的意义。我认可的"好",学生自己未必认可;学生认可的,家长未必认可;班主任眼里的好学生,可能只是个乖孩子;校长理解的好学生,或许与我的理解相差甚远……如果连学生的"好"都众说纷纭,教师的那个"会不会"又怎能服众呢?

当然,也有简单易行的标准,那就是考试。考试面前,人人平等。问题是,就算以考分作为唯一的衡量标准,我也不敢保证把每一个学生教好。必须承认,人与人是有差异的,有些差异甚至是从娘胎里带来的,你无法改变或者弥补它,比如智商,比如心理品质。承认人与人的差别,是对人最基本的尊重,恰恰在这个问题上,我们这些天天叫喊着尊重学生的人,常常走到自己的对立面。有的学生生来就与分数犯冲,硬要教"好"这样的学生,我累,他也累;我苦,他更苦。如果承认天赋的存在,那么,好学生未必都是教出来的,没教好的未必一定是教师的过错。单从分数看,能教出好学生的,也未必一定是好老师。现在的学校分三六九等,好学校其实也没什么好"牛"的,你筛子筛,箩子箩,选了一次又一次,掐出一拨人尖儿来培养,归根到底,拼的还是学生的智力。这就好比一个老师,他的学生写了个满分作文,老师顿觉脸上有光,不由得飘飘然,醺醺然,这是人之常情,可以理解;但若他从此坐不住了,自觉高人一等,到处宣讲培养天才的法门与诀窍,那就是僭越本分,贪天之功为己有了。其实,作为语文老师,我们教给学生的,只能是一些写作的基本知识、规范与思路,满分作文岂是老师你教得出来的?与其说是老师教的,倒不如说是上天赏赐的哩。一样的道理,以分数来衡量老师和学校,其荒谬性亦可想见。

"没有教不好的学生",其逻辑基于两点,一是假定"人皆可为尧舜",人人都有向善的可塑性;二要有个关于"好"的公认标准。所谓教育,就是照这个标准去"塑造""制造",批量"生产"我们所需要的"尧舜"。这其实是传统教育的逻辑。孔孟之道就是性善之道,目标就是培养圣人君子。什么是圣人?什么是君子?总不外乎忠孝节义修齐治平,成己成人内圣外王,立功立德立言三不朽。培养的方式,撇开种种说辞,实质上就是龚自珍所说的"斫其正,养其旁条,删其密,夭其稚枝,锄其直,遏其生气"(《病梅馆记》),说教开道,棍棒相加,软硬相济,恩威并施。说白了,就是删繁就简,削足适履。

"没有教不好的学生,只有不会教的老师",倘若仅当作座右铭,就像"有志者,事竟成"一样,自然是无可厚非的。但在现实语境中,我们常常混淆态度与事实,常常偷换寓言与历史。譬如"只要功夫深,铁杵磨成针"这样的励志之语,一不小心就成了"人有多大胆,地有多大产"的弥天大谎。我看某知名教师讲《愚公移山》,嘲弄移山既不合理,又不合算,愚公是个名副其实的"愚"公,逗得一帮弟子哄堂大笑。我颇不以为然。他显然混淆了寓言与历史的不同:《愚公移山》本来不是历史,它就是个励志的寓言。

一旦将"没有教不好的学生,只有不会教的老师"奉为教书育人的圭臬,事情就很可怕了:施加于学生,它就是一种无视学生主体性和差异性的塑造暴力;若教师践行,它就可能演化成一种唯我独尊、为所欲为的霸道——无论是谁,无论其天赋怎样,无论其志趣如何,我都能将其改造成我所需要的"好"。这种抽空了人的特殊性而张扬塑造美学的主张,在现实生活中基本上一碰就碎;但它总能占据道德制高点,咄咄逼人,让老师们不得不顾影自怜,自矮三分。

与传统教育不同,现代教育的理论基石,恰恰就是人的未定性假设及由此而来的多元性和无限的创造性。萨特说,人不外乎就是自己所造成的那个东西。面对学生,我们要做的,不是塑造,而是发现;不是扭曲,而是顺应;教育不是为了满足培养的需要,而是为了满足学生发展的需要。应该看到,教育不是万能的,教师不是万能的,教学也不是万能的。教育总有其难以企及的地方,教师总有其德行与知识上的某些缺陷。这不是推卸教育的责任,也不是弱化教师的使命,恰恰相反,这是对生命的敬畏,对学生的敬畏,对教育的敬畏,是为了更精准地理解教育的意义,更好地履行教师的职责。学校只是社会的一个部分,而且往往是很脆弱的部分,老师们苦口婆心的教育,常常敌不过一则负面新闻的冲击。这就提醒我们,学校教育不能脱离实际生活。如果将学校与社会隔绝,学生看到的只是一些碎片,他拼接不出一个完整的社会图景,就会影响他的社会理解。教与学的关系,也不是简单的投入与产出的关系,教师与学生,也有个生态构成的问题。教师再优秀,也未必能满足每一个学生的需要。因此,在学生面前,教师也应学会敬畏,学会谦让,学会克制和放手。

教师对待学生,应该像对任何人一样,尊重、理解和包容:无条件的尊重,发自内心的理解和善意的包容。有些学生你改变不了,其实也未必一定要改变他。让他保留自己的个性,哪怕是不合时宜的叛逆,看起来好像是失败了,但从发展的角度看,这何尝不是把更多的自由、希望与可能给了学生?

说到底,教育的核心问题,不是教,而是学;教育的主角,不是教师,而是学生。这世界上或许没有教不好的学生,但对于某个特定的学生来说,真的有"不会教"的老师。

回到徐红老师提供的这个案例。"树瘤"究竟是怎样养成的呢?他的家庭教育是否出了问题?他的社会交往是否有了偏差?是不是真的存在先天的因素?我们可以感慨,这孩子很不幸,要是能遇到一位与他特别投缘的教师,或许他就自然而然地改变了——这样的劳模事迹,我们听得太多了。遗憾的是,他没有这样的运气,他成了"树瘤"。但是,这样的遗憾在教育中能够完全避免吗?不可能。人是不可设计的,教育的设计毕竟也是有限的。换个角度看,我们是不是该感谢这样的"遗漏"呢?或许正因了这塑造的有限性,那些超绝的、特异的、与众不同的英杰才被"遗漏"给了人类。

徐红老师应该宽心,毕竟,学校不是个人成长的唯一空间,社会也是个大学堂。在那里,"树瘤"或许有他广阔的生长空间。在那个生态中,或许他的"瘤",不经手术和化疗,就奇迹般地痊愈了。没准,他也能蜕变成一株参天大树。

顺便说,直到今天,我依然会拿"没有教不好的学生,只有不会教的老师"来激励我自己。但在内心深处,我时时提醒自己:我是一个凡人,无论是德行还是智慧,我都是有限的。千万不能因为自己的有限,阻碍了学生发展的无限可能。

评点:

我们的生活中有很多格言谚语警句箴言,有关于日常生活的,有关于为人处世的,甚至在很多专业领域里,也不乏耳熟能详的格言警句。"没有教不好的学生,只有不会教的老师"就是教育领域广泛流传的一句"格言"。如果教师将这句话当作激励自己的座右铭,那当然无可厚非,但如果将这句格言定为教育的规律,那么问题就大了。它夸大了教育与教化的作用,也忽视和低估了学生的主体精神。

对于类似的格言警句,我们需要理性的反思,需要具体的判断,需要追问与辨析。

第六章

悲悯情怀

"二战"结束后的某一天,冰天雪地的莫斯科大街上,寒风嗖嗖。一群德国战俘耷拉着脑袋走过,他们饥肠辘辘,瑟瑟发抖,惊恐不安,不知道什么样的命运在等待着自己。市民们睁着仇恨的眼睛,呐喊着,咆哮着,诅咒着,口号唾沫,连同臭鸡蛋石头,像子弹一样砸向俘虏们。

　　这时,一个白发苍苍的老太太,静静地走到一个双手被铐的战俘面前,将撕碎的面包一口一口地喂给那个可怜的小伙子。

　　惊恐的小伙子愣住了……

　　那一瞬间,莫斯科也惊呆了,寂静了。

　　人群终于安静下来,一个,两个……人们扔掉了手中的石头,纷纷拿出随身携带的食物、围巾,走上前去……

　　这是一个让人无法不感到温暖的故事,故事的真实性无从考证,但人们还是宁愿相信它是真的。是的,在仇恨的废墟上,燃烧起温暖的火把,不知唤醒了多少人心中沉睡的爱、同情与怜悯。

　　同情与怜悯,是人类珍视的美德。苦难与罪恶伴随着每一个生命。孤独,绝望,悲苦,哀伤,无助……在浩瀚的宇宙中,人类是那么渺小;在滚滚的历史洪流中,个体又是多么卑微。在人生旅途中,只有彼此的爱,彼此的怜悯,彼此的扶助,才能让生命多那么一点点光亮。

　　即使一生风平浪静,个体也无法超越生命的自然法则,生命在本质上是偶然的,人生在本质上是孤独的,死亡是每个生命的必然归宿。这注定了生命的悲剧色彩。我们只有互相怜悯,相互守望,才能完成生命的一次又一次的交接。

　　每个世纪都在上演着血腥的屠杀、残酷的暴政、毫无人性的清洗、各种名目的隔离。专制、独裁、暴政总在挑战人类道德的底线、生存的底线。但人类的伟大之处就在于,即便是在这罪恶的土壤里,也开出了人道主义的花朵。战胜仇恨的,不是仇恨;战胜罪恶的,不是罪恶。从孔夫子到托尔斯泰,从佛陀到基督,圣哲们都在宣讲爱的故事,都在诉说悲天悯人的情怀。只有爱,只有同情,只有宽容,才能带领人类走出罪恶的泥淖。

　　总有一种力量让我们泪流满面。

总有一种力量让我们泪流满面[①]

江艺平

这是新年的第一天。这是我们与你见面的第777次。祝愿阳光打在你的脸上。

阳光打在你的脸上,温暖留在我们心里。这是冬天里平常的一天。北方的树叶已经落尽,南方的树叶还留在枝上,人们在大街上懒洋洋地走着,或者急匆匆地跑着,每个人都怀着自己的希望,每个人都握紧自己的心事。

本世纪最后的日历正在一页页减去,没有什么可以把人轻易打动。除了真实。人们有理想但也有幻象,人们得到过安慰也蒙受过羞辱,人们曾经不再相信别人也不再相信自己。好在岁月让我们深知"真"的宝贵——真实、真情、真理,它让我们离开凌空蹈虚的乌托邦险境,认清了虚伪和欺骗。尽管,"真实"有时让人难堪,但直面真实的民族是成熟的民族,直面真实的人群是坚强的人群。

没有什么可以轻易把人打动,除了正义的号角。当你面对蒙冤无助的弱者,当你面对专横跋扈的恶人,当你面对足以影响人们一生的社会不公,你就明白正义需要多少代价,正义需要多少勇气。

没有什么可以轻易把人打动,除了内心的爱。没有什么可以轻易把人打动,除了前进的脚步……

这是新年的第一天,就像平常一样,我们与你再次见面,为逝去的

[①] 选自《今文观止(现代、当代卷)》(上海锦绣文章出版社2012年版),张胜友主编。本文为1999年《南方周末》新年献词。

一年而感怀,为新来的一年做准备。祝愿阳光打在你的脸上。

　　阳光打在你的脸上,温暖留在我们心里。有一种力量,正从你的指尖悄悄袭来,有一种关怀,正从你的眼中轻轻放出。在这个时刻,我们无言以对,唯有祝福:让无力者有力,让悲观者前行,让往前走的继续走,让幸福的人儿更幸福;而我们,则不停为你加油。

　　我们不停为你加油。因为你的希望就是我们的希望,因为你的苦难就是我们的苦难。我们看着你举起锄头,我们看着你舞动镰刀,我们看着你挥汗如雨,我们看着你谷满粮仓。我们看着你流离失所,我们看着你痛哭流涕,我们看着你中流击水,我们看着你重建家园。我们看着你无奈下岗,我们看着你咬紧牙关,我们看着你风雨度过,我们看着你笑逐颜开……我们看着你,我们不停为你加油,因为我们就是你们的一部分。

　　总有一种力量它让我们泪流满面,总有一种力量它让我们抖擞精神,总有一种力量它驱使我们不断寻求"正义、爱心、良知"。这种力量来自你,来自你们中间的每一个人。

　　所以,在这样的时候,在这新年的第一天,我们要向你、向你身边的每一个人,说一声,"新年好"!祝愿阳光打在你的脸上。

　　因为有你,才有我们。

　　阳光打在你的脸上,温暖留在我们心里。为什么我们总是眼含着泪水,因为我们爱得深沉;为什么我们总是精神抖擞,因为我们爱得深沉;为什么我们总在不断寻求,因为我们爱得深沉。爱这个国家,还有她的人民,他们善良,他们正直,他们懂得互相关怀。

评点:

　　　　也许你什么也帮不了我,但你的同情与悲悯,是我走出困境与苦难的力量。这就是这篇新年献词给我们带来的安慰和力量。

在挫折中,在不幸中,在失望时,我们需要面对真实,我们体验真情,我们需要追求真理,只有她们才能让我们离开凌空蹈虚的乌托邦险境,认清虚伪和欺骗,不断前行。

总有一种力量让我们泪流满面,总有一种力量让我们抖擞精神,总有一种力量驱使我们不断寻求"正义、爱心、良知"。这种力量来自你,来自我们每一个人。

《卖火柴的小女孩》是写给谁们看的[①]

梁晓声

新中国成立以来相当长的时期内,《卖火柴的小女孩》是小学六年级课本中的一篇重要课文——许许多多的小学语文老师曾在课堂上强调它的"基本思想"是安徒生对资本主义社会的"含泪的控诉"。既是控诉,且含着泪,那么对于控诉的主体亦即资本主义,照马克思的话说,"批判的武器不能代替武器的批判"——于是乎只有革命。或用毛泽东观看京剧《白蛇传》时霍然而起大声所说的一句话是——"不革命行吗?!"

毫无疑问,《卖火柴的小女孩》确是安徒生的含泪之作。对于人世间的不平,它也确是一面镜子。但是它所要唤起的并不是憎恨和革命,而是同情和国家人道主义。

对于一个民族也罢,对于一个国家也罢,人道主义是必不可少的教育。

没有同情的人道主义不是人道主义。

没有人道主义的人文文化不是人文文化。

我只知道那不是。坚信那不是。至于究竟是什么,说不大好。

安徒生是懂得以上道理的。

否则他不会写《卖火柴的小女孩》《柳树下的梦》《依卜和小克丽斯汀》《老单身汉的睡帽》《沙丘的故事》《丑小鸭》……

[①] 选自《生命的尊严——〈杂文选刊〉:一本杂志和一个时代的笔记》(漓江出版社 2012 年版),刘成信、王芳主编。

王尔德也是懂得以上道理的。

否则他不会写《快乐王子》。

麦加菲也是懂得以上道理的。

否则他不会在写给美国孩子的《成长的智慧》一书中,将同情和善良列为第一、二章,且为一、二章写了全书最多的短文……

否则,屠格涅夫不会写《木木》和《猎人日记》……

斯托夫人不会写《汤姆叔叔的小屋》……

托尔斯泰不会写《午夜舞会》……

契诃夫不会写《伊凡的信》……

高尔基不会写《在底层》……

雨果不会写《悲惨世界》……

左拉不会写《萌芽》……

纵然一向以笔做投枪和匕首的鲁迅,大约也不会写《祝福》吧?

而柔石则肯定不会写《为奴隶的母亲》……

一个人的头脑里不会天生就产生出以人道主义为人性之最高原则的思想或曰作为人的基本情怀来的。

人需要人道主义的教育。

那么,《卖火柴的小女孩》究竟是写给谁们看的呢?作为童话,它当然是首先写给孩子们看的,但它绝对不是首先写给卖火柴的小女孩们看的。

卖火柴的小女孩们买不起安徒生的一本童话集。

《卖火柴的小女孩》是写给不必为了生存在新年之夜于纷纷大雪之中缩于街角快冻僵了还以抖抖的声音叫卖火柴的小女孩们看的。基本情况差不多是写给生活不怎么穷的人家乃至富人家的权贵人家的小女孩们看的。通常,这些人家的小女孩晚上躺在柔软的床上或坐在温暖的火炉旁,听父母或女佣或家庭女教师给她们读《卖火柴的小女孩》。她们的眼里流下泪来了,意味着人世间将有可能多一位具有同情心的善良的母亲。而母亲们,她们是最善于将她们的同情心和善良人性播在她们的孩子们的心灵里的——一代又一代;百年以后,一个国家于是有了文化的基因……

这是为什么全人类感激安徒生的理由。

同样——屠格涅夫的《木木》和《猎人日记》并不是写给农奴和农民看的,《汤姆叔叔的小屋》不是写给黑奴看的,《午夜舞会》不是写给被冷酷拷打的士兵看的,《伊凡的信》不是写给孤苦伶仃而又不得不给地主老爷做童仆的小伊凡们看的,《在底层》不是写给人生陷入无望困境的失业者们看的,《悲惨世界》不是写给冉·阿让们看的,《萌芽》不是写给当牛做马似的矿工们看的,《祝福》也不是写给祥林嫂们看的……

以上一些书的及时问世,及时地体现着文化的良知。

当文化也没了良知,集体朝理应被同情的阶层和人们背转过身去佯装未见的时候,那样一个国家也就向和谐的宗旨背转过身去了。

而打压文化的良知,乃是打压全社会最底线的良知。

而连文化的同情都获得不到的一部分民众,乃是最不幸的民众。

我以我眼看世界,凡经济发达国家的文化,其文化之意义曾体现于特别重要的两个方面——启蒙了穷人和教育了富人;从而,文化了国家。

我认为这是比革命伟大的意义。

文化当然绝不仅仅有以上两个方面的作用。但倘竟从来没有好好地起到过以上两个方面的作用,其文化的品质,无论怎样提升了来进行评论,都是可疑的。

于是联想到了"希望工程",据有关资料统计——它的绝大多数捐款者,乃是小学生中学生和退休了的老人们。

我们中国的老人和孩子们还具有同情心和善良,这实在是中国的安慰。

我以我眼看中国,我们的孩子们和老人们,并不是人文主义的文化首先要教育的对象。

自然,旁人们也不必首先接受此种教育。

心灵中没有吸收过饱满的人文主义教育的人,不配当公仆。因为他不可能有什么人文主义的情怀,非当也当得很冷漠——对人民的疾苦……

心灵中没有吸收过饱满的人文主义教育的人,纵然富了,也不可能是一个可敬的富人。因为他将宁肯赠豪宅和名车给女人,哪怕仅为一夜风流,却不太会捐出区区一百元来帮一个穷孩子上得起学……

人文主义文化在教育西方国家的公仆和富人方面,真的不可谓不成功——起码是比较的成功。

中国在这方面,需要多少安徒生们呢？需要多少个时代呢？……

评点：

《卖火柴的小女孩》是写给谁们看的？作者告诉我们,是"写给不必为了生存在新年之夜于纷纷大雪之中缩于街角快冻僵了还以抖抖的声音叫卖火柴的小女孩们看的"。它立足于唤醒和培养人类的良知、同情与人道主义,所以,全人类都要感激安徒生。

作者列举了一系列伟大的作品,这些作品无一例外写的都是"卖火柴的小女孩"一样的底层人的命运与苦难。显然,从阅读发生的角度看,这些作品都是写给有钱有闲的人看的。它们的价值,就在于唤醒和培养人的同情心与人道主义情怀。

作者提出一个现象:"希望工程"的捐款大多来自中小学生和老年人。那么先富起来的人在干什么呢？看来,人道主义的教育实在太迫切了。

中国需要安徒生。

中国人为什么不去奥斯维辛[①]

张　鸣

奥斯维辛集中营,是纳粹大屠杀的象征。但是,这样一个在不到4年的时间里,屠杀了300多万犹太人和一些波兰人、吉卜赛人的魔窟,身临其境,你就会发现,这里并没有什么不寻常。奥斯维辛二号集中营,杀死100多万人的灭绝营,在外面看过去,如果不是高压电网围着,看上去就像规模大一些的农场宿舍。一排排砖和木结构的牢房,一条普通的铁路,一直通向集中营的深处。灭绝营用不着每天拿枪扫射,甚至不用枪。用闷罐车拉来的犹太人,马上进行分类,老弱病残者,直接进毒气室、焚尸炉。剩下的关进牢房,强制劳动,牢房里面,鸽子笼一样的双层铺。一幢不大的牢房,400平方米左右,最多的时候,能塞进700人。在饥饿、寒冷、没有起码卫生条件下,一批批死掉,再进焚尸炉。焚尸炉24小时开工,向天空喷出浓烟。在这个过程中,犹太人所有的剩余价值,从体力到随身的衣物、金牙,甚至毛发,统统被榨取干净,为纳粹所用。

灭绝营是一架运转良好、高效而且有条不紊的机器。里面有人类文明成果的硬件:铁路、电网、毒气室、焚尸炉。也有文明的软件:严密的科层制,高效的管理。除了少数直接实施虐杀者之外,所有参与屠杀的人,都只是在发布指令,面对文件,或者按动电钮。血腥,就这样被"文明"手段有效地遮蔽了。

纳粹大屠杀的特色在于,它的本身就是人类文明进程的一个产

[①] 选自《华商报》(2009年7月18日)。

物。人类走到 20 世纪，居然有人用文明的成果，成功地在无声中成批虐杀同类，这不能说不是人类文明进程的悲哀。不是因为面对面的战争，也不是像南京大屠杀那样，是胜利者的兽性发泄，仅仅是因为纳粹主义的某种理念，在他们自己看来，这是一种有所谓人种学科学依据的理念。

没错，这是人类文明的歧途。但是，今后人类文明还会不会被导引到另外的歧途上去？如果换一个花样，换一个名堂，类似的虐杀，以堂皇名义进行的虐杀，还有没有可能发生？奥斯维辛之后，人类还不是依旧发生过红色高棉的大屠杀，卢旺达大屠杀。人杀别的动物只有一种理由，但自相残杀却有千万种道理。作为人类的一员，谁也没有理由不对大屠杀好好反思。

据说，有记者采访纳粹集中营的幸存者的时候，很多人都表示不愿意回忆过去，宁可忘掉那悲惨绝伦的一幕。当我身临其境，进入奥斯维辛的时候，我能理解幸存者的感觉。的确，不要说回忆过去，仅仅进入集中营，一种莫大的压抑，就令人难以喘气。但是，在波兰，奥斯维辛的游客一向是最多的。从早到晚，都有络绎不绝的人。每个人的脸上都挂着沉重，那么多人在场，一点声响都没有。可惜，在这些人里，我找不到一个中国人。而在巴黎和维也纳，中国人随处可见。西方人，即使难受，也要来这里，而我们中国人，则喜欢把头转过去。不仅"别人"的苦难我们不乐意看见，对待自家的苦难，也是如此。我们的"乐感文化"，似乎已经吞噬了我们直面人生的勇气，也吞噬了我们的反思能力。

奥斯维辛的第一集中营，现在是博物馆。每个馆里，都有一排排的照片，那是当年的囚徒，被关进来的时候，纳粹管理者按惯例留档照的。当年的这些人，不是作为人，而是作为等待处理的"物"，被塞进集中营的。但是，今天，他们已经被还原成了一个个的人，如果能找到本人，还会在囚徒照旁边附上他们平时的照片。

评点：

奥斯维辛集中营是纳粹大屠杀的象征，恐怖、血腥，却是人类文明进程中的一个产物，虽然它只是人类文明进程中的歧途。灭绝营是一架运转良好、高效而且有条不紊的机器。里面有人类文明成果的硬件：铁路、电网、毒气室、焚尸炉。也有文明的软件：严密的科层制，高效的管理。那些屠杀者大多受过良好的教育，他们遵循纳粹主义的教诲和所谓的人种科学，像公司雇员一样按部就班地从事着种族灭绝的"职业"。血腥，就这样被"文明"的手段遮蔽了。或许这比屠杀更让人感到恐怖。

中国人为什么不去奥斯维辛？或许文章的解释过于简单。不过，想一想在巴黎、伦敦、罗马的奢侈品商店出手阔绰的中国大妈，再比照一下奥斯维辛难觅中国人踪影的状况，作者的感慨也就不难理解了。

在历史与苦难面前，逃避与暧昧不是明智的态度。从这个意义看，中国人确实更需要看看奥斯维辛。

告别英雄[1]

王跃文

从来都说时势造英雄。时势者何？乱世也！英雄辈出，必然血雨腥风。相反，英雄无用武之地，实是苍生享太平之日。又所谓成也英雄，败也英雄；更所谓成者为王，败者为寇。那么，王也英雄，寇也英雄。

秦始皇扫六合而吞八荒，可谓顶天立地的大英雄。他的头是怎么顶到天上去的呢？原来他脚下垫着数百万生灵的头颅。史载，秦国破韩，斩首二十四万人；灭魏，斩首十三万人；败赵，斩首四十五万人；而杀人十万以下忽略不计，史家算账真是阔绰！须知当时华夏大地人口并不多，几万几十万地砍头，经不得几下砍的。难怪百姓古来自称草民！其命如草，割了又长！庆幸中国百姓命贱，不然早被英雄们砍光了。

成功了的英雄，哪怕成就了霸业，仍然还要杀人的。秦始皇活埋儒士三百多人，这不是简单的杀人，而是搞文化事业。历代开国皇帝，登基后要做的头等大事，就是大杀功臣。不管是否帝制，只要是专制，概莫能外。哪怕治平之世，杀人仍是家常便饭。比方要开疆辟土，比方要削藩平乱，比方要搞文字狱。君王们需有这些文治武功，才配得上英主尊号。此等成者英雄，被正史、野史和民间传说渲染千百年之后，神武直追天人，叫野心家效法，让老百姓敬畏。也许最敬畏这类英

---

[1] 选自《中国当代杂文二百家》(下)(吉林人民出版社2009年版)，刘成信等主编。

雄的,反倒是皇帝们最爱杀的文化人。康熙、雍正、乾隆很重视文化建设,他们的重大举措首推砍文化人脑袋,杀戮之酷更甚于秦始皇。但是现在的文化人或许同当年被杀的文化人没有血缘关系,才把这三位皇帝捧为千古难寻的圣明之君,单说他们是英雄还嫌大不敬。我们只要打开电视机,就会看见康雍乾们龙行虎步,威风凛凛,爱戴之情,油然而生。

败了的英雄,远古如蚩尤、夏桀、商纣,晚近如李闯王、洪天王。远者古渺难考,近者如洪天王,史料汗牛充栋。洪秀全本想认真考个功名,做做官的。可惜他资质太差,多次科考都名落孙山之后,最终精神失常,幻想自己是上帝之子,理应君临天下。于是装神弄鬼,纠合些愚顽无赖之徒,横行天下,打家劫舍。但凡洪秀全的所谓义军到过的地方,无不流血漂橹,哀鸿遍野。洪天王和他的太平天国英雄了十四年,而死于英雄伟业的百姓当以百万计算。仅石达开兵败大渡河,就有十万喽啰灰飞烟灭。不管死掉的是"天兵"或是"清妖",无非是张大娘的儿子杀死了隔壁李大娘的儿子。此类同抢龙椅有关的战争,成与败,正与邪,都只是所谓英雄们的事,百姓们只有流血的份儿。

汤因比眼中,英雄无异于野蛮。他说:蛮族驰骋在前一个文明的破碎山河之间,享受了一个短暂的"英雄时代",但是这种时代没有开辟文明史的新篇章;尽管蛮族的神话和诗歌热情赞颂这种英雄业绩,几乎使后人无法弄清历史真相。汤因比作为历史学家,他的目光是冷峻的。他承认蛮族从历史舞台上清扫了僵死文明的碎片,但它作为英雄存在的任务仅仅是破坏。困扰中国历代王朝的五胡乱华,匈奴人席卷罗马帝国,蒙古人马踏欧亚大陆,等等,都让野蛮人拥有过昙花一现的"英雄时代"。而野蛮的"英雄时代",则是文明社会拱手奉上的。倘若文明社会自己没出问题,蛮族是不大有可能趁势而入的。倭寇之患,明清为盛,就因为古老帝国自己渐渐露出了可欺负的地方。这里似乎走了题。我不管哪种文明优劣与否,只是排斥涂炭生灵的英雄们。

或许拉登们也正在创造着英雄时代？不管汤因比是否将英雄时代打上引号，我关心的只是流血。我怀疑一切嗜血如狂的所谓英雄。某种意义上讲，二十一世纪是以邪恶的方式开辟纪元的。战争作为人类最残酷的游戏，原本仍是有规则的。而拉登和他的"9·11"事件把这种罪恶游戏之中残存的一点点人性的东西都破坏了。本该神圣的宗教被亵渎，虔诚的教民被蛊惑，不论老人、妇女和儿童，都被送到了枪口之下。充当人肉炸弹残害无辜的宗教狂徒们，竟被拉登和萨达姆们赞赏为英雄。

老百姓不需要英雄，他们只想过太平日子。文明理性的社会，只有芸芸众生，只有安静平和，只有爱和自由，只有对勤勉无私的国家管理者的尊重，没有英雄和对英雄的崇拜。

评点：

历史是迷雾最多的领域，因此，面对历史，我们需要更清醒的理性精神。若不能确立一个基本的历史观，若不能厘清基本的历史事实，我们很容易被各种宏大叙事和滔滔宏论所左右。什么是英雄？谁是英雄？若不能确立一个基本的人道原则，公说公有理，婆说婆有理，那么，涂炭生灵的也是豪杰，灭绝人性的也是英雄：

"老百姓不需要英雄，他们只想过太平日子。文明理性的社会，只有芸芸众生，只有安静平和，只有爱和自由，只有对勤勉无私的国家管理者的尊重，没有英雄和对英雄的崇拜。"

隋炀帝之功业[1]

刘洪波

为历史人物翻案,看来已成为一门显学。已经看到屈原因情变而遭杀身的考证,又看到"卫巫监国"的周厉王是改革家的新解,眼下又有一篇文章说,一位先生得出了隋炀帝功大于过的妙论。隋炀帝有何盖"过"之功呢? 一在开凿运河,二在复开学校,三在整理古籍,四在使通西域,五在宽减刑罚。

以此而论,我想还可以加上发展演讲术,提倡诗歌写作,开创元宵民俗,发展旅游事业吧,那就更可证隋炀帝"功大于过"了。假如把杨广先生上台之前的英雄性格、圣贤抱负,以及朴实谦恭礼贤下士诸种美德也一一算上,更可以证明隋炀帝"品质优良"。可惜,隋炀帝之功过,实在不是一个"语不惊人死不休"的学问家可以颠倒过来的。上台前假作的美德,固然随着他手刃其老爹的一举而一并东流,即便上台后的一系列"功德"比起其暴行来又算得了什么呢?

评价一个帝王级头领的功过,是以人民的生存状况为据,还是以别的什么为凭,应该是一目了然的。隋炀帝在位十五年,四伐高丽,三下江都,一巡北庭,每一次"大动作"都付出百姓的尸骨,良民的钱财。假如国家不是真正陷于"民不聊生"的境地,向以易于满足为特点、"宁做太平犬"的中国老百姓,也不至于刚刚过几天太平日子就起来把杨广先生干掉。隋炀帝五十而殁,不得善终,独夫而已,固不足惜,但他的暴行使中国又有了十八年混战,三分之二的人民因而死亡。不

---

[1] 选自《经典杂文读本》(当代世界出版社 2010 年版),腾浩选编。

能忍受一个"功大于过"的帝王,岂不是罪在百姓了吗?

当一个帝王级的头领,确实太容易"立功"了。开凿运河,无论是为着游幸的方便,还是为着民生的改善,"客观效果"却是摆在眼前的。孟姜女哭丈夫而死,长城却成了中国的骄傲,"暴秦"也是有功的。卫懿公虽然失国,毕竟还是养鹤的能手,动物保护的行家。陈叔宝虽然荒于政事,又振兴了戏剧。赵佶无能保土,却弘扬了书画艺术。就算像朱由校那样做做木工活,也可以叫作"提倡技术革新"的吧。可是,这些东西对于一个帝王级的大人物到底算得了什么?

一个处在杨广先生这样的地位的人物,首要的责任在于治理国家,改善民生,让人民过上好日子,这才是大功德,论功过,这是最根本的一条。除此之外,即便生活简朴、谈吐幽默、多才多艺、兴趣广泛、修养不凡,富于人情味等,都只是细小的东西,即便再突出,只能为其个人魅力增色,不足以作为其治绩的砝码。倘若治绩显著,这些还算可爱的补充;倘若正事一塌糊涂,这些便是"丧志"的因由。

隋炀帝的"功业",仅从"客观效果"而言,不过是一条大运河。而其暴戾至于有能耐搞垮一个新生的政权,则比桀纣有过之而无不及,不仅祸害当世,陷民于水火,而且足以为千古之戒。这样的暴君,还谈"功大于过",连说过"好头颅,谁来砍下"的他本人也会羞愧的吧。

1996 年 7 月

评点:

清朝袁枚在《马嵬》中吟叹道:"莫唱当年长恨歌,人间亦自有银河。石壕村里夫妻别,泪比长生殿里多。"若把李隆基仅仅当作一个钟情的男儿,李杨爱情那真是缠绵悱恻令人动容,正如《长恨歌》《长生殿》里所描写的那样。可惜,李隆基生在帝王之家,贵为天子人主,他的一举一动、一言一行都牵扯到天下无数苍生。有人说李隆基是个纯情男儿,要为其翻案,你同意吗?连清朝的袁枚先生都不同意。

评价帝王级别的人物,甚至可以扩充到一般政治人物,应以人民的生存状况为据,这正是作者反对为隋炀帝翻案的根据。其实,隋炀帝能否翻案也未必不能讨论,但用来翻案的证据,应该是那些与人民生存状况相关的历史事实,而不应该仅仅是开凿运河这样宏大的史实。

历史人物的评价,如果没有一个基本的标准,则秦始皇修长城可算是丰功伟绩,"焚书坑儒"也算是旷世奇功了。这个标准,就是看他给人民带来了什么。

我们的孩子如何长大[①]

薛 涌

女儿在美国出生,自幼上幼儿园,讲英语,听美国孩子听的故事。如今3岁了,我们做父母的,总希望她能够保持讲中文,学一点中国文化的东西。于是,请国内的亲友寄来许多中文的儿童读物,什么《西游记》呀,《哪吒闹海》呀,等等,都是些传统故事,应是很有中国文化的特色了。孩子看惯了英文的读物,一见这些风格不同的中文书,新鲜得不得了,一天到晚缠着妈妈:"讲书!讲书!"

然而真给她讲起来,却发现讲不下去。比如上来先看的是《孙悟空三打白骨精》。先是见白骨精变成一个可爱的女孩子。孙悟空上来不由分说,一棍子打死。女儿哪里见过这场面,忙问妈妈:"他为什么打小姐姐呀?小姐姐怎么啦?"她一边说,小手还一边指着被打死在地上的小姐姐。一会儿,白骨精又变成一个来找女儿的老奶奶,孙悟空立即又一棍子将她打死。女儿又问:"他怎么打老奶奶呀?"下面几页,白骨精变成了个和蔼可亲的老爷爷,结局当然还是死于金箍棒下,女儿大惑不解地问,大人满头大汗地给她解释。但不管你怎么解释,你无法向她说明为什么可以打人,为什么要使用暴力。《哪吒闹海》就更出圈儿了。小哪吒刚刚生下来不久,形象还是个天真烂漫的孩子。他跑到海里玩耍,搅得海水不静,东海龙王派自己的两个儿子来看个究竟。谁知见了哪吒话不投机,哪吒一下子把他们全打死了,

---

[①] 选自《中国当代杂文二百家》(上)(吉林人民出版社2009年版),刘成信等主编。

而他的样子还是一副天真烂漫的样子。看到这里,我恨不得把女儿的眼睛给捂上。孩子们在幼儿园里,互相之间为了个玩具常常冲突,老师总是借机教育他们,要分享你们的东西,要征得对方的同意,要通过谈话解决纠纷,不能容许有一点暴力。而我们的书,对这种无缘无故的暴力行为不是谴责,反而为之叫好:看小哪吒多有本事!

孩子上这里的幼儿园,无论如何是接触不到这些东西的。在美国,不仅是三四岁的小孩子,即使在大一点的孩子的教育读物中,也没有这些。老师带着孩子观察动物、昆虫,培养他们热爱生命的价值。在三四岁时,这些孩子不用说见不得打死人,就连打死动物的场面也没见过。

我们这一代人,当年是看"三打白骨精"的故事长大的,我们从小被灌输的是"绷紧阶级斗争这根弦儿""知人知面不知心"。没有人教我们怎么去骗人,但在我们的世界里,别人要随时来骗我们、害我们。我们对人要像孙悟空一样坚决地、不留情地"斗争"。再看看其他的故事,什么"东郭先生与狼"呀,所宣扬的价值,无非是如何警惕他人,如何不能心慈手软。曹操当年"宁可我负天下人,不可天下人负我"的残酷名言,令世人不寒而栗。但是我们的文化从小对孩子灌输的,是否也是类似的价值呢?

对于儿童而言,美国是个很危险的社会,在某种程度上比中国还危险。但是人家从小教育孩子,重点还是教孩子如何信任别人,如何尊重别人,如何珍惜生命。

记得"史学之父"希罗多德在他记述"希波战争"的"历史"中,谈及波斯的专制君王在征讨希腊城邦联盟前讲的一段话:"那些希腊人非常愚蠢。他们跑到市场上,一起发誓说'我们彼此信任',然后就做起生意来,对这样一句空话还挺当真!"他所指的,主要是雅典这样的民主城邦中的事情。在他看来,这些人头脑简单,轻信他人,所以很容易征服。谁知最后他那数倍于人的远征军被小小的希腊城邦联盟彻底毁灭。《历史的终结》一书的作者福山,曾写过一本《信任》,称西方文明及日本的成功在于其社会中有信任感。至于对这一理论如何评价,另当别论,但我们不能不承认,我们从小对孩子灌输的,还是"害人之心不可有,防人之心不可无"的信条。难道我们还要坐视我们的孩子读这些东西长大吗?难道我们不该对我们的文化有所反省吗?

评点:

谁都不希望自己的孩子在暴力、歧视、仇恨和隔膜中长大,但对孩子沉浸于其中的充满暴戾、仇恨、血腥和谎言的成长环境缺乏足够清醒的认识。比如儿童读物。如果我们想一想,孩子很多错误的观念和习惯,正是在不经意的阅读中潜移默化养成的,我们该不该出一身冷汗呢?

有必要认真检视一下儿童的成长环境,硬的软的,看看这样的环境究竟给孩子们提供了些什么。

污染孩子,就是污染我们的未来。

生命教育不是简单的"你死我活"①

王学进

读了《感恩不应是件令人恐惧的事》一文(2007年10月9日《中国青年》),心有戚戚焉。翟春阳先生针对杭州某小学一次主题队会的主题——当你与妈妈两人中只能有一个人活下来,你是选择生还是选择死,表达了"感恩不是还债,不是伪孝、愚孝"等观点,我完全赞同。

我发现,这类生命教育很有市场,不仅小学在搞,中学在搞,连大学都在搞。在我编辑的杂志上曾发表过一篇题为《澳洲少女的眼泪折射了什么》的文章,作者系本地一所著名中学的语文老师。他在对学生进行生命教育时,设计了一个心理游戏:写下对你而言最重要的五个事物(可以是人、东西或者需求、心愿等),然后一样样进行放弃,看看最后留下什么。结果发现,中国学生在游戏中异常活跃,而澳洲少女在课外则哭成一团。为什么?因为她们没法在 God(上帝)和 friend(朋友)、God(上帝)和 parents(父母)之间作出抉择,只能用眼泪表达她们内心的痛苦和不舍。

类似的活动浙大宁波理工学院也曾搞过,心理学老师胡建兵给一百多名学生开了一堂心理游戏课:每名同学在白纸上写下对自己最重要的五个人的名字,然后因为一次意外,失去了其中一位,在纸上划去一位,然后是划去第二位,最后剩下父母。

---

① 选自《2007中国年度杂文》(漓江出版社2008年版),刘成信等主编。

缺乏生命教育应该说是当今中国教育的一大弊病,是到了补上这一课的时候了。老师们试图用此种方式刺激学生日渐麻木的心灵,唤起他们的生命意识和感恩之心。殊不知,动机虽好,可由于方式不当,结果却南辕北辙。

就以杭州某小学的此次主题队会为例,在生死抉择中,近四分之一的孩子没有选择让妈妈活下来,这就是说,这部分学生选择了自己活,而这一结果恰恰是设计者不愿看到的。按照我们传统的伦理观,学生应该选择让妈妈活下来,标准答案也是这样。否则,学生就是自私的,是缺乏感恩心的表现。

这里,老师们犯了一个常识性的错误,即以亲疏远近、贵贱高低来区分生命维度,硬是将生命等级化,这恰恰是不懂得敬畏生命所致。其实,从本原意义上来说,生命都是同质、平等的,凡是生命都值得敬畏。创立了敬畏生命伦理学的史怀泽曾说:"敬畏生命的伦理否认高级和低级的、富有价值和缺少价值的生命之间的区分。"他认为,所谓伦理是一种客观的、普遍的道德准则,它要求敬畏我自身和我之外的生命意志。这里的关键在于,生命是伦理的基础,伦理比无私更高;无论为己为人,都不能成为伤害和毁灭生命的理由。同样,在生死关头,父母的生命与自己的生命都值得敬畏和珍惜,任何以假想方式要求学生作出抉择的教育方式,只会误导学生的生命价值观,结果只能培养学生的狠心而不是不忍之心。

澳洲少女为什么会哭? 就因为她们有不忍之心即恻隐之心,对她们来说,不论是朋友还是父母甚至上帝,他们的生命都是不可剥夺的,是无价的。她们在中国式的考题中交白卷,恰恰证明了她们有着健全的生命伦理观,从中也可知她们那儿的生命教育是正确的。而反观同一课堂中中国学生的积极表现,不难发现,他们并不懂得敬畏生命,其生命伦理观多少有些病态。当然,这不是他们的错,而是教育方式错了。

由此看来，对学生进行生命教育，首先要对教育者进行生命启蒙。眼下最要紧的是让教师确立敬畏生命的伦理观，然后再去向学生普及有关常识，拒绝自以为是的残忍的生命教育方式。

评点：

设置一个"你死我活"的情境，让学生在抉择中显示其生命态度，再相机引导教育，这样做能培养出他们对生命的珍爱与敬畏态度吗？文章认为，这样做的结果，恰恰是对生命的粗暴践踏。

从生命教育的角度看，我们应该记住史怀泽的话："敬畏生命的伦理否认高级和低级的、富有价值和缺少价值的生命之间的区分。"

从道德认识的角度看，我们应该看到，良善的目的，一定要辅以同样良善的方式。

大师之大[1]

张君燕

2017年11月底,一位老人的去世引发了香港各界的怀念和追思。这位九十岁的老人是香港大学名誉院士,对于她的离世,香港大学在官网主页上标注:永远怀念您。香港大学校长马斐森表示:"她为香港大学留下了光辉传承。"众多普通学子和民众也纷纷表达心声:"三嫂,一路走好,永远想念您。"而实际上,这位香港大学的名誉院士只是该校的一名宿舍保洁员、食堂员工,她没有上过一天学,也认不得几个字。

这位人人尊称为"三嫂"的老人名叫袁苏妹,出生在广东省东莞市,"二战"时为躲避战乱来到了香港。1957年,二十九岁的袁苏妹随丈夫进入香港大学工作。在学校工作期间,她先后做过厨师助理、厨师、保洁员等。无论做什么工作,她都投入了全部的精力和热情,把它当成毕生的事业来完成。

一位毕业多年的学生提起三嫂,仍会像个孩子般夸耀她的手艺:"你知道吗?三嫂做的大西米红豆沙,西米直径足有一厘米,好大一颗!"是的,大家都夸三嫂的手艺好,却不知道,除了手艺之外,更重要的是三嫂的用心。为了把大西米煮软,三嫂要在灶台前站上两个多小时;为了让红豆沙的味道尝起来更加完美,她只在其中放新鲜的椰汁;蒸马豆糕时,为了让它有嚼劲,她用慢火煲一个小时,并不停地用汤勺搅拌……有时,遇见学生头晕,她会主动煲粥送药;有的学生在图书馆

---

[1] 选自《杂文选刊》(2018年第3期)。

学习到凌晨,错过了晚饭,她会等着给他们做夜宵……"三嫂就像我们的妈妈一样",这是香港大学几十届学生共同的心声。

后来,因为健康问题,三嫂无法继续在厨房工作,就转做了保洁员。苦活、累活,她都抢着干,从来没有一句怨言。有时,遇上学生们在饭堂开派对,狂欢到凌晨两三点,早就过了下班时间,但她还是会耐心地等到派对结束,再独自清理地板上的啤酒、零食和污渍。她说:"孩子们贪玩很正常,但我得让他们在早晨醒来后,回到焕然一新的环境里。"三嫂分明是把自己当成了这一群孩子任劳任怨的母亲!

几十年来,三嫂没有做过惊天动地的大事,只是兢兢业业地做饭、打扫卫生。但这些被她温柔以待的孩子们把她写进了宿舍之歌:"大学堂有'三宝',旋转铜梯、四不像雕塑和三嫂。"这让三嫂受宠若惊,不过,让她更想不到的是,2009年,她成为香港大学的一名名誉院士。这是自1995年香港大学颁授名誉院士以来,首次将其颁给基层员工,也使得三嫂成为首位平民院士。

香港大学在给三嫂的颁奖词中这样写道:"以自己的生命影响学生的生命,是香港大学的灵魂,是当之无愧的香港大学之宝。"三嫂本人也很惊讶:"我只是一个普普通通在大学堂煮饭的人,没什么学历,也没做出什么贡献,难为那么多学生还记得我。我知道这个奖是发给对社会有很大贡献的人,现在发给我,我真的很感动、很开心。"

此后,人们把三嫂亲切地称为"港大之宝"。对于为香港大学默默奉献了一辈子的她来说,这个称呼当之无愧。同时,香港大学对于这位老人的追念及推崇,也得到了社会各界的赞誉。《苹果日报》对此评论道:"在港大人眼中,三嫂做的不是一份卑微的工作,而是生命绽放的一种方式。清华大学第一任校长梅贻琦老先生曾经说过这么一句话,'大学之大,非大楼之大,乃大师之大'。从这个方面来讲,香港大学的这种精神其实更称得上是'港大之宝'。"

评点：

梅贻琦先生说："大学之大，非大楼之大，乃大师之大。"香港大学授予一位普通校工院士之衔，也显示了香港大学之"大"。

三嫂是幸运的，因为她所在的，是香港大学。

作为读者，如果只关注了三嫂，那就不仅仅是香港大学的遗憾。

第七章 回到常识

越来越多的人在呼吁"回到常识"。如果"回到常识"也成了一种呼声,那么,这个时代一定有许多不合常识的地方。

曾经,绿豆成了包治百病的灵丹妙药,GDP成了衡量政绩的唯一指标,考试成了检验学生素质的唯一手段,每个家长都在为"不让孩子输在起跑线"上焦虑,"不要和陌生人说话"成了新的安全常识。还有一夜暴富的奇迹,一举成名的幸运,一手遮天的权势……而在更早的时候,我们这个民族曾经深信我们的粮食产量"大跃进",亩产高达几万斤。

是什么迷住了我们的双眼,让我们违背常识?

是急功近利的贪求。

是浮躁虚华的心灵。

是悖逆理性的脑子。

于是,利令智昏,鬼迷心窍;脑子发热,智商下降;靠谱的少了,玄虚的多了。

人是要吃饭的,硬是有人声称辟谷一个月;人是会死的,硬是有人叫卖长生不老的仙丹;人无论如何是有自己底线的,硬是有人说自己"宰相肚里能撑船"。此时此刻,常识到哪里去了?

为什么违背常识的"常识"反而成了"常识"?骗子得手靠傻子,若没有一个急功近利、虚妄浮躁的社会土壤,这些反常的"常识"怎可能有自己的市场?

其实,常识也并不是一成不变的。人类的进步,就表现在打破旧的常识,建立新的常识。"日心说"取代了"地心说",是进步;人人平等取代了等级制,是进步;自由恋爱取代了父母之命媒妁之言,是进步;科学取代了迷信,是进步;劳工神圣,取代了"劳力者治于人",是进步;男女平等取代了男尊女卑,是进步……每一次旧常识的打破,就意味着人类思想的解放,科学的进步,人权的勃兴。

可见,不是常识不可打破、不能打破,问题在于,究竟是什么样的常识被打破了,被推翻了。

有些常识肯定是万古不变的,比如人总要吃饭穿衣,总要趋利避害,总是贪生怕死。再伟大的体制、道德、法律、学说恐怕都不能违背这些常识吧!

一方面,要回到常识;一方面,要建立新的常识。这样的背反推动着社会前行。

回到"常识"[1]

钱理群

我们已经是过来人了:年轻时也是把秃头的老人看作是"智者",希望从他们的口里、笔下听到、看到充满智慧的格言,抄录在小本本上,自我欣赏或炫耀于小伙伴。想不到如今自己毛发稀落、两鬓斑白,一位编辑朋友来信要求为读者写点"智言"时,却只能交白卷了。但这位朋友仍不肯放过,再三吩咐,非完卷不可。无奈之中,就想到姑且发一点议论:对于"智言",不可全信,也不可全不信。

这其实也是人生经验之谈:我们这代人一辈子做了很多蠢事,吃了不少亏,原因之一就是因为太热衷于"豪言壮语",而忘记了"常识"。比如说,"人有多大胆,地有多大产""没有做不到的事,只有想不到的事"——这话说得多有气魄,而且似乎颇富哲理,也应算作是"智言"吧。但我们——当时(1958年)的年轻人相信了,全国的知识分子、工人、农民都相信了,并且照着去办,搞什么"大跃进",要"向地球开战"——这是大诗人郭沫若的名句,大概也是"智言"。结果呢,就因为违背了"常识",终于受到了惩罚,而且是全民族的:整个国家弄到没有饭吃的地步,死了上百万人。妄信"智言"会家破人亡,这在今天的年轻人是不可想象、无法理解的,但却是二十世纪中国的历史真实。

当然也有真正的"至理名言"。我始终牢记而不敢忘的,是鲁迅的一句话:"我们目下的当务之急,是:一要生存,二要温饱,三要发展。"(《华盖集·忽然想到之六》)这里说的都是常识:"一要生存"——人的

---

[1] 选自《经典杂文读本》(当代世界出版社2010年版),腾浩选编。

生命最宝贵、最重要,我们干革命,搞建设,都是"要人活"的;因此不要因为中国人多,就不把中国人的生命当回事儿,甚至打着某种"大义"的旗帜号召人们去死。"二要温饱"——物质第一,民以食为天,吃饭最重要,干改革、搞建设的目的就是要让"每张嘴(而不是少数人的嘴)都有面包,每个家(而不是少数人的家)都有住宅";因此不要自己吃饱了(甚至是过度的饱了),却要求别人(例如年轻人、知识分子)"安贫乐道"。"三要发展"——人温饱之外还要有精神的发展,先驱者的理想除了面包与住宅,还希望"每个小孩都受教育,每个人的智慧都有机会发展";因此不要以为"物质的发展就是一切",如果以精神的沦丧为代价去获得富裕,那将造成新的民族大悲剧。鲁迅说的全是大实话,没有什么深奥的、故弄玄虚的东西;但在我看来,我们这一个世纪的奋斗目标都包括在里头了,恐怕到下一个世纪也还是我们民族的"当务之急"。我所担心的正是人们老喜欢追求什么"宏伟目标",而忘记了"常识"。忘记"常识"是要受到惩罚的,这也是快要过去的这个世纪给我们最大的教训。现在面临世纪之交,人们对于下一个世纪的中国说了不少的"智言",而我却只有一个愿望:回到"常识"中来。

评点:

> 这是一个聒噪的世界。充斥在耳边的,有各种玄妙高深的理论、逻辑缜密的推论、蛊惑人心的高论、惊听回视的立论、炫人耳目的争论、不可一世的定论……
>
> 这也是一个浮躁的世界。一夜成名,一夜暴富,一人得道鸡犬升天,一见钟情,一飞冲天,一挥而就……
>
> 聒噪让人神迷,浮躁让人心乱。于是,飘飘然,昏昏然,两眼发昏,头脑发热……
>
> 因此,我们需要回到常识,坚守常识。

差不多先生传[1]

胡　适

你知道中国最有名的人是谁?

提起此人,人人皆晓,处处闻名。他姓差,名不多,是各省各县各村人氏。你一定见过他,一定听过别人谈起他。差不多先生的名字天天挂在大家的口头,因为他是中国全国人的代表。

差不多先生的相貌和你和我都差不多。他有一双眼睛,但看得不很清楚;有两只耳朵,但听得不很分明;有鼻子和嘴,但他对于气味和口味都不很讲究。他的脑子也不小,但他的记性却不很精明,他的思想也不很细密。

他常常说:"凡事只要差不多,就好了。何必太精明呢?"

他小的时候,他妈叫他去买红糖,他买了白糖回来。他妈骂他,他摇摇头说:"红糖白糖不是差不多吗?"

他在学堂的时候,先生问他:"直隶省的西边是哪一省?"他说是陕西。先生说:"错了。是山西,不是陕西。"他说:"陕西同山西,不是差不多吗?"

后来他在一个钱铺里做伙计;他也会写,也会算,只是总不会精细。十字常常写成千字,千字常常写成十字。掌柜的生气了,常常骂他。他只是笑嘻嘻地赔小心道:"千字比十字只多一小撇,不是差不多吗?"

---

[1] 选自《中国杂文大观(一)》(百花文艺出版社1994年版),张华等编。

有一天,他为了一件要紧的事,要搭火车到上海去。他从从容容地走到火车站,迟了两分钟,火车已开走了。他白瞪着眼,望着远远的火车上的煤烟,摇摇头道:"只好明天再走了,今天走同明天走,也还差不多。可是火车公司未免太认真了。八点三十分开,同八点三十二分开,不是差不多吗?"他一面说,一面慢慢地走回家,心里总不明白为什么火车不肯等他两分钟。

有一天,他忽然得了急病,赶快叫家人去请东街的汪医生。那家人急急忙忙地跑去,一时寻不着东街的汪大夫,却把西街牛医王大夫请来了。差不多先生病在床上,知道寻错了人;但病急了,身上痛苦,心里焦急,等不得了,心里想道:"好在王大夫同汪大夫也差不多,让他试试看罢。"于是这位牛医王大夫走近床前,用医牛的法子给差不多先生治病。不上一点钟,差不多先生就一命呜呼了。

差不多先生差不多要死的时候,一口气断断续续地说道:"活人同死人也差……差……差不多,……凡事只要……差……差……不多……就……好了,……何……何……必……太……太认真呢?"他说完了这句话,方才绝气了。

他死后,大家都很称赞差不多先生样样事情看得破,想得通;大家都说他一生不肯认真,不肯算账,不肯计较,真是一位有德行的人。于是大家给他取个死后的法号,叫他做圆通大师。

他的名誉越传越远,越久越大。无数无数的人都学他的榜样。于是人人都成了一个差不多先生。——然而中国从此就成为一个懒人国了。

评点:

胡适说"差不多先生"是"中国最有名的人""中国全国人的代表""各省各县各村人氏",因为这位学贯中西的思想家看到了国民性格中的"差不多精神"：苟且任事，敷衍了事。

文章寓辛辣的讽刺于幽默，寓深邃的思考于夸张，"差不多先生"就是这讽刺与思考的"人格化"产物。虚构的"差不多先生"远比直截了当的讽刺与概括更让人自省和警醒，这感性的描摹比那理性的剖析多了几分韵味。如今，这"差不多先生"已经与阿Q、华威先生等一起成为最能揭示"国民性"的经典画像。

"差不多先生"被崇拜为"圆通大师"，结果中国成了一个"懒人国"。这其间的因果关系值得深思。"差不多先生"对民族的危害自然不能与窃国大盗、贪官污吏相提并论，但唯其如此，其基因更容易被复制和繁衍。

1958年的中国麻雀[①]

沙叶新

每种生灵都难免有灾有难,但不论是过街之鼠、碰壁之蝇、丧家之犬、毁窟之兔、热锅之蚁、涸泽之鱼、瓮中之鳖、虎口之羊,都不如1958年的中国之雀那样的遭罪;那是一场浩劫,那是灭顶之灾;那一年中国麻雀所遇到的不是天网恢恢,是人网恢恢;全世界的麻雀,从古至今的麻雀,也从未像1958年的中国麻雀那样被毁灭在人民战争的恢恢巨网之中。中国的人民战争,有两次超凡的体现:一次是体现在和国民党的战争中,装备精良的八百万国民党军队硬是被小米加步枪消灭了;一次就是体现在1958年对麻雀的作战中了。这一年的12月13日,光这一天,仅上海一个地区,用最原始的武器就消灭了近二十万只麻雀!全国知多少?不止八百万只吧?人民战争威力如何?嗯?

且看当天的上海报纸,标题为《全市围攻麻雀》,这则新闻写得形象生动,至今还能感受到昔日火热的战斗气氛:

> 12月13日,凌晨,全市性的灭雀战役开始。全市大街小巷,红旗招展,楼房上、庭院里、空地上、马路中和郊区的农田,布满了无数的岗哨、假人,大中小学生、机关干部、工人、农民、解放军战士此起彼伏地呐喊,呈现一片战斗气氛。新城区连夜赶制八万多个假人、十万多面彩旗。徐汇区斜土路居民和榆林

[①] 选自《中国当代杂文二百家》(下)(吉林人民出版社2009年版),刘成信等主编。

区杨浦路居民还制作了大量活动假人。在市郊各县几乎抽调了一半劳动力组织灭雀队伍，一般由青壮年负责捕、毒、打，老人小孩守住轰赶岗位。全市工厂在保证生产的原则下，也积极投入了战斗。市区的公园、公墓、苗圃等地广人稀之处，共设有一百五十个火枪区。南洋女中射击队，还接受了火枪技术训练。今天，全市人民大战麻雀，据今晚八时统计，全市共消灭麻雀十九万四千四百三十二只。

查我当年的日记，1958年我随华东师范大学中文系在嘉定县华亭乡建农四社进行教育革命，住在胡家村。12月13日这一天的日记写着："市里决定今日打麻雀，郊区也不例外。上午三分队打，下午我们分队打。"如今看来我所亲历的这一伟大事件记录得实在是过于简略了，真是愧对历史。经回忆，记得那天我和同学们分别爬在公路两边的一些大树上，不停地敲着锣鼓、脸盆和一切能发出响声的东西，使疲于奔命、惊魂未定的麻雀绕树三匝，无枝可依，然后纷纷坠地身亡；如果解剖当年千千万万铩羽就毙的麻雀，我敢说，十有八九是急性心肌梗死，累死的吓死的！

这场麻雀的大劫难是在1959年中国科学院的领导反映了朱洗、郑作新等一些科学家的意见之后才终止的。科学家们解剖了麻雀的嗉囊，发现四分之三是害虫，只有四分之一是粮食，可见麻雀基本上还是益鸟。尽管麻雀和知识分子一样也有不少缺点，比如自高自大：麻雀跳到旗杆上，架子不小；爱发议论：麻雀当家，叽叽喳喳；不问政治，缺乏远大理想：燕雀安知鸿鹄之志等，但它却也能捕捉害虫，恪尽职守，应该是功大于过，是可以三七开的。更何况麻雀虽小，毕竟五脏俱全，也是一样的生灵，也是自然生态环境中不可或缺的成员，怎可戕杀呢？即便有一些害群之雀，那也是极少数，也万万不能运动全民，灭绝其种族，扩大化到如此程度！去年是"文革"劫难三十周年，今年是

"反右"劫难四十周年,分别已经和即将在一片升平气氛中悄然而过;明年是麻雀劫难四十周年,是否可从保护生态环境或从决策的科学化和民主化这些层面来总结和纪念呢?历史是不应该忘记的!

评点:

1958年的麻雀是不幸的。它们与人类没有多少冲突,人类却依仗自己压倒性的强势,倾巢出动,必欲灭之而后快。其实,麻雀与人类并没有你死我活的矛盾,基本上属于井水不犯河水。相反,倒是麻雀竭尽所能地做了许多有益于人类的好事,取少予多。可是人类还是发了狂,打了一场灭绝麻雀的伟大战役。这就是1958年的麻雀。

麻雀遭了殃。其实,1958年的中国人也遭了殃。不尊重规律,不尊重科学,头脑一热,为所欲为,早晚都要受到惩罚的。

在滚滚的历史洪流中,打麻雀只是一个不起眼的小插曲,但正如一滴水可折射阳光,一场打麻雀的人民战争,也可以让我们想见当年的政治环境和文化氛围。正如作者所言,无论是从保护生态环境的角度,还是从决策的民主与科学的角度,"1958年的麻雀"都值得我们祭奠和忏悔。

似是而非的观念(之二)[1]

朱铁志

一、熟不拘礼

这是典型的中国逻辑,其潜台词是:礼节、礼貌只是生人间的客套,不是朋友、熟人间应有的关系,熟人之间一客套,反而显得生分了。孙隆基研究中国文化的深层结构,曾精辟地指出,中国的人际关系就像中国的饮食文化,是以"生"和"熟"划分的。"生人"是指那些自己密切关系以外的、不可全掏一片心的人;虽然不一定是绝对意义上的"陌生人",但因为与自己没有太大关系,基本形同陌路。熟人自然是与自己关系密切、特别是有直接利益关系的人。因为利益相关、同舟共济,所以可以免除不必要的繁文缛节,降低人际关系成本,开门见山,直奔主题。生人之间就不然了,知人知面不知心,因而需要通过周到的礼节、必要的客套察言观色、摸清底细,以便对症下药,获得最大利益。

这样的观念沉淀日久,逐渐脱离了它原本具有的功利算计,成为一种下意识的习惯。因而我们不难从一个人对待另一个人的态度上看出两人的关系。如果是嘻嘻哈哈、大大咧咧,不用问,准是熟人;如果彼此客客气气、彬彬有礼,肯定是生人。从语词上就不难看出国人对礼貌的态度,熟人之间免除"客套"叫"不拘虚礼",客气是"客套",礼貌是"虚礼",前者是没有实际内容的纯形式,后者是缺乏真情实意的虚应故事,这就是咱们不少中国人内心深处"礼貌"的含义,难怪总有人认为礼貌周到是一种虚伪,而粗鄙简陋是一种实在。

---

[1] 选自《板凳的温度》(中共中央党校出版社2009年版),朱铁志著。

问题在于,一方面倡导"熟不拘礼",另一方面却在真正的陌生人面前更加蛮横无理,并没有"生而拘礼"。所谓"熟不拘礼",只是作用于少数亲人、朋友之间,基于亲情、友情的一种特殊行为规范。而施礼于生人的所谓"生",也不是真正的"生",而是那些不那么"熟"的熟人而已。在一个单位里,少部分人之间可以做到熟不拘礼,多数同事还是要以礼相待,而在单位以外的生人之间,基本上是谈不到什么礼节的。至于上下级之间,因有等级观念作祟,上对下可以不拘礼,下对上万不可如此,这是尽人皆知的常识和规矩,谁也不会越雷池半步,不然就显得太傻了。

在我看来,礼貌应该成为一个人的内在素质,是其内在素养的自然流露,不应因人的"生"与"熟"、"贵"与"贱"、"尊"与"卑"而有所改变。对熟人是否礼貌能看出一个人礼貌的真假,对生人是否礼貌能看出一个人的教养,对居高位者是否礼貌则能看出一个人的尊严,对位卑者是否礼貌则能看出一个人的人品。如此说来,无论"生"与"熟",都应该以礼相待,对待熟人如此,对待生人更应该如此。

二、成大器者不拘小节

这是咱们中国人的又一个著名观点,在一部分人当中似乎还很有市场。那些暂时还没成大器,而小节也不见起色的朋友,就经常拿出这句话,理直气壮地对付别人的质疑和批评,好像人一注重小节,立刻就变得婆婆妈妈、没有出息了,只有那些整天不修边幅、只关注宏大叙事、宏伟设想,而不屑于鸡毛蒜皮、细枝末节的豪放之士才是栋梁之材,才能成就一番伟业。

这种荒唐的观念不知是如何形成的,我颇怀疑它是那些大事做不来、小事又不做的人的托词,是一种狡猾而又拙劣的辩解。其实,古往今来,劝导人们注重细节、注重小事的格言不知有多少,有些人就是记不住、听不进。"一屋不扫,何以扫天下?""不积跬步,无以至千里;不积小流,无以成江海""天下大事必做于细""细节决定成败",这些闪烁着实践智慧和真理光辉的朴素话语,无不昭示着一个简单的道理:千里之行,始于足下;脚踏实地,才是万里长征的第一步。那些以为做小事会妨碍宏大志向的朋友,其实都自觉不自觉地犯了好高骛远、舍近求远、舍本求末的错误。真正聪明的人总是从自我做起,从眼前的小事做起,从一切可以把握的具体机会做起。他们内心同样怀着伟大理想、高远志向,但他们不急于马上去实现自己的理想,因为他们懂得罗马不是一个早上建成的道理。他们善于在做好小事、完善细节的过程中展现自己的才华,显露自己的能力。他们一步一个脚印去丈量自己和理想的距离,从不把理想写在脸上、挂在嘴上。因为有了这份踏实和执着,正派的领导不会看不到他,公正的同事不会埋没他,在人生奋斗的旅途中,他注定会闪现出金子般的光辉。

评点:

法国启蒙思想家提出,一切传统的观念、习惯、信仰都要接受理性法庭的审判,并为自己的存在寻找理由。什么是"理性"?就是要经得起实践的检验,经得起逻辑的推论和理论的证明。必须承认,传统的观念、习惯和信仰,在漫长的历史路途中,或多或少都蒙上了尘埃甚至污垢。尤其是在今天这样一个发生巨变的时代,它必须接受时代的考量与检验。像"熟不拘礼""成大器者不拘小节"之类的说法,在民间有着毋庸置疑的合理性。但是,用今天的眼光看,它还天然合理吗?

说"忍"[1]

陈子展

孔子说过"小不忍则乱大谋"的话,这话本来不错。因为他只教人忍小事,当然,权衡轻重,以成就大计划,忍耐小事件为是。倘若对方要使你的大计划弄不成,那就不是小事,只要你还有做人的血性,一定忍无可忍了。孔子的话虽然这样说,可是他老先生常常为了一点小事气得胡子发抖。比如他看见鲁国当权的阔人季氏在家里擅用只有天子可用的八佾的乐舞,他就气愤愤地说道:"这个可忍呀!还有什么不可忍呀!"又有一次齐国打发人送女戏子给季氏,季桓子玩疯了,三天不办公。恰好有祭祀,胙肉又忘记分送给孔子,孔子只好气冲斗牛地出走,连官也不要做了。可见孔子还有修养不到的地方。

五代时候,冯道以孔子自比,他的忍性的修养功夫,似乎要比孔子进步,相传他做宰相的时候,有人在街上牵着一匹驴子,用一块布写着"冯道"二字,挂在驴子的脸上,这分明是在取笑他了,他看见了也不理。有个朋友告诉他,他不好再装聋,只好答道:"天下同姓名的不知道有许多,难道那一冯道就是我?想是人家拾了一匹驴子,寻访失主呢。"

俗语道:"宰相肚里好撑船。"肚皮窄狭,不能容忍,那是不配做宰相的。相传唐朝有一个宰相,叫作娄师德。他放他的弟弟去做代州都督,要动身了,他叮嘱弟弟道:"我本不才,位居宰相,你如今又做了一

---

[1] 选自《中国杂文大观(一)》(百花文艺出版社 1994 年版),张华等编。

州的都督,我家阔气过分,这是人家要妒忌的,你想怎么了局?"弟弟道:"从今以后,有人吐我一脸的唾沫,我也不敢做声,只好自己抹去,这样或者不致累哥哥担忧吧?"师德道:"这恰恰是我担忧的地方。人家要吐你一脸的唾沫,那是因为他对你生了气。你如今把脸上的唾沫自己抹去,那就会更招人家生气。唾面不抹,它会自干,为什么不装着笑脸受了呢!"弟弟道:"谨受可可的指教。"这就是娄师德唾面自干的故事。这一故事活活描出了为着做官、不惜忍受一切耻辱的心理。

吾家白沙先生,是明朝大儒,他有一篇忍字箴道:"七情之发,惟怒为剧。众怒之加,惟忍为是。当怒火炎,以忍水制。忍之又忍,愈忍愈励。过一百忍,为张公艺。不乱大谋,乃其有济。如不能忍,倾败立至!"他要学张公百忍,可惜他不曾做宰相,像娄师德冯道之流,以忍治国,他只能学张公艺以忍治家。从家到国,都离不了一个忍字,一忍了事,中国民族算是世界上最能忍耐的伟大的民族了。

这个"忍"字,真可算得咱们唯一无二的国粹。忍的哲学,道家发明最早,不过不曾申请注册专利。老子的不争主义,就在于能忍。他说,"夫唯不争,故天下莫能与之争",这只算是他的诡辩。道家每每把黄帝老子并称,称作"黄老之学",其实不对。倘若关于黄帝的史事可靠,那么,黄帝开国,他是用抵抗主义斗争主义战胜一切的。他把蚩尤赶走,外患消灭,他才开始整理内部,建设了一个像样的国家。老子主张不争,主张柔弱,不但不曾继承了黄帝的道统,他简直不配做黄帝的子孙。

自从佛家的哲学传到中国,老子的哲学又得了一个帮手。相传释迦昔为螺髻仙人,常常行禅,在一棵树下兀坐不动。有鸟飞来,把他看作木头,就在他的发髻里生蛋。等他禅觉,才知脑袋顶上有了鸟蛋。他想,我若起身走动,鸟不会再来,鸟蛋一定都要坏了,他即再行入定,直到鸟蛋已生鸟儿飞去,他才起身。这个故事虽然未必真有其事,可是佛家忍性的修养功夫,实在比咱们的道家不知高了许多。六朝道家佛家的思想最有势力,恰在这个时期中国的民族最倒霉,北方经过五胡十六国以及北朝的蹂躏,可怜南方小朝廷,还是偏处一隅,相忍为国,醉生梦死,苟安旦夕。宋朝虽说好像是儒家思想最占势力,其实一般道学家戴的是儒家帽子,却穿了佛家道家的里衣。他们好发议论,没有实际功夫。"议论未定,兵已渡河",贻为千古笑柄。这一时期中国民族也最倒霉,北方始终在异民族手里,结果南方的小朝廷退让,退让,一直退到广州的海里崖山,小皇帝投海死了。明朝道学号为中兴。所谓儒家还是贩的佛道两家的货色,即消极的哲学,懒惰的哲学,不求长进的哲学。虽说有个王阳明算为无用的书生吐了一口气,可是王学的末流,堕落做了狂禅。明朝亡了,中国民族又倒霉三百年。我虽然不一定要把两千年来受异民族侵略倒霉的责任,通通推在道家佛家乃至号为儒家的道学家身上。但这三派思想浸透中国民族的血液,已经久远了,三派所最注重的忍性修养功夫做得愈精进,愈深湛,就愈成为牢不可破的民族性。因此这个在世界上最会忍耐一切的伟大的民族,也就愈成为最适于被侮辱被侵略的民族了。

被作为墨家的一个哲学家说:"见侮不辱,救世之斗。"忍受一切,提倡和平,好伟大的和平主义者!记得清儒张培仁的《妙香室丛话》里有一段说:

> 忍之一字,天下之通宝也。如与人相辩是非,这其间著个忍字,省了多少口舌。如与美人同眠,这其间著个忍字,养了多少精神……凡世间种种有为,才起念头,便惺然着忍,如马欲逸,应手加鞭,则省事多矣。但忍中有真丹,又是和之一字。以和运忍,如刀割水无伤。和者,众人见以为狂风骤雨,我见以为春风和气,众人见以为怒涛,我见以为平地,乃谓之和耳。

这也像是说的忍耐与和平二者有不可分离的关系。难怪中国民族是这个世界上最会忍耐一切的伟大的民族,同时又是这个世界上最爱和平的伟大的民族。

评点:

文章旁征博引,从孔夫子的"小不忍则乱大谋"到冯道的以驴自居,从娄师德的唾面自干到陈白沙的忍字箴言,足见"忍"乃传统美德。文中提到"张公百忍"的故事,张公因"百忍"而家族兴旺,发家致富,让"忍"的道德光辉又增加了现实的实用价值。一旦道德兼备了实用功能,则其市场便如雨后春笋般扩张了,而"忍"的精神,也深入了国人的骨髓,"好死不如赖活着"的生命哲学就是最简洁的写照。

忍,算是中国人典型的人生哲学。儒道释,百家争鸣,但具体到"忍",却是众口一词。也正是这代代相传的忍字精神,让中国成了"最适于被侮辱被侵略的民族"。

一旦超越了底线,超越了原则,再美好的德行也可能是丑陋的。文化反思,反思到人的生存状态和心理状态,才算是反思到了文化的根子。

骗子得手靠傻子[①]

陈 仓

法国思想家伏尔泰说:"迷信是傻子遇见了骗子的结果",由此可以推论:骗子制造谎言,傻子迷信谎言,傻子成就了骗子,骗子得手靠傻子!古今中外,概莫能外。

孔子"不语怪、力、乱、神"。此语可以反证,装神弄鬼的"大师"型骗子古已有之。一部中国古代史,是王朝兴替史,也是智慧斗争史、作局史。尔虞我诈,自私自利的斗争充满了骗局。古典骗术可以搞一个成语典故数字接龙:一石二鸟、二桃杀三士、三人成虎、四面楚歌、五花八门、六韬三略、七弯八拐、八面见光、九变十化、十八般武艺、三十六计、七十二变、一百单八将、千方百计,万变不离其宗:骗字当头,傻子是骗子的市场!历代王朝从"奉天承运"到"气数已尽",皆是以谎言和暴力始,以谣言和武力终,局局有骗局。名著《三国演义》充满大小骗局,个体户刘备冒充"高干子弟"欺世盗名;乱世枭雄曹操以"望梅止渴"的谎言欺骗三军将士;厚黑大师孙权骗婚,赔了夫人又折兵;气象专家诸葛亮装神弄鬼"借东风",骗局直至三分归晋。名著《水浒传》中的江湖骗局贯穿始终。以忠厚著称,享誉江湖的宋江也搞低级欺骗。梁山好汉排座次,貌似公平公开公正,实则是妄称天意,暗箱操作的组织人事骗局。竖子成名,枭雄称霸,固然有诸多主客观因素,毫无疑问,愚民无知,傻子遍地是骗子成功的巨大市场。如果众人皆醒,

---

[①] 选自《2010年中国杂文精选》(长江文艺出版社2011年版),向继东选编。

骗术绝难得手。

在我们有限的生活体验中,骗子"大师"的丑行闹剧层出不穷。20世纪80年代,先后横空出世过众多神人。例如,自称"玉皇大帝女儿"的"张大师",不少人信以为真,不少病人宁肯信"张大师"的功力而不愿去医院吃药打针,仅北京就有数百名练习"自然中心功"的人走火入魔。此外,还有"穿墙越壁""耳朵识字""发功治百病"的"奇人","会发功致雨浇灭大兴安岭火灾"的"严大师"等。20世纪90年代至今,先后出现了如自称"佛子"的"小张大师"、"神医"胡万林、"绿豆治百病大法"的"神医"张悟本等。"神医"张悟本的得手,一靠身份造假、履历造假、理论造假,自我包装,自吹自擂;二靠贪财媒体推波助澜,三靠愚蠢迷信的消费者跟风捧场。痛定思痛,伪"大师"张悟本固然可恨,那么,推波助澜者、旁观盲信者、痴迷跟风者难道不可憎吗?绿豆本是寻常食物,并非灵丹妙药,面对张悟本的信口雌黄,如果大家都能复习一下常识,张悟本的骗术能够得手吗?

骗子"大师"层出不穷,不仅是历史问题,也是国际问题。在此仅举一例。拉斯普丁是帝俄时代的一位"大师"级骗子,1865年,他出生在西伯利亚一个农家。青年时代,拉斯普丁不务正业,游手好闲,变成一个流氓无赖兼偷马贼。而立之年,拉斯普丁抛妻别子,浪迹全俄罗斯,以传播耸人听闻的"预言",施展神医"绝活"为手段,到处招摇撞骗,迅速暴得大名。拉斯普丁先后欺骗了尼古拉大公、阿列克塞太子、亚历山大皇后,并使亚历山大皇后走火入魔,使皇帝鬼迷心窍。皇家的顶礼有加使骗子"大师"走红全国,逐渐变得无法无天,纵酒宣淫。拉斯普丁公然宣称,女人和他发生肉体关系,便等于灵魂纯洁。妖论一出,俄罗斯女贵族趋之若鹜,争先恐后地"被纯洁",男贵族居然以戴上"大师"的绿帽子为荣。随后,骗子"大师"拉斯普丁权倾朝野,生杀予夺,一言九鼎,居然强行任命他的一个文盲朋友做主教。丑闻被揭发,拉斯普丁原形毕露,被三名有常识的贵族联手谋杀,尸体被扔进冰河。

综上所述,古今中外,形形色色的大师级骗子得手必须依赖傻子的愚昧,傻子的地位越高、人数越多,骗子的生意越红火,超级超量的傻子使超级骗子如鱼得水。

评点:

人们对骗局的憎恶,常常针对设局的人,而对上当受骗者多报以同情。其实,骗子得手靠"傻子",而所谓傻子,有的是真傻,有的则未必智商低,见识浅。刘备冒充"高干子弟"欺世盗名,与那帮依附他妄想鸡犬升天的手下无关吗?宋江在梁山上装神弄鬼设局成功,与那帮乌合之众贪图大碗喝酒大块吃肉无关吗?一代又一代的"大师""神医"低劣的骗术能够见效,与追随者们盲目地贪图长命百岁无关吗?果戈理早在《钦差大臣》中已经揭开了这帮骗子和傻子的画皮。

第八章

坚守良知

孟子说："恻隐之心,仁之端也;羞恶之心,义之端也;辞让之心,礼之端也;是非之心,智之端也。"每个人的内心都有向善的因子,都有天赋的善念。

恻隐之心、羞恶之心、辞让之心、是非之心,这就是良知,这就是底线。若诚心培育和扩张这脆弱的善念,则人人皆可为尧舜;而一旦心灵蒙尘,失落了这条底线,也就丧失了做人的基本资格。

良知面前,退无可退。

2011年10月13日,佛山两岁的女童小悦悦被车碾压。7分钟内从女童身边经过的十几个路人,对此不闻不问,视若未见。幸亏一位捡垃圾的阿姨,最后把小悦悦抱到路边。俗话说:见死不救,禽兽不如。人的恻隐之心在哪里?良知在哪里?

毒奶粉、毒大米、死猪肉、注水牛肉、地沟油……违法添加,以次充好,农药残留,腐败变质……接二连三的食品安全丑闻挑战着人们的心理底线。民以食为天,这些作恶者的羞恶之心在哪里?良知在哪里?

有无数理由可以为失德、缺德辩护。制度的缺陷、体制的漏洞、管理的疏失、行善的风险、周围的误解……实在找不到一个像样的理由,还有一个理由似乎也冠冕堂皇:别人都这样,凭什么我就不能这样?想必夜深人静的时候,那些从小悦悦身边冷漠走过的人,那些制作假冒伪劣食品的人,一定这样安慰过自己。

两千多年前的东汉,有一个叫杨震的官员,也遭遇过一次行贿。行贿人劝诱杨震:"你知,我知,你怕什么?"杨震答道:"天知,神知,我知,子知,何谓无知?"这个行贿者,哪里知道杨震害怕的,是他内心的道德律令,是他做人的良知。康德说,有两样东西让我感到惊奇和敬畏,这就是星月浩渺的苍穹和内心的道德律令。民谚说:"头上三尺有神明。"这"道德律令"和"神明",不就是做人的良知吗?

心有所畏,心有所敬,这就是良知。

对人类社会公理的敬畏[1]

赵鑫珊

我实在是一个矛盾的混合体:理性和感情,必须和愿意,崇高和渺小,孤独感和强烈的社会责任心,就像一捆乱麻纠结在我一身。

每当我抬眼在碧净的夜空搜索织女、天狼这些辐射出黄白色波长的恒星,蓦然想起"宇宙的熵趋于极大值"这条热力学第二定律的大胆推广,一缕地球人的孤独感、无意义和惆怅就会像池塘里的蚂蟥猛烈向我偷袭;当我追问起无限时间和空间究竟是什么,生命对每个人为什么有个了结,了结之后会是什么,我又体验到一种无可救药的茫然和失落。那心境令人不寒而栗,尤其是在夏夜,一道闪光、一声清脆的霹雳过后,周围一片墓地般的寂静。

可是,只要我一低下头,俯视着灾难深重的大地,那构成一座大城市的各种设施,那民以食为天的农田和牧场,便有一股强烈的社会意识顺着我的每根血管流遍全身,尤其是旱灾、水灾和虫灾在许多省份肆虐的年月。这时,当我平安、舒适地坐在书桌旁,仿佛就变成了另一个人。在粗浅和显而易见的一次推理中,我发现了一个最基本的事实,一条令我肃然起敬的社会政治经济学公理:从头到脚,我身上居然没有一样东西是出自我本人的双手制造出来的!

我的眼镜是别人造的;衣裤是别人做的;鞋袜还是别人做的。再由近及远:我手中的笔、纸张、书桌、参考书、收录机、电灯和我所栖身的大楼,无一不是别人的产品。这别人,正是全社会。不

---

[1] 选自《经典杂文读本》(当代世界出版社 2010 年版),腾浩选编。

久前我牙痛,后来去医院,医生给我打麻药针,把病牙拔了,解除了我的痛苦。于是,我又想到人类社会组织的好处。傍晚,我去食堂,当我端起一碗稀饭,拿一个咸蛋,一股强烈的社会意识再次在我心中油然而生。我发觉我的生存时时处处都在依靠和仰仗他人的辛勤劳动。那么,我自然要问:我应该为他人和社会做些什么、回报些什么?这种意识,就叫社会意识吧。依我看,这是一条颠扑不破的前提和公理,也是最大的道德和良心所在。

公理化思想在整个人类思想史上是一项最伟大的成就。它渊源于古希腊的几何学,后波及整个数学和物理学的逻辑体系:用数目最少的不证而直接自明的公理来奠定一门科学的基础,然后再通过演绎法推导出整座科学大厦。

我主张坚决把公理化思想引进到政治学、社会学、经济学、教育学、伦理学、宗教、文学艺术和历史科学。本文所提到的"社会意识",应构成这些人文科学体系赖以建立起来的少数几个不证而直接自明的公理之一。

我常想:倘若一旦没有了人与人之间的互助和分工,那么,生存对于每个人该会变成多大的障碍!那我就要亲自动手去播种、喂猪、织布、伐木、造纸、发电和拔牙……而这是办不到的。社会,作为人与人之间的互助组织形式,是人类最伟大的一项发明。这项发明帮助每个人实现他在单个生存时所无法实现的那种自由和发展,达到仅依靠单个人的力量永远也达不到的生存高质量和高水平。按我的理解,这也是政治哲学第一原理。对它,我们每个人都必须怀着敬畏的心情。

若有外国学者问我:"你认为当前中国最迫切需要解决的问题是什么?"我就回答:"让上至共和国主席,下至每个平民百姓,都怀有一股浓烈的社会意识,把个人生存的质量同社会的繁荣进步挂起钩,而不再是脱钩。"

若有外星人问我:"当前地球上最迫切需要解决什么问题?"我就

说:"让地球上面的每个居民都树立起全球意识。地球太小,又太脆弱,经不起工业的污染和核武器的折磨。"

我们中国人在进晚餐的时候,从来没有在饭前合掌、低头默祷的习惯。但我想至少要在晚餐时怀着两重感恩的情愫。感谢大自然风调雨顺,生态平衡,赐给我们这顿丰盛的晚餐;感谢"我为人人,人人为我"这条人类社会公理!

果真如此,我敢说,中国会加快摆脱贫困。为着这目标,我才在稿纸上的每个格子里画窗口,让习惯多吃多占社会、掠夺地球的"田鼠"们见到公理的光芒。

评点:

作者主张把"公理化思想"引入人文社会科学的研究中。尽管人文社会科学不同于自然科学,但要在不同国家、不同族群、不同利益群体和不同信仰的人们之间达成更多的共识,非有这样一些不证自明的公理不可。比如此文所阐述的"人人为我,我为人人"的道理,就揭示了人的社群性。人的存在离不开社会,每个个体都应该感恩和回馈社会。

随着科学技术的高速发展,每个个体独立的生存能力越来越强,这让很多人产生了"当代鲁滨孙"的虚幻感。但正如马克思所说,鲁滨孙之所以能在荒岛生存28年,主要得益于他不仅从人类社会中带来了保证他温饱、安全和再生产的材料与工具,而且他的头脑已经掌握了人类文明的结晶:知识。

人是社会动物,这是一条颠扑不破的真理。因此,维护社会的价值与秩序,天经地义。

况钟的笔[1]

巴 人

看了昆剧《十五贯》，叫我念念不忘的是况钟那支三落三起的笔。

自从仓颉造字、蒙恬造笔以来，凡是略识"之乎"的人，都是要用用笔的。读书人著书立说、吟歌赋诗，要用笔；种田的、赶买卖的、记记豆腐白酒账，要用笔；甚至像阿Q那样的人物，临到枪毙之前，还要拿起笔来，伏在地上，在判决书上面画个圈圈，并且有慨于圈圈之画得不圆，这就可见笔之为用是大得很哩。

自然，笔各有不同，我们用的或毛笔，或钢笔，而况钟所用的是朱砂笔。况钟虽然是苏州府尹，但这回担任的工作，却是监斩。他的职责就是核对犯人和榜上名字是否属实。如果属实，那就算他"验明正身了"，大可朱砂笔一挥，向榜上名字一点，叫刽子手拉出去，一斩了事的。然而况钟偏不这么做，一听到犯人呼冤，拿起来的笔，便点不下去了。拿过判决书看，竟是三问六审，经过不少人手，想来案情属实；又拿起笔来，又听到犯人呼冤，并且自叙经过，又点不下去了。经过临时一次调查，冤情已经属实，但他既是监斩官，无权过问判决，于是又拿起笔来，但又看到犯人含冤莫伸的情形，又点不下去。他想到人命关天，要对人负责。他终于立下决心，自担干系，延缓处斩，向巡抚大人据理力争，并且亲自勘察，破了案情，平反了冤狱。这样，况钟的朱砂笔，终于点中了真正的杀人犯。可见一个人会不会用笔是大有讲

---

[1] 选自《中国当代杂文二百家》（上）（吉林人民出版社2009年版），刘成信等主编。

究的。

我们的机关首长、单位的负责人,以至一般的工作人员,都是要用笔的。有的是起拟计划、稿件等,有的则是拿起笔来在计划、稿件之类上面批示一下,或同意,或另拟,或写上个名字,但是,我们用笔有没有像况钟那样用得慎重而严肃实在是大可深思一下的。我们之间固然不缺乏像况钟那样的人,善于在笔底下看到"人",并且用行动来帮助用笔。但我们之间,也不缺乏像过于执那样的人,只知大笔一挥,看不到笔底下有"人",或者把任何工作,往上一推,往下一压,自己仅仅经过手,签个名,只考究自己签名的字,是否"龙翔凤舞",足够威势,也算是用过笔了。

没有对人负责的精神,不可能做出对工作负责的事。况钟的笔底下有"人",就是况钟用笔的可贵精神。

但况钟的用笔是很不容易的。首先,这支朱砂笔必须点中真正的杀人犯,那才能为社会除掉坏人。而除掉了坏人,也就是保护了好人。但要做到这一点,他得展开两条路线的斗争:一方面,他要同只知排比事件的表面现象,并且会用"人之常情"来作推理根据,却不研究事情的实质的主观主义者作斗争;另一方面,他还要同满足于自己的高官厚禄,闭着眼睛签发文件,而又讨厌下属提出不同意见,为了去掉不顺手的干部,就故意设下陷阱叫你跳下去的官僚主义分子作斗争。这样,况钟的笔就是处在主观主义者过于执和官僚主义者周忱的两支笔锋夹攻之间了。他要在这两支笔锋夹攻之间,杀出一条真理的路来,实在是需要有大勇气、大智慧的。但一个能对人负责的人,一定会得到人民力量的支持,就会有大勇气,而一个得到人民力量支持的人,一定能集中群众的智慧,就会有大智慧。况钟就这样地战胜了两支夹攻的笔锋,平反了冤狱。况钟可说是善用其笔的人了。

经常用笔而又经常信笔一挥的人,是不能不想想况钟的用笔之法的。

评点：

况钟是昆剧《十五贯》塑造的一位青天大老爷，他最突出的品质就是直逼真相和认真负责的精神。况钟深知手中朱砂笔的分量，关系到人的生死，点下去就意味着人头落地，因此他用笔非常慎重。显然，文章意在批评官僚主义者和主观主义者敷衍了事的工作作风，他们的心目中没有"人"，没有对人负责的精神。

文章说况钟能在主观主义和官僚主义中杀开一条血路，靠的是"大勇气、大智慧"。以现代政治的眼光看，不仅要靠"大勇气、大智慧"，而且要靠法治和监督，将权力"关进笼子里"。这样才不会因官僚主义和主观主义而草菅人命。

珍惜愤怒[1]

毕淑敏

小时候看电影,虎门销烟的英雄林则徐在官邸里贴一条幅"制怒"。由此知道怒是一种凶恶而丑陋的东西,需要时时去制服它。

长大后当了医生,更视怒为健康的大敌。师传我,我授人:怒而伤肝,怒较之烟酒对人为害更烈。人怒时,可使心跳加快,血压升高,瞳孔散大,寒毛竖紧……一如人们猝然间遇到老虎时的反应。

怒与长寿,好像是一架跷跷板的两端,非此即彼。

人们渴望强健,人们于是憎恶愤怒。

我愿以我生命的一部分为代价,换取永远珍惜愤怒的权利。

愤怒是人的正常情感之一,没有愤怒的人生,是一种残缺。当你的尊严被践踏,当你的人格被玷污,当你的家园被侵占,当你的亲人被残害,你难道不滋生出火焰一样的愤怒吗?当你面对丑恶,面对污秽,面对人类品质中最阴暗的角落,面对黑夜里横行的鬼魅,你难道能压抑住喷薄而出的愤怒吗?!

愤怒是我们生活中的盐。当高度的物质文明像软绵绵的糖一样簇拥着我们的时候,现代人的意志像被泡酸了的牙一般软弱。小悲小喜缠绕着我们,我们便有了太多的忧郁。城市人的意志脱了钙,越来越少倒拔垂杨柳强硬似铁怒目金刚式的愤怒,越来越少幽深似海水波不兴却孕育极大张力的愤怒。

没有愤怒的生活是一种悲哀。犹如跳跃的麋鹿丧失了迅速奔跑

---

[1] 选自《毕淑敏作品精选》(中国三峡出版社1995年版),毕淑敏著。

的能力,犹如敏捷的灵猫被剪掉胡须。当人对一切都无动于衷,当人首先戒掉了愤怒,随后再戒掉属于正常人的所有情感之后,人就在活着的时候走向了永恒——那就是死亡。

我常常冷静地观察他人的愤怒,我常常无情地剖析自己的愤怒。愤怒给我最深切的感受是真实,它赤裸而新鲜,仿佛那颗勃然跳动的心脏。

喜可以伪装,愁可以伪装,快乐可以加以粉饰,孤独忧郁能够掺进水分,唯有愤怒是十足成色的赤金。它是石与铁撞击那一瞬痛苦的火花,是以人的生命力为代价锻造出的双刃利剑。

喜更像是一种获得,一种他人的馈赠。愁则是一枚独自咀嚼的青橄榄,苦涩之外别有滋味。唯有愤怒,那是不计后果不顾代价无所顾忌的坦荡的付出。在你极度愤怒的刹那,犹如裂空而横无际涯的闪电,赤裸裸地裸露了你最隐秘的内心。于是,你想认识一个人,你就去看他的愤怒吧!

愤怒出诗人,愤怒也出统帅,出伟人,出大师,愤怒驱动我们平平常常的人做出辉煌的业绩。只要不丧失理智,愤怒便充满活力。

怒是制不服的,犹如那些最优秀的野马,迄今没有任何骑手可以驾驭它们。愤怒是人生情感之河奔泻而下的壮丽瀑布,愤怒是人生命运之曲抑扬起伏的高亢音符。

珍惜愤怒,保持愤怒吧!愤怒可以使我们年轻。纵使在愤怒中猝然倒下,也是一种生命的壮美。

评点:

> 怒能伤肝,怒会坏事,发怒总是与缺乏教养、不够理性、性情急躁联系在一起。因此,林则徐警醒自己要"制怒",老中医叮嘱我们要"心平气和"。可是,若一个人彻

底失去了怒火,甚至全然丧失了发怒的能力,这个人还算是人吗?还有人的生机与乐趣吗?所以,作者提出:"我愿以我生命的一部分为代价,换取永远珍惜愤怒的权利。"

之所以要"制怒",是因为"怒"确有可能让人丧失理智,确实能够摧毁身体。但是,除了理智,人还有情感,有时候情感的力量更强大;除了健康,人还有尊严,有时候尊严的需求更迫切;除了利益,人还有真理的追求,追求真理的痛苦,其价值远高于追名逐利所带来的肤浅的快乐。

鲁迅先生论陶潜,特别强调除了大家熟知的"悠然见南山"之外,还有"精卫衔草木,将以填沧海。刑天舞干戚,猛志固常在"之类的"金刚怒目式"。在鲁迅看来,呐喊"猛志固常在"和吟诵"悠然见南山"的两个陶潜加在一起,才是一个完整的陶潜,"倘有取舍,即非全人。再加抑扬,更离真实"。而且,这也是陶潜最可贵的地方:正因为他并非浑身是"静穆",所以他伟大。

愤怒,也是一种能力,是一种品位。

有所畏惧①

郭庆晨

在对待"畏惧"的问题上,一直有两种说法,一种是"无所畏惧",一种是"有所畏惧"。年轻的时候,听到的多是对无所畏惧的推崇,加之年轻气盛,便总有一种大无畏的劲头。待过了知天命之年,身上的锐气消减,有些事就不免畏首畏尾、怕这怕那。经历了这两种说法的打架,心里常常会画魂:是无所畏惧对,还是有所畏惧对?琢磨的结果是:人当有所畏惧。

自古以来,圣人们就明白这样的道理:人生在世,就需要有所敬畏。也就是说,要秉持一些基本的原则和操守,知道哪些事情该做,哪些事情不该做。孔子就曾说过:"君子有三畏:畏天命,畏大人,畏圣人之言。小人不知天命而不畏也。"荀子则认为:"君子大心则敬天而道,小心则畏义而节";"小人则不然,大心则慢而暴,小心则淫而倾"。他们不但指明了敬畏的对象,而且把有无敬畏精神视为"君子"和"小人"的分界线。由此可见,有所敬畏对于人们在世上安身立命的重要程度。

有所畏惧能够使人严于律己、谨慎为官、堂堂做人。东汉杨震升任东莱太守,上任途中经过冒邑。冒邑县令王密是杨震荐举的官员。闻知恩公到来,王密带十斤黄金于夜晚前往馆驿拜访杨震。杨震不受。王密以为他故作客气,说:"夜幕无知者。"杨震来气了,反驳道:"天知、地知、你知、我知,怎说无知?"从此,"四知"便传为佳话,流传

---

① 选自《2010 中国杂文年选》(花城出版社 2011 年版),鄢烈山编选。

至今。

南宋高宗时的进士王十朋,在46岁那年才中举当官。他把自己的书斋命名为"不欺室",并将《书不欺室》诗作为座右铭。诗曰:"室明室暗两何疑,方寸长存不可欺。勿谓天高鬼神远,要须先畏自家知。"正因为他"畏鬼神""畏自家",为官十几年,倾心尽力为百姓造福,被当地百姓视为清官、好官、为民之官而念念不忘。

清雍正年间的官员叶存仁似乎得了王十朋的真传。他先后在淮阳、浙东、安徽、河南等地为官三十余载,始终甘于淡泊,毫不苟取。有一次,他在离任时,为他送行的船迟迟不肯起锚。原来是僚属们为遮人耳目,直到明月高挂时才把赠送的礼物送到。叶存仁见状,当即赋诗一首:"月白风清夜半时,扁舟相送故迟迟。感君情重还君赠,不畏人知畏己知。"怎么送来的,怎么载回去,真正是分毫不沾。叶存仁与王十朋一样,觉得干见不得人的事情不要说无法面对神灵,无法面对他人,首先自己这一关就过不去。

无所畏惧者往往过高地估计自己的能力,因有恃无恐而栽跟头,而且会栽得很惨。这其中,《三国演义》中几个人物的命运就很典型。比如何进。东汉末年,汉灵帝驾崩,大将军何进贵为国舅,又是辅政大臣,可谓权倾天下。这时,有人提醒他宦官张让、段珪等人(即"十常侍")要谋反。可何进并不以为然,说:"吾掌天下之权,十常侍敢待如何?"结果怎么样?时间不长,何进就身首异处了。杀他的人正是十常侍。这是恃权而无恐。

吕布自恃勇武过人,一般人都不放在眼里。他所仰仗者,一是赤兔宝马,一是方天画戟。所以他动不动就会说:"吾有画戟、赤兔马,有何惧哉!"可是,在白门楼,他的赤兔马和方天画戟相继被不满于他的部下偷走,降了曹操,他本人也因为失去了坐骑和武器而被捕,成了曹操的阶下囚,最后被缢死。这是恃器而无恐。

还有那个"死读兵书"马谡,把兵书上的"凭高视下,势如破竹"奉为教条，盲目以为只要将兵马"置之死地"，就自然可以"而后生"了。结果，他虽将兵马"直至绝地"，却没能"后生"，而是落得个几乎全军覆没。街亭一失，不但暴露出自己"教条军事家"的面目，也损害了诸葛亮"善于用人"的美名。这是恃书而无恐。

经验证明，与无所畏惧、有恃无恐相伴的，往往是失败；相反，倒是有所敬畏、自知自律常与成功为伍。这是因为，无所敬畏的人不懂得人并不能主宰一切，需要敬重"神灵"、敬重自然、敬重百姓的道理。既然违背了客观规律，所谓的"无所畏惧"也就只能是盲目的"无畏"，顶多也就是蛮勇罢了。这跟真正意义上的"大无畏精神"实在是相去甚远，不能同日而语。

评点：

人们常常赞美"无所畏惧""勇往直前"，而本文则提出了"有所畏惧"的观点。其实，都有道理，只是各自出发点不同而已。有所畏惧，强调的是敬畏自然、敬畏真理、敬畏规律、敬畏百姓、敬畏良知……其实，无知者才无畏，有知者才知道自己的不足：知识的不足、德行的不足、人类的不足，才知道所有畏惧。

民谚说："头上三尺有神灵"，说的就是这种"有所畏惧"的人生态度。

谏屈原书①

杨国胜

屈公:

悠悠数千载,别来无恙乎?

每拜读大作,或伫立岸头,观龙舟竞渡,粽投鱼腹,不胜感慨系之。在敬仰您的人品、文品之余,思之再三,颇为您的结局或曰下场抱憾。以您的文韬武略,滔滔后世百代,有几个人能与您匹敌?为了一个区区楚王,而轻掷千钧之躯,恕晚辈直言,值得吗?

想来老前辈过于直拗了。"道不行,乘桴浮于海",孔夫子尚且留此后手,老前辈何苦在一棵树上吊死呢?倘不愿漂洋过海,去开洋荤,起码也有几条路可走。

一曰弃官从文。"文章经国之大业,不朽之盛事。"以您的《离骚》《九歌》《橘颂》等,名满天下,以此做招徕,哪方文人墨客敢不趋从?倘办个文学讲习班,不要说十几条干肉,就是要他几十元、上百元学费,谁不乐得屁颠儿屁颠儿的。您成了"万元户""十万元户",弟子们写出绝妙文章,出版发行,岂不名利双收?何苦去为楚王用与不用犯愁。用了如何,不用又如何,官场上的风风雨雨,您还经得少吗?! 此为上策。

二曰半官半谪。您既然不以官位为念,不妨逍遥此生。在政府挂个虚衔,领着俸禄,"采菊东篱下,悠然见南山",再娶它三妻四妾,弄

---

① 选自《20世纪中国杂文精粹百篇》(群言出版社1994年版),赛德选编。

个儿孙满堂。那时,这个一声"爹",那个一声"爷",为儿子、孙子、车子、房子、路子,您且忙得不亦乐乎,哪还有什么闲心去"上下求索"。"一屋不扫,何以扫天下",诚哉斯言!晚辈想,一个人生活在理想里,总觉得不如意,当您踏到实处,就会变得乐观而充实了。老前辈以为此论如何?此为中策。

　　三曰为官则油。如果你矢志不移,立意为官,并要讨得楚王赏识,须当有所禁忌。看领导的脸色行事,自不待言,说真话、实话、兜底话,决然使不得。烽烟四起,您只需唱一声"火烧旺运";起草文书,您只需歌功颂德,尽力"拔高",呼几声"万岁万岁万万岁"。对主上的嫔妃妻妾,哪个得宠,要专事奉承,殊不知,"裙带风""枕边风"比那十二级台风还有威力。实在不行,暂收良心,忍痛割爱,把婵娟恭送,以博得"隆恩浩荡"。至于运筹帷幄,以您为文的精妙,奏陈的机敏,倘摸准了领导的"脉搏",那靳尚、令尹子兰、司马子椒者流,何在话下?不过"谈笑间,樯橹灰飞烟灭"矣。何其智勇,何其强悍哉!做官是一门很深的学问,想想前辈做过左徒,"明于治乱",岂能对此一窍不通?无须"门子"之流去说什么"护官符"之类吧。此为下策。

　　晚辈不揣冒昧,奉陈三策。所言犹有不及者,望老前辈明察。如今观念飞转,切不可固守一志。况您伟岸之躯,一旦没于水流,芸芸众生何其痛惜哉!

　　区区小子,扰耳前辈,不胜惶恐之至!

　　即颂

回心转意!

子虚　顿首

一九八八年九月望日

评点：

此文名为"谏屈原书"，实则讽刺当下无行无状之文人，构思独特，思想锐利，语言辛辣。屈原为官，以民为念，"长太息以掩涕兮，哀民生之多艰"；以国为念，"路漫漫其修远兮，吾将上下而求索"。屈原为人，则追求真理，襟怀坦荡，"亦余心之所善兮，虽九死其犹未悔"。这与那些"弃官从文""半官半谑""为官则油"的人们有着天壤之别。

文末所言"如今观念飞转，切不可固守一志"，反讽当代人缺乏操守与节气，缺乏底线与原则，却将顺水推舟见风使舵左右摇摆沽名钓誉的丑行当作"解放思想"，真是一针见血。

患者吴良知先生的就诊报告①

苏中杰

患者姓名:吴良知

性别:男亦可,女亦可

出生年月:20世纪60、70年代或50、40年代

主要职业:从文

病灶表现:麻木冷漠

往年确诊:畏惧综合征

复诊方法:中西结合

一、望　　诊

面部:颜色和报纸一样,像头版头条。

眼睛:眼球转动缺一个方向,主要看上方和两侧动向,不能平视,更不能下视。

鼻子:鼻子变形,向上翻翘,只能闻财气、贵气、官气,不能闻民气、贫气和怨气。

舌头:肉质发生变异,导致发音功能失调,如说"shǒu zhǎng"(首长),清楚准确,并颇有亲切感,说"mín yì"(民意)则含糊不清,而且发音冷硬。

---

① 选自《生命的尊严——〈杂文选刊〉:一本杂志和一个时代的笔记》(漓江出版社2012年版),《杂文选刊》选编,刘成信、王芳主编。

二、把　　脉

脉象:沉、紧、促、微、细、软、浮、滑、涩……都是心脏衰弱、早搏和神经紧张时出现心悸的证明。

三、透　　视

肺:肺壁颜色发黑。用仪器对肺壁黑色物质进行射测,发现是高级香烟和大量酒精所致。

肝与胆:严重萎缩,形体变小,且肝趋于僵化,胆内缺乏胆汁。这种肝胆下的行为是小心翼翼,亦步亦趋,窥测方向,于稳中渔利,人虽是矮化了的,然而永不吃亏,高职称,高收入,高地位,或者耀眼的荣光,都能轻轻松松地得到。

四、化　　验

化验物:血。色泽发暗,缺乏人文氧气,融入了大量的封建文化的二氧化碳,分子结构是"奴"字形的。这种血供应大脑,大脑必然迷混不清,时常昏昧,神经衰弱,精神脆弱。

五、基 因 测 定

已发生奇怪的变异,基因图上难以追溯和链接:基因符号显示,不属于孔孟的嫡系子孙(有的甚至不能辨认孔孟的文字,不能理解孔孟的理论),但与孔孟的因子有着明白无误的一致性。因此,神经系统的指挥方向就是见皇帝就呼万岁,见官员就下跪,并无师自通地由此获得荣誉感、成就感、归属感和人生价值。

治 疗 方 案

一、服用明目剂。走出书斋和会议室,进行角色换位,到工厂体验工人下岗的滋味,到农村体验农民的贫困,听失学儿童的哭泣声,或陷冤案去上访……

二、服用换血剂。读一批有关科学和民主的论著。

医师(签字)

评点:

"报告"一针见血地指出"无良知"的种种不良习性、作风、弊端、性格缺陷,并由"往年确诊""复诊"等词语说明此等现象,已是沉疴顽疾。

此文的最大亮点在于构思的精巧。用就诊报告的文体,以诊断书的形式,以调侃讽刺的口吻,将生理上的疾病与精神上的疾病巧妙关联,读来令人心领神会,忍俊不禁,又发人深思,回味无穷。

"禽兽、畜牲,你好冤枉!"①

吴祖光

人们历来把最恶劣、最可恨、最残忍、最野蛮、最阴险、最暴虐的人譬作野兽、畜牲。

信手拈来,便有这样的一些譬喻:狼心狗肺、狼子野心、如狼似虎、毒蛇猛兽、蛇蝎心肠、狗彘不若(或曰:猪狗不如)、鼠辈、狗崽子、兔崽子、猴崽子……还有:人面兽心、衣冠禽兽、兽性发作……

这其间,除"猴崽子"有点近乎戏谑乃至于成为一种"昵称"外,其他则都是对那些可恶、可恨又可怕的人的常见的称谓。

野兽以及畜牲不具备人类的知识,它们都是弱肉强食这一普遍现象的具体体现者;经常会捕杀比自己弱小的动物,甚至吞噬同类;但是它们这样做完全是有理的,就是为了充饥,只有这样才可以维持生命。即使如此,比较高级的动物就不这么做,譬如说:"虎毒不食子",有些动物对自己生下来的幼仔哺育照看得十分温柔细致。这两天北京的报纸、电视报道,揭发一起青年父亲残酷虐待、摧残亲生的八岁女儿的事例闻之令人发指!世界上居然真有这样"不如禽兽"的父亲。

经过漫长时期的演变和进化,人类毕竟还是异于禽兽的。从茹毛饮血的原始人演化为现代的文明人,这几十万年的进化历程确乎是可歌可泣、值得珍惜。人为万物之灵,凭着人的智慧,本应当把全人类引进比现今远远更为幸福和平的领域;但是二十世纪的文明世界依然充

---

① 选自《〈随笔〉三十年精选》(中)(花城出版社 2009 年版),《随笔》编辑部编选。

满了血泪和不幸,那就是这个世界上还有压迫,还有战争。

原始人曾经有过相当长远和野兽相类似的生活,为了自身的存在而去杀害别人。到演进为形成族类和集体之后,在争生存中产生矛盾冲突时,从个体的冲突演变为集体的或族类的冲突,从个体的拼杀转为集体的战争,想来这就是战争的起源。在人类的历史中,战争从来没有间断过,而且规模越来越大,杀人盈野,尸积如山,血流成河。人人知道战争是不祥之物,战争制造出无穷无尽的人间悲剧,而至今不能消灭战争。

人类的历史实际就是一部战争的历史,而战争却经常都是少数几个人引起的。封建时代,由于追逐个人的权力,因而引发战争,造成无辜者家破人亡,平添无数的寡妇孤儿。中国第一部史书《史记》中记载"楚汉相争"中霸王项羽的一段话最能说明战争实质:"……楚汉相持未决,丁壮苦军旅,老弱罢转漕。项王谓汉王曰:'天下匈匈数岁者,徒以吾两人耳。愿与汉王挑战决雌雄,毋徒苦天下之民父子为也。'汉王笑谢曰:'吾宁斗智,不能斗力。'"

语见《项羽本纪》,充分说明战争的起因只是由于个人的争权而已。两人之中,叱咤风云的楚霸王项羽却多少具有点仁人之心,在连年苦战中,他居然想到人民,想到"毋徒苦天下之民父子为也"。而出身市井的刘邦恰恰相反,他的"斗智不斗力",乃是教大量别人的死亡来换取自己最后夺得权力。但这毕竟还能说明:古代的战争,为首的将军有时还得自己冒着生命的危险,用真刀真枪,豁出性命来换取胜利。现在的战争就不同了,挑起战争的罪魁祸首驱使千千万万的士兵开赴战场,以血肉之躯去抵挡枪炮以至毒气、细菌、化学武器……成千上万的无辜者纷纷赴死,但战争的发动者却深藏密室安然无恙,甚至连枪炮之声也听不到。

过去不久的第二次世界大战的罪魁祸首希特勒作恶万端,最后不是躲藏在密封的坚固地下室里抱着情妇走向末日的吗?这些徇私的、卑怯的、下流无耻的家伙是连丝毫的霸王式的男儿气质也没有的。

更加令人伤心的是当今世界上还有大批的学者、高级科学家终年累月每日竭心尽力地钻研、发明新的杀人武器。核武器的问世，可以使几个地球也不够它去毁灭的，使用时不免必须有所克制；因此对于可以使用的常规武器就更需要精益求精，加强它的杀伤能力。除此之外，细菌武器、化学武器，以及其他的新式武器就要更多地发明和制造出来。

原始时期，人类的智慧比野兽强不了多少，用杀伤式的恶斗作解决矛盾的手段是合乎情理的。但是几千年过去了，身为万物之灵的人类仍旧以战争杀人为解决问题的手段，就实在太可耻、太野蛮，也太可悲了。尤其是居然还有这样的职业：一批优秀的高级科学家竟不去发明创造降福于人类的事物而去研究制作毁伤人类乃至毁灭世间万物的武器，这不是太不可思议了吗？

写到这里，接待了一位远方来客，来自巴西的洪先生送给我一样从未见过的礼物：一个长不足一尺的鱼标本。这条鱼可不是一般的鱼，它的名字叫作"食人鱼"，身体不大，短、宽，突出的部分是张开着的嘴，上颚缩入，下颚突出，露出各为十四颗尖锐的牙齿。来客告诉我，食人鱼成群结队，只要碰见落到水里的生物立即蜂拥而上，顷刻间把来者吞吃干净。不久以前，一辆载满乘客的公共汽车不慎跌落水里，人们赶去抢救，不到十几分钟，全部乘客，连同司机，被食人鱼吃得精光，只剩下数十副骸骨。

人生于世，毕竟还是有一些灾难的，但是尽管食人鱼十分凶恶，不还是被人轻易地捕捉起来制成标本供人观赏了吗？无论如何，多么凶恶的野兽凶禽都很轻易地被人征服了。如今禽兽生存的天地已经越来越缩小，即使凶狠如食人鱼，它们亦只能在有限的水里逞凶，只要人不掉到鱼群里，鱼是决不会上来食人的。由于人本身就是肉食类，一天不知要吃掉多少"禽兽、畜牲"；现在已经迫使人发布号令，号召人们不要盲目伤害珍禽异兽,连兽中之王的猛虎、狮子、大象等都快被人杀光吃光,不得不要求大家保护它们了。

正是由于人类的嗜杀成性,才使世上的珍禽异兽发生了濒临灭种的恐慌。但人类本身却是似乎杀不完的,继希特勒、墨索里尼、东条英机之类的杀人魔王之后,大大小小的杀戮从来没有间断过,侵犯邻国的,镇压本国的,奴役弱小民族的……这一类无故杀人占地者甚至愈演愈烈,譬如那个伊拉克总统和邻国火并八年杀人无数之后,竟然一夕之间霸占了一个国家。并立即将别人的黄金财宝搜劫一空,而且不惜与世界联军一战。真是集强盗、流氓、恶棍、土匪于一身,使任何一个前代的魔王都将瞠乎其后。最精彩的表演是他在新年期间跑到前线去慰劳军队,并亲自下到厨房,亲手给士兵做了一顿午饭表示他爱兵如己的亲情……但这种拙劣的表演,能博得这些可怜的士兵甘心为他卖命吗?因为谁都知道,这个伪善的疯人如果真的引发了第三次世界大战,将整个地球毁掉也不是不可能的。

唐代诗人常建在一次边塞战争结束、实现和平之后,满怀喜悦地写了一首诗。其中的两句是:

天涯静处无征战,
兵气销为日月光。

没有战争的世界是何等令人向往、何等幸福的世界啊!假如这个世界消灭了战争,于是也销毁了战争的工具:武器。把世界上每个国家天文数字的国防经费用在人民的和平、福利、文化、生活的事业上,那将是一个什么样的幸福社会!眼前的一个现状很能说明问题:当前世界最为富裕的两个经济大国是西欧的德国和亚洲的日本,它们的财力已经超过了一向称霸世界的金元王国的美国。而这两个国家却都是第二次世界大战作为罪魁祸首的战败国。当年战后一败涂地,不得不俯首投降,但是不到四十年的休养生息而成为最大的经济强国,主要的原因不就是这两个战败国被解除了武装,被剥夺了一般主权国家建设自己国防的权力,才得以全力进行本国的经济建设的吗?这不是也说明了那些一味在国防上大量投入财力梦想称霸世界,建立威慑力量因而民穷财尽的国家的悲惨后果。

不管打的是什么旗号,穷兵黩武的结果必然是自取灭亡。我们可以看看今天的好战疯人这个伊拉克总统的下场。

世界上最恶毒、最凶狠的还是人。生物的种类纵使有千千万万,还不是都被人征服了!上面提到的还只不过是关于争生存、进而夺取权力的争斗,其实从利己的目的出发,人的本领和招数之大之多岂是其他生物可得望其项背。粗粗说来,譬如下列这些手法:颠倒黑白、文过饰非、妒贤嫉能、背信弃义、媚上欺下、仗势欺人、贪赃枉法、假公济私、盗名欺世、吹牛拍马、诛锄异己、借刀杀人、伪君子、假道学、诬陷、暗杀、扫荡、镇压、阴谋、阳谋……所有这一切权术和技法全是所谓文明人者所优为之,而人类以外的走兽飞禽、鱼鳖虫豸却都是一片天真,半点这样的本领也没有。

然而话说回来,人类世界上,善良的人毕竟还是绝大多数,那些歪门邪道、不怀好意、成天算计人、作弄人、总想着压迫人、统治人、站在千万人头上的人总是极少数。在绝大多数人还在听人摆布,没有想出个方法来摆脱压迫和逃出困境的时候,这些恶人总是最少数最少数。这是人还能活下去,世界最后总还会走向幸福和光明的原因所在。善良的人最后终将主宰世界,这是毋庸置疑的,这是人类的希望。

人类之外生物界的野兽、飞禽、鱼鳖、虫豸……总称之谓"畜牲"吧,它们应当有自己的语言,也应当有自己的文字。可惜我们人类的智慧至今还不懂它们的语言和文字。假如和它们可以沟通这方面的认识的话,我相信,它们公认的最恶劣、最可恨、最野蛮、最阴险、最暴虐、最不齿于它们同类的一个名词是:"人"。

"人之异于禽兽者几希",这是前辈古人的感慨之言;其实决非"几希",而应是"大矣哉"。世上的坏事都是人干的,什么样的坏事人都干得出来;却把做坏事的人詈之为"禽兽"、为"畜牲",偏偏畜牲又都是被人吃掉的。不能想象,没有畜牲,没有天上飞的,地上跑的,水底游的那些禽、鱼、牲畜、营养美味,人活得了吗?禽兽啊!畜牲啊!你岂不冤枉哉!

1991年2月15日

评点:

世上的坏事都是人干的,什么样的坏事人都干得出来;却把做坏事的人詈之为"禽兽""畜牲",偏偏禽兽畜牲又都是被人吃掉的。你说这禽兽畜牲冤不冤枉?

文章嬉笑怒骂,讽刺辛辣,酣畅淋漓,收放自如。作者以"战争"这一人类特有的杀戮现象为例,力证残暴、嗜杀、血腥的人类,远比禽兽畜牲暴虐无耻。再列数政治与道德领域的颠倒黑白、文过饰非、妒贤嫉能、背信弃义、媚上欺下、仗势欺人、贪赃枉法、假公济私、盗名欺世、吹牛拍马、诛锄异己、借刀杀人、伪君子、假道学、诬陷、暗杀、扫荡、镇压、阴谋、阳谋……足见人类的堕落与罪孽有多深!

其实,认真体悟一下作者的意思,不难发现,作者并不是在一般的人性意义上批判人类。他的矛头指向那些"总想着压迫人、统治人、站在千万人头上的人",即极少数专制暴虐的统治者。要说禽兽不如,他们才是。

第九章

拒绝遗忘

历史是一部记忆与遗忘的斗争史。而记忆与遗忘争夺的对象,是一位叫作"真相"的女神。

人的记性是有限的,人类的记性也并不像乐观者想象的那样可靠。我们看到的,更多是时过境迁的遗忘,是物是人非的扭曲,是沧海桑田的虚无。撇开远古时代因记录和传播手段的限制所带来的遗失或遗忘不谈,就看刚刚逝去的20世纪,又有多少历史的真相已经或正在被时间的海洋所淹没?像"南京大屠杀",30万人的血迹与死状,竟难以留住"遗忘"的脚步。这仅仅能归结于人们的麻木吗?这样似乎把历史看得简单了点。

还有更令人感慨的扭曲。当一代一代的见证者离开了这个世界,当一个一个亲历者拒绝见证,当有人炮制出他们所需要的"真相",这历史的面目,究竟是何等模样,想一想真叫人不寒而栗。古希腊伊壁鸠鲁学派有句话:活着的时候死亡还没有到来,死亡的时候你已经没有活着。所谓死无见证,正是历史的悖论与无奈,或许更是一种悲哀。

我们习惯甚至默认了"时间说明一切""好在历史是人民写的"之类的箴言,这看起来很乐观;换个角度看,难道不是一种懦弱、无奈与悲凉吗?把真相交给历史,是不是在推卸自己对历史的责任?或许我们正在欺骗自己,也在欺骗历史。

拒绝遗忘,才能捍卫记忆。

记忆,是人类遗传与进化得以实现的基本机制。有了记忆,才有人类文明与进步的积累。捍卫记忆,就是捍卫真相,捍卫真实的历史。

一个记忆的片段,其面目往往是模糊的。但当无数的历史碎片拼接成了一个真实的历史图景,其面目就会清晰起来。在这个意义上,历史真的是一面镜子。通过这面镜子,我们能大体看出历史变迁的脉络,看出当代生活的某些动向。

德国人的"绊脚石心态"①

沈 栖

人们都说上海世博会是"一席高科技的盛宴",然而,我在德国馆却不经意看到了一个另类"产品"——由金属材料制成的铭牌"绊脚石",它似乎在警示人们:在奔向理想的途中,不要忘记曾经犯下的罪恶、曾经有过的苦难。

据德国馆工作人员介绍,每块"绊脚石"上都刻着"二战"中被纳粹投入集中营遇害的犹太人的名字,上面还简略记载着他们的生卒年月。政府出资,将它们一块块镶嵌在罹难者故居门前的街道上,略高出地面,常令人不期而遇,在硌脚之余,驻足俯首注视一下那些揪人心肺、催人泪下的名字。迄今,像上海世博会上展出的"绊脚石",在德国有两万多块,它们悄然地静躺在城市的街头巷尾,也悚然地深埋在国民的心灵深处!

别有深意的"绊脚石",明明白白地向世人昭示:德国人绝不会忘记那段不堪回首的历史,而反思罪恶、铭记教训、悔过自新则自然形成了德国人的一种"绊脚石心态"。

德国人"绊脚石心态"的形成经历过一段"化蛹"时期。1945年第三帝国覆灭,之后的二十年,德国人虽有赧颜,但基本上是羞于提及那段历史的。在整个国家里,很多纳粹时代当官的人仍在台上;他们的知识分子三缄其口,不愿担当"批判者"的角色;那些自觉或不自觉干过坏事的当事人,视曾经的岁月更是如瘟疫,唯恐避之不及——德

---

① 选自《杂文选刊》(2010年第9期)。

国《明镜》周刊称这些人为"沉默的邻居"。一直到二十世纪六十年代末七十年代初,反倒是未亲历苦难的下一代人把"大屠杀"作为一个问题提了出来,从而使得整个民族进行反思。面对那一段历史,既寻求真相,也对一些具体人事怀抱宽容。德国当时就有"说出真相"一类组织,鼓励那些经历过"二战"的"沉默的邻居"说出自己的故事,把每个人的创伤记忆尽可能地发掘出来,并且形成对人道主义、社会公正的普遍诉求。德国人的这种"绊脚石心态"并没有因为代际嬗变而淡化,也不曾因国势崛起而稀释,相反,四十多年来,不绝如缕,世代相袭。

我从未怀疑过"德国是一个最伟大的文明遗存和最深重的罪行记录并存的国度"这一论断。在德国,第三帝国统治了十二年,战后,满目疮痍,遍地废墟;神话破灭,信仰轰毁;人们的心头也是一片废墟。经过一段时期的励精图治,德国经济复苏,雄风重振,又跻身世界强国之列。难能可贵的是,德国人在昂首阔步前行的道路上,并没有像搬掉"绊脚石"那样全然清除"二战"后遗留的罪证,轻装上阵,潇洒奋进,而是背负历史罪责,像博物馆一样完好地保存着"二战"时期的集中营,其中铁丝网、煤气房、监牢等一如恐怖的往昔。以"绊脚石心态"直面耻辱的历史,防止重蹈覆辙,这几乎成了德国人的共识。

可以想象,德国人在紧张的经济建设和城市发展的路途中,一旦遇到这样的"绊脚石",便会在"硌脚"之余,停下脚步,静心反思,即使取得辉煌成绩也不会忘乎所以。要说德国人的清醒,莫过于他们近来出版的附加评注的《我的奋斗》一书。这本纳粹党的圣经般的"宝书",希特勒执政时,在德国倾销了近千万册。"二战"结束后,德国鉴于惨痛的历史教训,禁止出版否认大屠杀和宣扬纳粹的书籍,《我的奋斗》因此一直不获出版。进入新世纪以来,是否重印《我的奋斗》在德国引发争议,最后这种观点占了上风:阻止希特勒思想重新施虐人类的最好办法,不是不让民众尤其是年轻人知道它的存在,而是让他们了解它,因而变得对它更有察觉力,更有警惕性,并且积极地参与到与它的战斗中去。

人家德国人面对耻辱的历史有着"绊脚石心态",我们不妨扪心自问:国人面对"文革"又是抱有何种心态呢?

评点:

> 所谓德国人的"绊脚石心态",指的是德国人在走向未来的路途中,始终忏悔曾经的罪恶,铭记历史的教训,防止重蹈覆辙,防止纳粹的势力死灰复燃。在德国人看来,回避真相、玩弄历史、推卸责任,必将妨碍民族的进步和文明,是民族进步与发展的绊脚石。"绊脚石心态"为德国人民赢得了全世界的尊重。
>
> "绊脚石心态"其实就是面对历史罪恶的一种态度。是回避和淡化,是遮掩和美化,还是直面和反思?那些妄想逃避责任和惩罚的想法,必将被历史所嘲弄。

拒绝遗忘[1]

王正儒

历史是不能遗忘的。

对"二战"的纪念和反思,我总忘不了一个场景:2005年世界反法西斯战争胜利六十周年的纪念活动。

那天,波兰西里西亚的奥斯维辛小镇,寒风凛冽,阴霾密布。肆虐的雪花漫天飞舞,寄托哀思的烛光随风摇曳。包括四十多个国家的元首政要在内的成千上万名纪念者,聚集于此,以纪念这座前纳粹最大的死亡集中营解放六十周年和世界反法西斯战争胜利六十周年。这次纪念活动的高潮是最后的宗教祈祷仪式,在刻意的安排下,完全按照犹太教的习俗,在庄严肃穆的犹太教哀悼与祈祷声中,在场的所有人无不神色凝重,潸然泪下。

纪念的意义在于通过回忆和反思来澄清历史真相,为后人提供借鉴。然而,由于纪念活动往往着眼于象征化、仪式化的事件,在一些事件被清晰地重勾起来的同时,另一些纪念活动却恰恰被遮蔽和遗忘。比如,在诸多的纪念活动中,犹太人的苦难就被高度仪式化了。

在"二战"中,有很多的民族遭受了前所未有的苦难,然而,只有犹太人的苦难成了今天几乎所有纪念活动的最核心,甚至是唯一的主题。在奥斯维辛纪念活动中,三位集中营的幸存者全部都是犹太人。法国和德国举行的一系列活动都突出了犹太人的苦难。德

---

[1] 选自《2008散文》(人民文学出版社2009年版),人民文学出版社编辑部编选。

国柏林市中心专门有为犹太受难者而建立的纪念馆。同样,一个被世界媒体广为传播的画面则是:犹太作曲家乌尔夫·比尔曼一边弹奏钢琴,一边朗诵诗作,德国总理就坐在离钢琴最近的位置。乌尔夫·比尔曼朗诵的诗歌是犹太诗人吉察克·卡泽内尔松于1943年在集中营里所写的长篇诗作《来自被屠杀的犹太民族的伟大赞美诗》。

与犹太民族形成鲜明对比的是,其他民族的苦难则很少被叙述和言说,甚至被遗忘。像吉卜赛人,在"二战"中遭受灭顶之灾——在立陶宛、爱沙尼亚、荷兰三国,吉卜赛人的死亡率是百分之百。然而,在各种各样的纪念活动中,吉卜赛人的苦难要么被一笔带过,要么根本不提。还有被遗忘的1937年发生在中国大地上的南京暴行。

越是在那样的时刻,就越发怀念三年前离我们飘然而去的华裔女作家张纯如和她写的那本被译成多个文本震惊世界的《南京浩劫——被遗忘的大屠杀》。

如果残暴的差别有所谓的等级之分,发生于"二战"中的南京大屠杀,就其残忍程度和暴虐规模说,仍然是世界历史上此类故事中排在最前面的。但是,南京大屠杀一直保持一个模糊事件的状态。不同于日本出现的原子弹爆炸,或是在欧洲上演的对犹太人的屠杀,南京暴行很少被亚洲之外的人们所知晓。在"二战"的全面或权威的历史读物中,没有一本详尽讨论到南京大屠杀。没有一幅事件的照片,甚至没有一句话出现在《美国二战图片史》,这是多年热销的迄今出版的唯一一本有关"二战"历史的图片集。在丘吉尔长达1605页《第二次世界大战回忆录》里,找不到有关这次大屠杀的只言片语。米歇尔的经典名著《第二次世界大战风云录》也一样。温伯格长达1178页《战火中的世界》也仅仅提到了两次。在西方世界里,没有一个人用英文写出一本关于南京大屠杀的著作来,直至张纯如的出现。她一个人替我们所有人完成了一项我们六十年都未完成的责任,她一个人承受了我们所有人内心的折磨与痛苦。

张纯如的《南京浩劫——被遗忘的大屠杀》是首部全面记录当年日本血洗南京城暴行的英文著作。它改变了所有英文国家都没有南京大屠杀这一历史事件详细记载的状况,告诉这个世界,中华民族曾经历过怎样的人间浩劫。

在美国生长的张纯如,却有一颗赤诚的中国心。她对于南京大屠杀的了解,来源于她的父辈们对那段亲身经历的中华民族的悲惨经历的讲述,因而在她的心灵里播下了追寻历史真相的种子。许多年过去了,她渐渐长大了,她开始意识到这场悲剧的历史厚重。当她成年以后,发现在美国的图书馆里,没有一本可以帮助大众了解这个历史事件的书籍,因此,决定自己写一本书。她说:"我写这本书,完全是出于一种愤怒的感情,对我来说,就是要让世界上所有的人知道1937年南京发生的事情。"

张纯如用了两年多时间,整理了上千篇历史文献。她到过中国、日本、德国和其他许多地方,收集了各种中文、日文、德文和英文资料,以及一些未公开的日记、笔记、信函、政府报告等原始资料,还查阅了东京战犯审判记录稿。她还通过书信联系过"二战"老兵,来大陆多次采访过当年的受害者,去欧洲寻觅过外国见证者的后人。在大量历史资料的基础上,凭着她的良知、她的执着、她的科学态度和对写作的热爱,以凝重、流畅的笔调,简洁而切中要害、如实地叙述了侵华日军的"兽性之极",完成了那本对世界有着深远影响的著作。

张纯如用她的勇气和努力,直面那段惨绝人寰的历史。她告诉世人,人类残酷对待自己同类,用惨无人道的手段虐杀人类同胞的历史纪实,是一段漫长而悲伤的故事。如果要将这类恐怖的故事做一比较,那么在世界历史中,很少有哪些暴行在强度规模上能与"二战"期间的南京大屠杀相抗衡。

张纯如说过,我相信最终真相将大白于天下。真相是不可毁灭的,真相是没有国界的,真相是没有政治倾向的。我们大家要同心协力,以确使真相被保存、被牢记,使南京大屠杀那样的悲剧永不再发生。

我们总是听到以史为鉴的说法,口号终究是口号,现实却是史与鉴同时蒸发。我们很多人对《辛德勒的名单》耳熟能详,可又有多少人知道《拉贝日记》,知道约翰·拉贝,这位救过25万中国人的德国人?张纯如的孜孜不倦促成了拉贝、魏特林的功绩重见天日和东史郎的忏悔。几十年来,他们听到只是不约而同地沉默。我们国家从不缺乏优秀的作家和翻译家,但缺乏的是放眼世界、不会忘记历史的文人。

犹太裔和许多非犹太裔的欧美历史学家,怀着虔诚的历史责任感,在战后一直努力挖掘和搜集纳粹犯下的种族灭绝的罪证。西方至今发表的关于屠杀犹太人的史学专著有几千部之多,发表的论文数量十余万篇,涉及的语言有一百余种。历史学家以惊人的努力把这段可怕的历史的所有细节都挖掘出来了,使大屠杀的牺牲者不至于无声无息地湮灭在历史的长夜里。我曾经看到一本厚厚的精装书,里面密密麻麻的全是死于大屠杀的犹太人的名单,这显然是艰苦调查的结果。这种历史调查工作或许是那些热衷于大叙事的我国学者所不屑为的,但是他们所具有的无可辩驳的力量也是空洞的演讲无法比拟的。

今天,对于那些否认南京大屠杀的人,我们是不是也有一份来历清楚无可辩驳的牺牲者名单呢?我们应该是能有的,只是在还可以做这样的调查时,在证人和证据都在时,似乎没人对此感兴趣。这些年,我们的历史著作出版了不少,却没有扎实的具有专业水准的对日军罪行的实证研究,历史学家们却忙着讨论他们的重大题材。我们的历史学给我们的证词令人沮丧的单薄,结果我们对日军的指控落到了被人称为"感情回忆"的地步,而对方却围绕着"原爆"做出了一篇大文章,从细致的史实研究到动人的文艺创作,加上各种公共纪念活动,"牺牲者"的惨状深深地刻入了人们的意识之中去了,自己过去的罪孽却被冲淡甚至淹没了。

都说历史是胜利者写的。中国是"二战"的胜利者,可是我们有没有写好这部历史呢?要讨回历史的公正,让抗战的千百万死难者能安息,最有效的还是要做信史实录的工作。更要紧的是,我们是否像那些犹太学家史学家那样具有深重民族使命感的历史学家呢?张纯如就是值得我们中国太多的历史学者们学习的。

鲁迅先生说:"真的猛士,敢于直面惨淡的人生,敢于正视淋漓的鲜血。"张纯如正是这样的猛士,她直面了,她正视了。那些罪行,善良的人们不能理解。不能想象人间的罪行,统统呈现在这个年轻的女性面前:被日本兵用刺刀挑起的婴儿,被活活投入滚烫的开水锅;被日军集体强奸的妇女群,再逐一被杀死;太阳旗下面的砍头、活埋、火烧、分尸……还有很多、更多……

忘记屠杀,就等于是第二次屠杀。日本掩盖事实,试图把整个惨案从公众意识中抹去,试图让南京大屠杀灰飞烟灭,慢慢消失在历史的长河里。这是对历史和正义的嘲弄。张纯如不仅是想让人们不要忘记那人间惨剧,更重要的是她以自己的良知和笔去对抗另一种暴行,她终结了日本对南京的第二次强暴。

张纯如以薄弱之躯扛起正义大旗。一个未经磨难的不到而立之年的女孩,当一幕幕人间惨剧大量而集中地投映到她的内心时,她不能不全力以赴地承受着一个民族和一个时代的重任。在这本290页的著作的写作过程中,她在精神和体力上付出了巨大的代价。经常"气得发抖、失眠噩梦、体重减轻、头发掉落"。用她自己的话来说,写作使她对人性有了新的认识:人既有做出最伟大事业的潜能,也有犯下最邪恶罪行的潜能——人性中被扭曲的因素会使最令人难以言说的罪恶在瞬间变成平常琐事。然而,个体生命的精神承受能力不是无限的。长期的愤怒和绝望,必然使她遭受强烈的刺激和伤害。凭借对历史、对民族的责任心,她强忍痛苦完成了自己选择的任务,而那些历史的罪恶却最终扼杀了她。

2004年,花样年华的张纯如离开了我们。她走了,很匆忙。正如当时在学校图书馆里寻找英文历史书那样匆忙。张纯如走了。她或许不知道,两年后,这个世界上很多华人在偶然间拿到这本书,一气读完,泪流满面。

张纯如走了。她在用记忆丝线串起无数同胞的回忆,接触这一段人类历史上最黑暗最恐怖历史的时候,她在忍受着巨大的煎熬。有什么人能在面对自己的同类、自己的同族被暴行残酷践踏的时候不会觉得撕肝裂胆、目眦欲裂呢?在日本很多人无耻地否定这些暴行时,在我们的国人对这一历史一脸漠然时,张纯如却从万里之遥为国人那颗麻木不仁的心带来了醒悟的灵泉。

世间再没有她的身影,但有风从远方吹来,也许只有在那遥远的风里,还有她留给世间的声音——忘记过去的人注定会重蹈覆辙。

我愿用莎士比亚的一首十四行诗《我能否将你比作夏日》,献给张纯如,铭记这位用生命照亮人类历史的美丽女孩:

> 我能否将你比作夏日
> 你与它一样可爱,一样温婉
> 粗鲁的风摇动五月里爱怜的花朵
> 而夏天的约期太短
> 有时天堂闪烁着太过热烈的眸光
> 而金色辉耀的容光又常是黯然
> 每一个芬芳的因果有时堕落
> 因为自然的规律可能终结于凋零
> 但,你永恒的夏天不会杳无
> 你所拥有的芬芳气息不会消减
> 死神不能吹嘘你徘徊在死神的领域

当有永恒价值的字句在流失的时间里依然不朽
当人类还在呼吸,还有视觉
这些生存着,并且给予你生命

评点:

面对"南京大屠杀"这样的人间浩劫,遗忘是可耻的。

在苦难与罪恶面前,有的人选择视而不见,有的人选择一笑了之,有的人则选择遗忘。视而不见,是麻木的;一笑了之,是冷漠的;而选择遗忘,则是愚蠢的。

遗忘正中了施暴者下怀,而糟践了自己的尊严。遗忘的是真相,伤害的是正义。

没有记忆的民族,终将无所适从,失去精神的依傍。

拒绝遗忘,就要捍卫记忆。这就是历史的价值。当然,这历史首先得是真实的历史,而非谎言书写的历史。张纯如的价值不仅在于唤醒人们的良知,而且在于她用充满血泪的历史事实,扛起了正义的大旗。

奥斯维辛之后的写作[①]

单世联

一、善 与 恶

善从来没有像恶那样趾高气扬势不可当。如果文学是真善美统一的结晶体,那么在真善美已经分化独立后,文学就不能为真和善作出论证和护卫。写作行为何以能够存在?

《辛德勒的名单》在中国放映后,我的印象是评论文章不多。不过我相信这绝非因为中国人对这部"进口大片"缺乏热情,倒可能是义薄云天的辛德勒太符合中国人的道德理想,反而没有太多的话要说。

这是善良战胜邪恶的故事的现代版,是一个可精确计算的胜利。但斯皮尔伯格导演的电影不可能像小说那样交代许多背景和细节,比如,辛德勒其实不是一个成功的生意人,他从来没有在和平年代获得战争曾赋予他的财富和地位。1945 年以后,他先后在阿根廷经营畜牧场、在法兰克福经营水泥厂,都以失败告终。他的妻子以一种深刻的洞察力指出:辛德勒在战前从未展现出任何惊人之举,战后也只是毫无作为的平凡人物,因此,他相当幸运地在 1939 至 1945 年这段动荡不安的岁月中,光芒四射。

如果我们说辛德勒感天动地的义举是基于一个邪恶的背景,这绝

[①] 选自《忏悔还是不忏悔》(中国工人出版社 2004 年版),余开伟编。

不是对辛德勒的不恭,因为他确实依赖于并借助于纳粹体制的战争情境,如犹太工人的无偿劳动、军工订单等,发了"战争财",只是这种财富除了满足他的奢华享受外,还被他用来拯救犹太人;而他之所以能够救出这批犹太人,也是因为他的背后有那些收受他巨额贿赂的党卫队官僚们。善心义举要靠金钱来实现,钱从哪里来?不需要复杂的思维就可以判断,是辛德勒名单上的犹太人用自己创造的价值拯救了自己。

但这样说是不近人情的。20世纪仍然充满古往今来令人们感叹不已的现象:一方面是少数人的无所不能和"无法无天";另一方面是多数人的软弱无力和孤立无援,所以这些犹太人只有上了"辛德勒名单"才能获得拯救,但既然辛德勒处在这样一个邪恶的环境,要想行善,要有救人的能力和机会,他就不会是一般意义上的"善人"。现实就是这样诡谲,善离不开恶。如果辛德勒没有发战争财,如果辛德勒是一个不搞行贿的规矩商人,那么"辛德勒名单"就是废纸一张。

可以用来从反面说明善恶因依的例子是,那些在集中营无情屠杀犹太人的党卫队官兵,其中绝大部分是正常的、守规矩的德国公民,他们不是天生的虐待狂,也没有精神病,像奥斯维辛司令赫斯甚至可以说是有教养的,忠于职守的,能够拒绝索菲的引诱的。不能说辛德勒是恶人干好事而赫斯等人是好人做坏事,因为在辛德勒与刽子手之间有一条不可逾越的界限,这就是:是否参与了杀人。这是20世纪的大是大非,除此之外都是次要的。善恶之分不在个人品行,在日常行为的意义上,辛德勒是不合道德的。这是小说作者托马斯·基尼利特意多次暗示的。

善的目的不可能通过善的手段来达到,显示的是善对恶的屈从,说明人类世界没有为善的实现开辟康庄大道,即使在民主之"善"战胜纳粹之"恶"后,"恶"仍在狞笑:辛德勒不断受到德国人的羞辱而一些刽子手却受到出奇的宽大。辩证法的说法是:善恶从来都相伴相生。但哲学家的宏论总是不能平息我们面对具体生活中恶对善优越时所产生的愤懑和冲动。迄今为止,善在历史上好像还从来没有像恶那样趾高气扬势不可当。这不但是伦理学的难题,也是写作的困境。文学是真善美统一的结晶体,在真善美已经分化独立后,文学就不可能为真和善作出论证和护卫,以至于在小说《辛德勒名单》中,辛德勒"恶"的一方面也与善俱生。尽管这不是不可原谅的,却绝不是善所能涵盖的,《辛德勒名单》卓越地表现了当代道德的含混性和困境。

二、动物与人

热爱动物却对人类冷酷无情,禁止活体解剖动物却参与组织大规模屠杀,这不但是戈林的"两面",也是现代文明的内在悖论。作为文化再生产的写作行为因此受到严重质疑:写作到底为了什么?

人文世界有多少可爱的动物!在古典文化的视界内,动物只有在人性化的意义上才是艺术的对象,即使像布莱克的《虎》和里尔克的《豹》这样的现代名作,也无论如何不是动物的写生,它们仍然是对人的现实的肯定。但奥斯维辛之后,人和动物的连贯关系已经断裂。

赫尔曼·戈林,纳粹集团的二号元凶,1938年任"解决犹太人委员会"最高协调人;1941年7月31日,他向盖世太保的头目海德里希布置"全面解决"犹太人的任务,是要为600万犹太人之死负责的主要人物之一。但这位肥胖的、酷爱奢华和排场的帝国元帅也是对德国乃至世界的生物保护有贡献的人物。传记作家戴维·欧文在《戈林传》中介绍,戈林酷爱狩猎,却从未想把动物像犹太人那样赶尽杀绝。在发现野生动物受到随意捕杀,鹰、熊、野牛和野马几乎绝迹时,他于1934年3月颁布了普鲁士《狩猎法》,这是野蛮时代唯一文明的法规;

同年7月任帝国森林长官与狩猎首脑后,他的办公室有一条标语:"谁折磨动物,谁就是伤害德意志民族的感情。"

热爱动物却对人类冷酷无情,禁止活体解剖动物却参与组织大规模屠杀。在戈林的心目中,野兽的生存远比一部分人类的生存更重要。当保护动物都越来越成为文明人类的必要行为时,"戈林问题"是:为什么人不如动物?这首先基于纳粹的种族观念:既然犹太人在危害着德意志民族,他们的生命价值当然低于动物,就像奥斯维辛的一个医生说的:"我是一个医生,我当然要维持生命,但出于对生命的尊重,我会把病体上的坏疽切除掉。犹太人是人类躯体上的坏疽。"更何况,土地、血液等自然因素是纳粹意识形态的崇拜偶像。

戈林早已自杀身亡,但一部分动物比一部分人更有价值,理应当受到保护的事实却仍然存在并得到实际的维护。当人类的一部分(如非洲难民)处于极大的生命之虞的情况下,人类的另一部分却祭起"保护动物"的旗号,这有什么意义呢?在公园、在保护区护养动物,说到底还是一种受控于人的展览,它们的存在并不真的就能调整我们与自然的关系,因为拥挤的人类早已占据了动物曾经栖息的地盘,归根结底,自私的人类绝非为了动物而保护动物,对动物的关怀是人类自我关怀的延伸,动物和自然仍然是被统治者。

而且,与许多珍稀动物并没有得到切实保护相对应的是,人类中相当一部分弱势群体、底层民众也不大可能奢望得到应有的保护,法西斯式的国家权力和高科技的战争武器时刻准备着像宰杀动物一样宰杀人类的某一部分。既然有人不想让一部分人像人一样地生活,那么这样的人来保护动物,究竟是借此来掩饰其非人道行径,还是再度确认文明只能以迫害和屠杀为基础?文明肯定是进步了,因为人类开始关心起身外之物了;文明的进步又是可疑的,因为奥斯维辛的焚化炉和死人坑仍在向苍天倾诉:有一部分人类还没有得到保护,他们还不如动物。

所以当阿多诺说奥斯维辛之后,想继续生活的人需要冷漠时,他揭露了文化的侵略性和社会罪恶,即使在它表现出对动物的爱护时也依然如此,甚至更为如此。人与动物的关系再也不是自明的,文化产品中的动物既可以是人类存在的象征,也可以是人类命运的嘲讽。作为文化再生产的写作行为因此受到严重质疑:既然文明的进化已经把动物保护提上日程,为什么某一部分人的生命和权利却没有得到充分保护?写作以人为对象,当这个对象的境况堪忧时,如何真正确立人的主题,让动物成为文明健全发展和生命价值的确证而不是相反,至少是在作品中?一部分人类难以免除的压迫感和创伤感,必然使写作者下笔艰难:动物为什么要进入文学世界?

三、记忆与反记忆

> 不要让我这么受罪,不要让我记起过去!从死亡中走来的人有权要求新生,屈辱和内疚不应当与生命永在。写作者到底写什么:是记忆,还是忘却?

奥地利作家卡尔·克劳斯有一句警告:一切物化都是忘却。鲁迅先生也始终念念不忘揭发中国人的健忘症。在以大规模屠杀为特征之一的 20 世纪,写作的功能之一是唤起苦难记忆和忏悔罪恶。记忆不能改变过去,但记忆使我们知道人类曾经发生过非人的行径,有助于召唤某种社会政治和人的行为的变革。

关于奥斯维辛,无数的人包括幸存者和刽子手都写下了无数记忆,但在斯泰隆的小说《索菲的选择》中,这位波兰少妇选择的是反记忆。小说的线索,就是青年作家斯丁沟费尽心思地唤起她充满虚假、空白、省略、扭曲的记忆。索菲是有特殊经验的受害者,比如她那法学家的父亲,曾先于纳粹而提出"完全消除"犹太人的设想;比如她在奥斯维辛曾利用为集中营司令赫斯作速记之便引诱赫斯,以拯救自己的孩子。所以记忆唤起她的是"一个胆小鬼,一个肮脏的同谋"的意识;所以深爱着她的纳山一旦精神病发作,就会责问她为什么居然成为奥斯维辛的幸存者。

如果不是固执于奥斯维辛之后"活着就是有罪"的忏悔,那么无论是斯丁沟还是读者,都可以找出为索菲辩护的无数理由,没有自由的人不可能为自己的行为负责,被强加的罪恶并不是真的罪恶。法西斯专制者诱使、强迫众多的公民随之一道犯罪,使他们成为自己的人质,以至于像索菲这样的受害者也不会有洁白无瑕的记忆。就具体的个人来说,从死亡中走出来的人有权利要求新生,屈辱和内疚不应当与生命永在。索菲有权反记忆:不要让我这么受罪,不要让我记起过去!这不只是因为她曾经是"同谋",美国学者阿伦·哈斯采访过许多幸存者,其中有三分之一的人都表示"我想把所有这一切忘掉"。记忆是现在向过去的回溯,一切都回来了,个体因此被过去所掌握;但恢复过去意味着与死亡为伍,在被残酷地蹂躏之中,幸存者只有通过忘却才能重新唤起生之希望。在古希腊悲剧中,俄狄浦斯的女儿说"我不愿意忍受两次苦:经受了艰苦,又来叙述一次";在弗洛伊德的学说中,意识为人的创伤性经验制作了种种文饰机制。索菲在把奥斯维辛记忆起来并向斯丁沟讲述完了之后,走向了死亡:叙述成为地狱之路,写作成为野蛮行为。

无论文明创造了什么,只要它不能禁绝屠杀,它就永远负载着不可救赎的罪恶。以史为镜,忘记过去就意味着背叛。但历史的经验早就显示:尽管我们有过无数的记忆,甚至有过多次的忏悔,人类似乎并没有从中获得完善,历史的经验并没有教会人们什么。从集中营的骷髅中走出的犹太人、吉卜赛人、波兰人留下了他们的记忆,但1945年以后,集中营以及类似集中营的机构仍然遍布世界,而且被赋予了更为神圣、更为堂皇的理由和名称,而且屠杀(或变相屠杀)的绝对人数更多。直到 90 年代,种族灭绝的行为也依然存在。记忆没有遏止背叛和继续屠杀,说到我,对苦难的记忆(包括忏悔)只是一种个体的心意状态,它无法开出太平盛世却总是悲思萦绕,使个体惴惴于生存就是罪恶。正像赫伯特·马尔库塞说的,即使最终出现了自由,那些痛苦地死去的人也不能再生了,正是对于这些人的回忆和人类对于牺牲者长期所怀的负罪感,使一种无压抑的义明的前景暗淡下来了。

也许,这只是极而言之的说法。中国作家巴金一方面说听到"样板戏"就想到"文革"的噩梦而惊恐异常,另一方面又提议建立"文革博物馆",那么他到底是要我们记忆还是忘却?也许,有人写作是为了记忆;有人写作是为了忘却;有人写作既为了记忆也为了忘却;有人写作既不是为了记忆也不是为了忘却。茨威格可以一往情深地回忆昨日的世界,普鲁斯特可以沉湎于逝水年华的追忆,但奥斯维辛之后,记忆已不是写作的基本主题。

本文涉及的人物

泰奥多·阿多诺(1903—1969):德国犹太社会理论家、哲学家和美学家,法兰克福学派批判理论的主要创始人之一,主要著作有《启蒙的辩证法》(与霍克海默合著)、《否定的辩证法》《美学理论》等。

卡尔·克劳斯(1874—1936):奥地利犹太诗人、剧作家和讽刺作家,1899 年创办并独立支撑了表现主义杂志《火炬》达 37 年,是当时重要的现代主义理论家和文化批评家之一,主要作品有《人类的末日》等。

阿伦·哈斯:美国加州大学多明格兹山分校教授,心理学家,主要著作有《大屠杀的阴影:第二代》《大屠杀后遗症》等。

赫伯特·马尔库塞(1898—1979):德国犹太社会理论家、哲学家,"二战"期间流亡美国后一直在美国大学任教,是法兰克福学派批判理论主要创始人之一。主要著作有《理性与革命》《爱欲与文明》《单向度的人》《反革命与造反》等。

茨威格(1881—1942):奥地利犹太作家,主要作品有《初次经历》《情感的迷惘》《昨日的世界》等。

普鲁斯特(1871—1922):法国犹太小说家,主要作品有《追忆逝水年华》等。

本文涉及的作品

威廉·斯泰隆:《索菲的选择》,湖南文艺出版社,1989年。
托马斯·基尼利:《辛德勒名单》,内蒙古文化出版社,1994年。
戴维·欧文:《戈林传》,上海人民出版社,1992年。

评点:

关于"善与恶"。辛德勒不算一般意义上的"好人",他在拯救犹太人的时候也压榨和掠夺犹太人。但在辛德勒与刽子手之间有一条不可逾越的界限:是否参与了杀人。善与恶总是相伴相生,有时候行善"却要借助于作恶"。这不是辛德勒的悲哀,而是时代的悲哀,是人类的悲哀,显示人类道德的含混性和困境。

关于"人与动物"。在戈林这些人的心目中,野兽的生存远比一部分人(如犹太人)的生存更重要。如果说保护动物是为了人类自身的生存,是为了满足人类自身的道德需要,那么,当人类的一部分尚处于被灭绝的恐惧之下,人类又该如何理解"保护动物"的意义?

关于"记忆与反记忆"。记忆是历史建构的基础,没有人类的记忆就没有人类的思想与文化。但为什么历史总是在不断重复上演同样的悲剧？记忆既不可能遏止背叛和屠杀，也无法指望靠记忆繁殖出太平盛世的花朵，却经常让个体在精神上经受第二次折磨。我们到底该如何选择，是选择背负历史的记忆，还是放下历史的包袱？

随感录三十五[①]

鲁 迅

从清朝末年,直到现在,常常听人说"保存国粹"这一句话。

前清末年说这话的人,大约有两种:一是爱国志士,一是出洋游历的大官。他们在这题目的背后,各个藏着别的意思。志士说保存国粹,是光复旧物的意思;大官说保存国粹,是教留学生不要去剪辫子的意思。

现在成了民国了。以上所说的两个问题,已经完全消灭。所以我不能知道现在说这话的是那一流人,这话的背后藏着什么意思了。

可是保存国粹的正面意思,我也不懂。

什么叫"国粹"?照字面看来,必是一国独有,他国所无的事物了。换一句话,便是特别的东西。但特别未必定是好,何以应该保存?

譬如一个人,脸上长了一个瘤,额上肿出一颗疮,的确是与众不同,显出他特别的样子,可以算他的"粹"。然而据我看来,还不如将这"粹"割去了,同别人一样的好。

倘说:中国的国粹,特别而且好;又何以现在糟到如此情形,新派摇头,旧派也叹气。

倘说:这便是不能保存国粹的缘故,开了海禁的缘故,所以必须保存。但海禁未开以前,全国都是"国粹",理应好了;何以春秋战国五胡十六国闹个不休,古人也都叹气。

倘说:这是不学成汤文武周公的缘故;何以真正成汤文武周公时

[①] 选自《鲁迅全集》(第1卷)(人民文学出版社1983年版),鲁迅著。

代,也先有桀纣暴虐,后有殷顽作乱;后来仍旧弄出春秋战国五胡十六国闹个不休,古人也都叹气。

我有一位朋友说得好:"要我们保存国粹,也须国粹能保存我们。"

保存我们,的确是第一义。只要问他有无保存我们的力量,不管他是否国粹。

评点:

关于"国粹",鲁迅还有一个绝妙的比喻,他说:"即使无名肿毒,倘若生在中国人身上,也便'红肿之处,艳若桃花;溃烂之时,美如乳酪',妙不可言。"对于那些抱残守缺、泥古不化的人,这个比喻真是点到了他们的"死穴"。

鲁迅说:"我们目下的当务之急是:一要生存,二要温饱,三要发展。苟有阻碍这前途者,无论是古是今,是人是鬼,是《三坟》《五典》,百宋千元,天球河图,金人玉佛,祖传丸散,秘制膏丹,全都踏倒他。"的确,一个人,一个民族,一个国家,他活在当下,活在现实,祖训该不该听取,传统要不要继承,取决于它们是否有助于当下的生存与发展。

"要我们保存国粹,也须国粹能保存我们。"

记忆,也需要不断检视。

漫谈皇帝①

季羡林

在历史上,中国有很多朝代,每一个朝代都有一些皇帝。对于这些"天子"们,写史者和读史者都不能避开不写不读。其中有一些被称为"圣君""英主",他们的文治武功彪炳史册。有一些则被称为"昏君""暴君",他们的暴虐糜烂的行为则遗臭万年。这都是我们所熟悉的。

但是,对"皇帝"这玩意儿的本质,却没有人敢说出来的。我颇认为这是一件憾事。我虽不敏,窃愿为之补苴罅漏。

首先必须标明我的"理论基础"。若干年前,我读过一本辛亥革命前后出版的书,叫作《厚黑学》。我颇同意他的意见。我只觉得"厚""黑"二字还不够,我加上了一个"大"字,总起来就是"脸皮厚,心黑,胆子大"。

现在就拿我这个"理论"来分析历代的皇帝们。我觉得,皇帝可以分为三类:开国之君,守业之君,亡国之君。

开国之君可以中国历史上仅有两个马上皇帝为代表:一个是刘邦,一个是朱元璋。二人都是地痞流氓出身,起义时,身边有一批同样是地痞流氓的哥儿们。最初当然都是平起平坐。在战争过程中,逐渐有一个人凸显出来,成了头子,哥儿们就服从他的调遣、指挥。一旦起义胜利,这个头子登上了宝座,被尊为皇帝。最初,在金銮殿上,流氓习气还不能全改掉,必须有叔孙通一类的"帮忙"或"帮闲"者(鲁迅

---

① 选自《季羡林谈文化》(人民日报出版社2011年版),季羡林著。

语）出来订朝仪。原来的哥儿们现在经过"整风"必须规规矩矩,三跪九叩,山呼万岁,不许乱说乱动。这个流氓头子屁股坐稳了以后,一定要用种种莫须有的借口,杀戮其他流氓,给子孙除掉障碍;再大兴文字狱,杀害一批知识分子,以达到同样的目的;然后才能安心"龙御宾天",成为什么"祖"。

他们之所以能成功靠的是什么呢?厚、黑、大也。

他们的子孙继承王位,往往也必须经过一场异常残酷激烈的宫廷斗争,才能坐稳宝座。这些人同他们的流氓先人不一样,往往是生长于高墙宫院之内,养于宫女宦竖之手,对外面的社会和老百姓的情况,有的根本不知道,或者知之甚少。因此才能产生陈叔宝"何不食肉糜"的笑话。有些守成的皇帝简直接近白痴,统治人民,统治国家,则委诸一批"帮忙"或"帮闲"的大臣。到了后来,经过了或短或长的时间,这样的朝廷必然崩溃,此不易之理。中国历史上之改朝换代,其根本原因就在这里。

这些守成之主中,也有厚、黑、大的问题。争夺王位,往往就离不开这三个标准。

至于末代皇帝,承前辈祖先多少年来留下之积弊,不管他本人如何,整个朝廷统治机构已病入膏肓,即使想厚、想黑、想大,事实上已无回旋的余地,只有青衣小帽请降或吊死煤山了。

一部中国史应当作如是观。

1998 年 9 月 5 日

评点:

"脸皮厚,心黑,胆子大",季老先生对皇帝的嘲讽真够辛辣的。脸皮不厚,怎敢自称"天子",宣称"普天之下莫非王土,率土之滨莫非王臣",怎敢"三宫六院七十二嫔妃"?若不心黑,怎敢玩弄天下于股掌之中?若胆子不大,又岂敢屠戮天下,视生民如草芥?

　　文章的矛头,不仅指向皇帝,其实讽刺的也是皇帝这种专制制度。正是这一个荒唐的制度才催生了一个又一个"脸皮厚,心黑,胆子大"的皇帝。

历史题该怎么考①

张寿卿

我儿子正在读高二,考了一道历史题:成吉思汗的继承人窝阔台,公元哪一年死? 最远打到哪里? 第二问儿子答不出来,我帮他查找资料,所以到现在我都记得,是打到现在的匈牙利附近。

一次偶然的机会,我发现美国世界史这道题目不是这样考的。它的题目是这样的:成吉思汗的继承人窝阔台,当初如果没有死,欧洲会发生什么变化? 试从经济、政治、社会三个方面分析。

有个学生是这样回答的:这位蒙古领导人如果当初没有死,那么可怕的黑死病就不会被带到欧洲去,后来才知道那个东西是老鼠身上的跳蚤引起的鼠疫。但是600多年前,黑死病在欧洲猖獗的时候,谁晓得这个叫鼠疫。如果没有黑死病,神父跟修女就不会死亡。神父跟修女如果没有死亡,就不会怀疑上帝的存在。如果没有怀疑上帝的存在,就不会有意大利佛罗伦萨的文艺复兴。如果没有文艺复兴,西班牙、南欧就不会强大,西班牙无敌舰队就不可能建立。如果西班牙不够强大,意大利不够强大,盎格鲁·撒克逊会提早200年强大,日耳曼会控制中欧,奥匈帝国就不可能存在。

教师一看,说:棒,分析得好。但他们没有分数,只有等级,A! 其实这种题目老师是没有标准答案的,可是大家都要思考。

不久前,我去了一趟日本,日本总是同我们在历史问题上产生纠葛,所以我在日本很注意高中生的教科书。他们的教师给高中生布置了

---

① 选自《当代散文精品2004》(广州出版社2005年版),周彦文主编。

这样一道题：日本跟中国100年打一次仗，19世纪打了日清战争（我们叫甲午中日战争），20世纪打了一场日中战争（我们叫作抗日战争），21世纪如果日本跟中国开火，你认为大概是什么时候？可能的远因和近因在哪里？如果日本赢了，是赢在什么地方？输了是输在什么条件上？分析之。

其中有个高中生是这样分析的：我们跟中国很可能在中国大陆和台湾统一后，有一场激战。台湾如果回到中国，中国会把基隆与高雄封锁，台湾海峡就会变成中国的内海，我们的油轮就统统走右边，走基隆和高雄的右边。这样，会增加日本的运油成本。我们的石油从波斯湾出来跨过印度洋，穿过马六甲海峡，上中国南海，跨台湾海峡进东海，到日本海，这是石油生命线，中国政府如果把台湾海峡封锁起来，我们的货轮一定要从那里经过，我们的主力舰和驱逐舰就会出动，中国海军一看到日本出兵，马上就会上场，那就打！按照判断，2015年至2020年之间，这场战争可能爆发。所以，我们现在就要做对华抗战的准备。

我看其他学生的判断，也都是中国跟日本的摩擦，会从东海开始，从台湾海峡开始，时间判断是2015年至2020年之间。

这种题目和答案都太可怕了。撇开政治因素来看这道题，我们的历史教育就很有问题。翻开我们的教科书，题目是这样出的：甲午战争是哪一年爆发？签订的叫什么条约？割让多少土地？赔偿多少银两？每个学生都努力做答案。结果我们一天到晚研究什么时候割让辽东半岛，什么时候丢了台湾、澎湖，赔偿二亿银两，1894年爆发甲午战争，1895年签订《马关条约》，背得滚瓜烂熟，都是一大堆枯燥无味的数字。那又怎样，反正都赔了嘛！银两都给了嘛！最主要的是将来可能会怎样！

人家培养的是能力，而我们灌输的是知识。

天啊！不能完全责怪孩子，应该反省的是我们大人。

评点:

历史题怎么考,透出的是对历史教育的理解,甚至是对历史的理解。比较一下我们与美国、日本的历史考题,不难发现,他们重在培养孩子对历史的独立思考,培养他们以历史的眼光来分析和解决现实问题。而我们的历史教育,却热衷于琐碎的历史事实的记忆和既定历史概念的灌输。

历史,是一面镜子;历史怎么考,也是一面镜子。

可怕的曾国藩[①]

流沙河

回忆高小初中,国文教师选讲《曾文正公家书》,催人瞌睡,记不起讲些啥。校长每周训话,又抬出曾国藩大圣人做榜样,烦死人了。20世纪40年代来成都读高中,《曾文正公家书》有廉价本,青年路书摊上摆着呢。本想翻翻,听同学说蒋介石爱读此书,便决心不看了。50年代做了编辑,又听同志们说此书"反动透顶",想看看到底是如何反动,图书馆里又没有了。跃入60年代,读了罗尔纲研究太平天国革命运动的一篇文章,才晓得曾国藩加冠了,是"现行反革命分子",觉得这顶帽子有趣。现今混到60快退休了,突然瞥见湖南大学出版社精印的《曾国藩家书》,非常吃惊。买一本来瞧瞧。

瞧瞧之后,更加吃惊。好厉害哟,曾国藩之为人!

这家伙,上承三省吾身的祖训,下开自我批评的先河,时刻不忘修身养德,狠抓自己活思想,狠斗私字一闪念,堪作样板。道光二十二年,他31岁,从十月初一那天起,灵魂深处爆发反革命,给自己订了个"日课册",名之曰《过隙影》,天天在上面写。写些啥?"每日一念一事,皆写之于册,以便触目克治。""凡日间过恶,身过、心过、口过,皆记出,终身不间断。"天天写《过隙影》不是为了发表,而是为了"念念欲改过自新"。《过隙影》必须字字写正楷,不但写,而且做。十月初九,也就是《过隙影》刚写到第九天,便猛省从前与小珊

[①] 选自《2006中国随笔排行榜》(北京工业大学出版社2007年版),张秀枫主编。

结仇怨,错在自己当初"一朝之忿,不近人情",是夜即到小珊住处"登门谢罪"。长谈之后,过了四天又请吃饭。效果呢?"从此欢笑如初,前隙尽释矣。"想那《过隙影》中一定写有不少丑念丑事,此亦足见他的自我批评敢于刺刀见红。太可怕了,这老反革命,不,壮反革命!

这家伙,可以说是无限热爱本阶级的最高领袖道光皇上。道光二十五年十月初十,欣逢皇太后 70 寿辰,他以新任翰林院侍讲学士的身份,同满朝文武跪在一起,抬头有幸目睹龙颜(其实看见的是给太后跪拜时高耸的龙臀),立刻想到皇上春秋已高,种起子来仍然强壮,61 岁那年种出了八阿哥,今年 64 岁又种出九阿哥,可见"圣躬老而弥康"。又目睹"七阿哥仅八岁,亦骑马雍容,真龙种气象"。这些都是特大喜讯,宜函告家人,以分享幸福。

这家伙,进士出身,先任礼部侍郎管文教,后任刑部侍郎管司法,从不掌兵。咸丰三年,太平革命军解放南京城,关他屁事。部长级京堂官他不当了,这时候倒跑回湖南去办团练,募湘军,还说"系为大局起见"。从此做定了革命死对头,可怕,可怕!

这家伙,从战争中学习战争,吃一堑,长一智,败不馁,胜不骄,愈打愈顽强,一路攻下去。咸丰四年十一月,攻下黄梅县,迫近九江府,函告家人:"我现在军中声名极好,所过之处,百姓爆竹焚香跪迎,送钱米猪羊来犒军者络绎不绝。"如果此人热得发昏,太平天国就有希望。可惜他不发烧,仍然"寸心兢兢,且愧且慎""唯力尽人事,不敢存丝毫侥幸之心"。两月前奉旨署湖北巡抚,赏戴花翎,而"现在但愿官阶不再进,虚名不再张,常保此以无咎,即是持身守家之道"。第二年打败仗,回头整顿水师,以鄱阳湖为根据地,"日日操练,夜夜防守","不敢片刻疏懈"。不时巡弋长江,隔断武汉南京两处的太平军,使之首尾不得相应。第三年,亦即咸丰六年,战局扭转,到处反攻。两个弟弟也上战场带兵打仗,凶猛异常。湘军名震东南,他却函训二子:"凡人多望子孙为大官,余不愿(尔等)为大官,但愿(尔等)为读书明理之君子。勤俭自持,习劳习苦,可以处乐,可以处约,此君子也。余服官二十年,不敢稍染官宦气习,饮食起居,尚守寒素家风,极俭也可,略丰也可,太丰则吾不敢也。"

　　这家伙,身许社稷,魂绕家园,信函一封接一封地寄回湖南湘乡曾宅,给家人撞警钟。自身既为皇上侍讲学士,能通天了,深恐老父在家乡卖人情,诫以"莫管闲事",嘱其谢绝一切请托。听说"父亲大人近来常到省城县城"替人说情,又赶快提醒他:"此是干预公事!"朝廷将要委派新学官去长沙,又预先说明白:"父亲万不可去拜他!"以上都是道光年间事了。咸丰四年四月,屡次挨打后,"幸湘潭大胜",又函告家人:"吾家子侄半耕半读,以守先人之旧,慎无存半点官气。不许坐轿。不许唤人取水添茶等事。其拾柴收粪等事须一一为之。"同年九月,收复武汉有功,奉旨署湖北巡抚,赏戴花翎,又恐家人头脑发烧,赶快提醒四位老弟:"诸弟在家,总宜教子侄守勤敬。吾在外既有权势,则家中子侄最易流于骄,流于佚。二字皆败家之道也。万望诸弟刻刻留心,勿使后辈近于此二字,至要至要。"咸丰八年,在江西建昌行营时,又函促家中子侄读书、种菜、养鱼、喂猪。规定"后辈诸儿须走路,不可坐轿骑马""诸女莫太懒,宜学烧茶煮菜"。咸丰十年,奉旨署两江总督,后兼钦差大臣,功名到顶峰了,还在发愁:"余家后辈子弟,全未见过艰苦模样,眼孔大,口气大,呼奴喝婢,习惯自然,骄傲之气入膏肓而不自觉,吾深以为虑。"

　　这家伙,不但严束家人,频撞警钟,而且狠抓九弟的活思想,及时做细致的思想工作。九弟曾国荃咸丰六年率湘军三千入江西援吉安,由此登上战争舞台,同三年前的胞兄一样,做定了革命死对头。咸丰八年二月,国荃弟前线来信,诋上级长官为"傀儡膻腥之辈",不乐意听彼辈的指挥。国藩兄复函批评,说此语"已露出不耐烦之端倪",担忧"将来恐不免于龃龉",提醒他勿忘了去年所赠箴言。两月后又去函,说顷接别人来信"言弟名远震京师"。下一句就敲戒尺了:"盛名之下,其实难副!弟须慎之又慎!"同治元年二月,知悉国荃弟与同事关系紧张,又批评他只看见对方脸色凌厉,看不见自己的脸色同样凌厉。又举出他的来信"常多讥讽之词,不平之语",并指出他的随员和仆从在外面"颇有气焰",而他本人作何面目不言自喻。三月后又去函,责备他不太廉,指往年刮钱买田地一事,警告说:"若一面建功立业,外享大名,一面求田问舍,内图厚实,二者皆有盈满之象,全无谦退之意,则断不能持久。此余所深信,而弟宜默默体验者也。"不到一个月又去函,专谈听取批评,哪怕批评的不是事实,态度也得"抑然",不得"悍然",并提出"有则改之,无则加勉"八个字。天哪,这八个字原来竟是这家伙的语录!想起怪不自在!

这家伙,"抑然"了一辈子,毫无进取意识,常诵的格言是"盛时常作衰时想,上场当念下场时",常求的境界是"花未全开月未圆"。同治二年四月,知悉九弟升官,署了浙江巡抚,花似乎全开了,他怕,随即奏请将自身两江总督钦差大臣两顶帽子分出一顶给别人戴,"将来遇有机缘,即便抽身引退"。同治三年七月,打下南京城,灭了太平军,两顶帽子之上又封侯爵,他倒"弥增歉悚"起来。两年后,他55岁,上疏请求解除本兼各职,注销爵位,仅以退休人员身份"留营维系军心"。同时函训长子曾纪泽(此人后来成了能干的外交大臣):"读书乃寒士本色,切不可有官家风味!"次年函达太太欧阳氏:"居官不过偶然之事,居家乃是长久之计。"得失荣辱看淡了,打起仗来心不纷,特别可怕!

这家伙,体孔孟思想,用禹墨精神,操儒学以办实事,玩《庄子》以寄闲情,由封建文化培养见识,从传统道德汲取力量。也许厉害就厉害在这里吧?37岁跳升内阁学士,该享受绿呢车了,仍坐蓝呢车,补礼部侍郎缺,仍坐蓝不换,其慎可知。军务虽忙,"凡奏折、书信、批禀，均须亲手为之""每日仍看书数十页"，其勤可知。两江总督卸任，工资尚结余二万两银，其俭可知。遗嘱不许出版文集，其谦可知。总而言之，此人可怕！

评点：

曾国藩算得上封建官僚的典范。他恪守"诚意正心修齐治平"的古训，忠君报国、谨慎自守、清正廉洁、荣辱自持、进退有据。撇开政治评价上的分歧，单看其人格品行，恐少有人不服。难怪毛泽东也说：愚于近人，独服曾文正。

一开头作者回顾了他接近曾国藩的曲折过程，这很有意味。曾几何时，我们对历史持虚无主义态度，一概以封建糟粕目之，予以横扫清除，孔子、曾国藩也概莫能外。现在，拂去蒙在历史上的尘埃，我们才发现，曾国藩是这样一个人。

与其说曾国藩可怕，倒不如说曾国藩可敬。常人难以做到的，他几乎都做到了。当代人自以为是，喜欢用"古人尚且……何况我们……"这样简单粗暴的语句，似乎当代人能为古人之不能为。平心静气地说，曾国藩能做到的，当代人也少有人能做到。

短命的大顺王朝:李自成在北京的 42 天①

祝 勇

闯王入京,崇祯自缢

1644 年,农历甲申年,农民起义的领袖李自成率领着起义军策马扬鞭,几无波澜地攻占了紫禁城。然而,李自成建立的大顺王朝在北京仅仅存在了 42 天,从开始搜缴民财那一天起,它的败亡就已经注定了。

1644 年,农历甲申年三月十八日。史载,东直门城门破时,城墙上的大明守军如秋风落叶一般纷纷坠落。负责把守东直门的河南道御史王章战死了,把守安定门的兵部尚书王家彦跳城自杀,摔断了双腿,被手下救下,藏匿在市民家里,最终又趁人不备,解下腰带,自尽而亡……

第二天辰时,李自成头戴毡笠,身穿缥衣,骑着乌驳马,冲入了紫禁城。

崇祯皇帝在前一天下了第六道罪己诏,就回到乾清宫,在这座地动山摇的城池里,呆呆地坐定。随后,周皇后悬梁自尽,崇祯砍杀了已到出嫁年龄的长平公主和 6 岁的昭仁公主,披发跣足,拖着一路的血光,逃到煤山上,投缳自尽。

出身草根的李自成或许很想跟出身龙种的天子照个面,他命令部下满紫禁城寻找,也没有找到崇祯的尸体。而当长平公主醒来的时

---

① 选自《中外文摘》(2017 年第 10 期)。

候,恍惚中,她看见闯王走到她面前,说,这崇祯太残忍了,连自己的女儿都不放过。又说,快把她扶到宫中,好生照料。

太子朱慈烺本来已经逃出宫殿,当他逃到自己的外公、崇祯皇帝的老岳父周奎的家门口时,周奎还在睡梦中,他被一阵急促的叩门声惊醒,披衣而起,当他确定门口是自己的外孙时,并没有给他打开房门。太子拍了一阵,失望地消失在街巷中,不巧被宦官们认出,作为一份厚礼,送给了李自成。

李自成看着眼前的这个年轻人,问,明朝为何丢了天下?太子答,因为误用了奸臣。太子问李自成,为何不杀他,李自成答,你没有罪,我为什么要妄杀?太子说:"如是,当听我一言:一不可惊我祖宗陵寝,二速以皇礼葬我父皇、母后,三不可杀戮我百姓。"

几天后,李自成下令购买一具柳木棺材,将崇祯的遗体抬到东华门外入殓,百姓经过,无不掩面而泣。李自成下令,以皇家的规格,把崇祯安葬在昌平天寿山脚下的明朝诸陵中,因为来不及再建新陵,于是把田贵妃的陵寝扒开一个洞,把崇祯棺材塞进去。思陵,成为十三陵中的最后一座,至今犹在。

"迎闯王,盼闯王"

李自成下令清场,对于占领者来说,这是必不可少的一道程序,然而,它却成为紫禁城历史上至为惨烈的一刻。那些不愿被辱的宫女,纷纷坠入御河。御河上飘浮着一二百具尸体,色彩浓丽,灿若荷花。

面对着如云的美女,李自成没有客气。李自成及其手下大将刘宗敏、李过等人,瓜分了抓起来的嫔妃美女,各得30人。牛金星、宋献策等也各得数人。

李自成进驻紫禁城后,以武英殿为处理军政要务之所。刚刚住进武英殿,李自成就召"娼妇小唱梨园数十人入宫"。

三月二十一日,李自成进入紫禁城的第三天,多达1300多名明朝官员向李自成朝贺,承天门不开,他们站在门外,被广场上的风吹了一天,双腿站得僵直,一整天没吃东西,居然连李自成的影子都没有见到。李自成正在武英殿饮酒作乐,在朝歌夜弦中飘飘欲仙。

民间曾经传诵:"迎闯王,盼闯王,闯王来了不纳粮。"据说李自成进城时是下了秋毫不犯的军令的,军令说:"敢有伤人及掠人财物妇女者杀无赦!"还贴了告示,说"大师临城,秋毫无犯,敢有掳掠民财者,凌迟处死"。也真有两名抢劫绸缎铺的士兵被拉到承天门前的棋盘街,千刀万剐。

但是,当大顺军进入北京的时候,首都并没有出现箪食壶浆以迎王师的局面。原因很简单,李自成自己,就成了带头"掠人妇女"的人,以实际行动废除了自己制定的军令。

李自成确曾是个正经人,不好酒,与部下共甘苦。然而,自从李自成进入紫禁城那一刻开始,他就变成了另一个人。

血色的夹棍

三月二十三日至二十五日,刘宗敏命人特别赶制了5000副夹棍,用来逼迫明朝官员们交钱。夹棍上有棱,有铁钉相连,凡不从者,必将夹碎他们的手足。

那些前来向李自成朝贺,做着洗心革面、重入政府美梦的明朝官员们被关押起来,他们无论如何不会想到,等待他们的,是一场更大的噩梦。

有800人被绑成了"粽子",被士兵踢打着,像赶牛赶羊一样赶出来,一路押送到刘宗敏的住处(注:前都督田弘遇的宅邸)。据说刘宗敏每日黎明起身,坐在院子当中,挨个点名。他为明朝原各级官员制定了严格的缴纳标准:内阁十万,部院、京堂、锦衣卫将帅七万,科道、吏部郎五万、三万,翰林一万,部曹则以千为单位,各有定额,不得打折。

愿意出钱者,刘宗敏即令手下把他们押解到前门的当铺,把家产当掉,得一收条,上写:"某官同妻某氏,借救命银若干。"然后就拿着这救命银,回来救命。

但并不是所有人都拿得出这么多钱财,或者说,绝大多数官员都完不成"定额"。后来,李自成前往刘宗敏居所,看到院子里300多名被夹棍夹成残废的明朝官员,实在看不下去——他可能不会想到,此前被夹死者,已经超过了1000人。

四月初一那一天,刘宗敏亲自审问明朝最后一任内阁首辅魏藻德。魏藻德被夹棍夹断了十指,交出白银数万两,然而刘宗敏绝不相信一个内阁首辅仅有几万两白银,继续用刑,魏藻德大声呼喊,当初没有为主尽忠报效,有今日,悔之晚矣! 五天五夜的酷刑后,魏藻德脑裂而死,他的儿子也因为交不出银子,随即被处死。

追索银钱的行动很快超出了明朝官吏的范围,向普通人家蔓延。只要住宅是青砖白瓦,稍立门墙者,无一幸脱。

被拷打者中,有一个老头,他的儿子是大明王朝山海关总兵吴三桂。刘宗敏拷问他的目的,有人说是向他索要钱财,也有人说是向他要人——吴三桂的爱妾、绝代美女陈圆圆。

千里之外的山海关,吴三桂密切注视着北京城形势的变化。他的父亲、爱妾以及全部家产都已落在大顺的手中,加之崇祯自杀,明朝已经灭亡,天下大势已定,吴三桂的心理天平,原本已经倾向李自成。

他把山海关的部队交给了李自成派来的亲信唐通,就飞马奔向北京,准备拜见他的新主子李自成。就在他行至滦州,距离北京咫尺之遥的时候,一个从北京城里逃出的人告诉他,他的父亲被杀、爱妾被抢。吴三桂突然愣在原地,等他反应过来的时候,一个恶毒的咒语已经脱口而出:"不灭李贼,不杀权将军(刘宗敏),此仇不可忘,此恨亦不可释!"

大顺王朝土崩瓦解

白光一闪,吴三桂手起刀落,斩落了李自成特使的头颅,也斩断了自己与李自成政权的联系。李自成终于清醒过来,发现肘腋之患,悔之晚矣。武英殿里,他召见京城父老,询问疾苦,收拾人心。这一天,是四月初六。

但他的狂妄胡为,已经使他与世界裂开了一道巨大的口子。那道深长的口子,最先是从吴三桂把守的山海关裂开的。终于,李自成坐不住了。他本来是要派刘宗敏出征的,甚至向刘宗敏鞠躬请求,但刘宗敏过惯了舒服日子,不愿意再打仗了。他只好亲征。出发那一天,是四月十二日。

四月二十一日,长城脚下,九门口"一片石"之战,是决定历史的一战。吴三桂与清军联合作战,将李自成打得屁滚尿流。

李自成再度回到北京,已是二十六日,马蹄落在凸凹不平的石板路上,十分的沉闷滞重,早已不似一个多月前的轻盈欢畅。他知道辉煌的紫禁城不再属于自己,他心里想的只有一件事——赶快登基。

二十九日,登基大典在紫禁城武英殿举行。历史上没有一个皇帝,像李自成这样心情复杂地坐在龙椅上,也没有一次登基大典如此潦潦草草。三拜九叩的威仪背后,是一盘不堪面对的残局。

清军一旦入关,就没人挡得住了。顺治二年(1645)正月,李自成在潼关被清军大败,李自成率残部遁走西安,多铎追至西安,李自成又逃向商州。大顺军就这样一路逃,大清军一路追……

仓皇流离中,李自成带着20骑匆忙逃遁,丞相牛金星投降清军,刘宗敏、宋献策被活捉。李自成率领他最后的10余骑逃向湖北通山县,战至最后一人,孤独无助地向九宫山逃亡,最后遭村民误杀……

评点：

李自成进入北京，开始大肆搜刮民财。文章说，从这一天开始，李自成败亡的命运就决定了。这个逻辑也一再被历史证明。

一个严于律己的农民起义领袖，缘何在短时间内摇身一变，成了声色犬马的俘虏？一支纪律严明、秋毫无犯的军队，为什么在短时间内堕落为烧杀掳掠的犯罪团伙，最终让箪食壶浆欢迎他们的老百姓鄙弃了他们？

这样的故事一再上演。

郭沫若有一篇文章《甲申三百年祭》，爬梳历史，总结教训；毛泽东以李闯王为警示，提出要以赶考的心态执掌新生政权。

政权兴亡，所系大焉。"其兴也勃焉，其亡也忽焉"，不独李闯王如此。

第十章 审美人生

人生在世,若有人说自己没有半点功名利禄的追求,那不是傻子,就是骗子。即便像陶渊明这样的隐士,也是在经历了一段"非常态"的官场生活之后,才有勇气选择隐逸——这另一种意义上的"非常态"。其实,隐士之中,也是真少假多,更不乏走终南捷径的人,借隐士之虚名捞取功利之实利。扪心自问,不经历滚滚红尘,怎甘心终老林泉?你看《水浒传》中那些宋朝和尚,多离不开酒色利禄;倒是武松与鲁智深,在经历了一番生死、见识了一番富贵之后,成了清心寡欲、超然物外的得道高僧。

这就是人。

在今天,功名的价值已经得到了充分的社会认可,金钱撑起了很多人的尊严,权势彰显了很多人的价值。这是一种进步,不仅是观念上的进步,其实也是一种道德上的进步。奋斗时如履薄冰,成就时扬眉吐气,再不用羞羞答答,遮遮掩掩。我们终于走出了道德与功名的二元悖论,坦然地走在功名的大道上。

确认了功名的价值,才能理解自由的价值。以功名的虚伪和虚无来凸显自由的价值与意义,其实也是对自由的贬低。

物欲与支配欲是人的本能,金钱与权势给人带来的满足,如同食物满足食欲一样,总能让人体验到一种直接而鼓胀的快感,人人皆会,无师自通。越是粗鄙的灵魂,越是低俗的精神,越是空虚的心灵,越能从金钱与权势中获得幸福感。

相反,人人追求自由,人人都渴望享受自由的快乐与幸福。但是,有多少人能承受自由所带来的孤独与寂寞?有时候,我们拼命奔跑,疯狂追赶,而原因仅仅是害怕被潮流所抛弃。

我们走得很急,走得很快,走得很远,以至于我们常常忘记了为什么出发。人生,需要一颗审美的心,正像阿尔卑斯山上的那个用心良苦的提醒:"慢慢走,别忘了欣赏。"

当我们感到疲惫和失落的时候,让自己的心暂时离开自己的躯壳,到遥远的天边,审视一下我们正在走的路。

不忘初心,方得始终。

活着有没有意思[①]

王 雷

作文题:阅读下面的材料,按要求完成作文。

《汕头特区晚报》报道,今年9岁的涛涛(化名),父母都是公司高级管理人员,家庭条件相当优越。可是涛涛却似乎有点"身在福中不知福",上小学三年级的他经常一个人发呆,不愿和小朋友一起玩。在和医生聊天时,涛涛甚至说出了"觉得活着没意思,还不如去死"的话,让他的父母感到非常的震惊。

《海南日报》:"上学,没意思;运动会,没意思;班队活动,没意思……采访孩子时,听得最多的就是一句'没意思'。一位有三十多年教龄的老班主任说,她从来没像现在这样困惑。"

如今,"没意思"几乎成了一句口头禅。大人说上班没意思,小孩说上学没意思,有钱人说钱多了没意思,穷人说没钱活得真没意思……我们究竟怎么了?为什么大家都觉得活得没意思?你怎么看待这个问题?请以"也说'没意思'"为题,写一篇文章,不少于800字。

大家都觉得"活着没意思",这种叹息中其实有一个预设,或者说隐含着前提,那就是,活着本来应该是有意思的。如果说,活着本来就没意思,或从来就不曾有意思过,那人们就不会整天念叨着"没意思"。

[①] 选自《教师人文沉思》(上海辞书出版社2011年版),吴国平主编。

这么说来,活着似乎本来应该有意思的,那么,这个"意思"是什么呢?它是怎么来的呢?或者说,究竟是谁赋予生活以意义的呢?

我们先来看这几句话——

尼采:"人生本没有意义,但我们却要以酒神的精神赋予它意义,这是人类最伟大之处。"

胡适:"人生本没有意义,你要能给它什么意义,它就有什么意义。"

毕淑敏:"人生本没有意义,每个人必须为自己的人生确定意义。"

从这些话中可以概括出两点——

1. 人生本没有意义(意思);
2. 是人(我们每个人)赋予它意义。

我们先来看第一点:人生本来(原本)是没有意思的。记住这一点非常重要!

大家想想,我们莫名其妙就来到了世上,也没有谁征求过我们的意见,更奇怪的是,过个几十年又突然消失了,消失得无影无踪。这到底算哪门子事?你说这个事它能有什么意义吗?长期以来,我们总是错误地认为,人生本来就是有意义的。我们从小就被要求树立远大志向——长大要当科学家、当解放军、当宇航员什么的,要求背诵"人的一生应当这样度过……";写作文要"记一件有意义的事";好不容易盼到节假日,还必须"过一个有意义的假期"。现在,我要告诉大家,这是一个弥天大谎!人生原本是没有意义的,我们从小被灌输的所谓"人生意义"是有人趁我们年幼无知强加到我们头上的。

我们再来看第二点:意义是人自己赋予的。因为人生本没有意义,所以人就要赋予它意义。人是追求意义的动物,人无法忍受没有意义的人生。诗人说,人活着是需要理由的。如果找不到这个理由,就可能成为死的理由,所以材料里9岁的涛涛说:"活着没意思,还不如去死。"这个小孩真了不起,随口说说都能说出这么富有哲理的话。如果把他的话翻译成苏格拉底的语言就是"未经审视(省察)的人生是不值得过的",翻译成荷尔德林的诗句就是"人,诗意地栖居在大地上"。

现在我们知道,人生本没有意义,是人赋予它意义。下面我们来谈一个更重要的问题:"赋予生活以意义"的主语(主体)是谁?也就是说,谁来赋予生活以意义?赋予谁的生活以意义?答案是:自己赋予自己的生活以自己的意义。前面引用的三句名言都在强调是我们每个人、是你自己为人生确定意义。这儿有几点必须明确:

1. 你只能给自己的人生确定意义,你不能给别人的人生确定意义;
2. 你应该由自己来主宰自己的人生,而不应该让别人来干预和控制你的生活;
3. 各人给自己的人生确定的意义是不一样的。

如果我的人生意义是我自己确定的,那么我就不会觉得没意思。我希望自己成为一个什么样的人,我追求一个什么样的人生,是我自己愿意的,我选择,我喜欢,我高兴,我愿意,我怎么会觉得没意思呢?十二月党人的妻子放弃了贵族的身份,踏着沙皇特许的改嫁令,追随她们的丈夫来到西伯利亚,这是她们自己的选择,她们会觉得没意思吗?斯宾诺莎为了不妨碍自己的自由,拒绝大学教授的职位,而靠磨镜来维持生活,没有谁逼他这样做,他愿意,他高兴,他怎么会觉得没意思呢?还有大家熟悉的特蕾莎修女、史怀泽医生,以及学生作文中经常提到的归园田居的陶渊明、放浪形骸的阮步兵等。前者把自己的一生与贫困、疾病和死亡紧紧联系在一起,后者不求"上进",自甘"堕落",这些都是他们自己确定的人生道路。

一个大学快毕业的学生突然放弃学业,去做自己喜欢做的事,毕业证书也不要了,还是世界最知名的大学。一个中学生在毕业那一年的暑假里到非洲旅游,看到某地极端的贫困和饥饿,还有艾滋病肆虐,他决定留下来,为当地的人做一点力所能及的事情,而不顾国内最好大学的入学通知。这样的事情如果发生在中国,十个母亲要气疯九个,还有一个当场气死(我这样说很不厚道,向中国的母亲们深致歉意),而那个中学生的美国母亲说到自己的儿子则是充满了自豪感。

在一个贫困的山区,记者问一个辍学放羊的孩子,你为什么放羊?回答是挣钱,记者问挣钱干什么,回答是砌房,砌房干什么,娶媳妇,娶媳妇干什么,生孩子。"那么,生孩子干什么呢?"回答是"放羊"。(我得承认,举这个例子是很残酷的)这个小孩是不会觉得活着没意思的,相反,他觉得活着有奔头,从近期目标到长远打算,他已经把自己的人生规划好了,他只要沿着这个圆圈走下去就行。同样,我们可以问一个大城市的名牌中学的学生,你为什么刻苦学习——考好大学,找好工作,挣大钱,娶美女……美女也是要生孩子的,生孩子干什么?回答是,刻苦学习,考好大学。(我们比山区放羊的孩子高明多少,高贵多少)

既然我们的目标这么明确,前景如此美妙,怎么还觉得活着没意思呢?为什么今天会有这么多人觉得活着没意思呢?

我刚才讲到,如果我的人生意义是我自己确定的,那我怎么会觉得没意思呢?反过来说,如果我觉得活着没意思,那一定是我不能由自己来确定人生目标和追求,无法赋予自己的人生以意义。一个人不能自主地安排自己的生活,不能根据自己的兴趣爱好来选择自己的人生道路,不能做自己最感兴趣的事、最愿意做的事,不能按照自己的理解和需求赋予自己的人生以意义,那一定是非常悲哀的事情,还有什么意思可言呢？

今天这么多人觉得没意思，原因当然很多、很复杂，但最根本的原因，或者说最大的秘密正是：不能真正按照自己的意愿去做。

学习应该是很有意思的事情，人有天生的求知的欲望。从上面的材料来看，孩子说上学没意思，运动会、班队活动没意思，那肯定是没有考虑到学生的兴趣和需要，违背了他们的意愿，无视学生的潜力、创造性和个性的发挥和发展。如果工作不能发挥自己的潜能，不能实现自我价值，而是被动的、机械的、枯燥的、日复一日的重复劳动，这种劳动不能带给自己身心的满足和创造的愉悦，而仅仅是挣钱谋生的手段，上班怎么可能有意思？如果钱只是用来饲养自己的身体，满足自己的各种物质欲望，最后必然导致厌倦，钱本身并不能产生意义。

前面讲过，人是寻求意义的动物，人是寻求诗意的动物。只有在诗意的状态下，人才出场，才被照亮。当我们说生活毫无诗意时，我们事实上是对生活提出了诗意的要求。当我们感到活着没意思时，恰恰是诗意的渴求在压迫着我们——因为我们的本性是诗意的。

有人说，你讲得不对。大人拼命工作挣钱，小孩刻苦学习考好大学，这些都是他们自己的选择，是他们自己愿意干的事情，为什么他们还会觉得没意思呢？我想提醒大家思考：这些真的都是他们自己的选择吗？真的都是他们愿意干的事情吗？进一步讲，我们真的知道自己想要什么吗？我们知道自己真正想要的是什么吗？大多时候我们其实并不知道，我们只是好像知道，我们只是装着知道。今天，有多少人来得及反思自己的行为、反思自己的欲望和真正的内心需求呢？

我们还有三年时间，我们还有两年时间，我们还有一年时间，我们只有100天时间了，我们只剩下60天了，现在只有20多天了，据说这20天可以用来拼尽自己的一生。无处不在的压力逼着我们向前奔跑，据说还要领跑——别说你不知道，这可是每逢考试就会在各地上演的"先进文化"秀哦。

如今的我们,在这样一种背景下,还故作高深地想要活得有意思,你觉得这不是一个遥不可及的梦吗?

评点:

人活着有没有意思?这是个无聊的牢骚,也是每一个人都该深思的哲学命题。

文章首先确定了两个逻辑前提:一是人生本来没有意义,二是只有自己给自己的人生赋予意义,人生才是有意义的,换句话说,只有人生的选择是由我们自己做的,活着才是有意思的。有了这个前提,"活着没意思"的原因就很明朗了:一、在成长过程中,我们被灌输了许多"人生意义",这个"意义"并不是我们自己确立的,它与我们的生命存在冲突,"意义"的错乱将导致我们迷茫。二、生活并不由自己主宰,选择并非自主作出,我们只不过扮演了别人希望我们扮演的角色。角色的错位导致我们的失落。迷茫与失落导致了我们对人生的虚无感和无力感,于是就没有意思了。

现代人忙忙碌碌,东奔西走,追逐不停,要是有时间静下心来思考一下这些问题,或许人生就不会那么迷茫和失落了。

饥饿与尊严①

莫 言

我出生于山东省高密县一个偏僻落后的乡村。五岁的时候,正是中国历史上一段艰难的岁月。生活留给我最初的记忆是母亲坐在一棵白花盛开的梨树下,用一根洗衣用的紫红色棒槌,在一块白色的石头上捶打野菜的情景。那棒槌敲打野菜发出的声音,沉闷而潮湿,让我的心感到一阵阵地紧缩。

这是一个有声音、有颜色、有气味的画面,是我人生记忆的起点,也是我文学道路的起点。我用耳朵、鼻子、眼睛、身体来把握生活,感受事物。这种感受生活和记忆事物的方式,在某种程度上决定了我小说的面貌和特质。这个记忆的画面中更让我难以忘却的是,愁容满面的母亲,在辛苦地劳作时,嘴里竟然哼唱着一支小曲!当时,在我们这个人口众多的大家庭中,劳作最辛苦的是母亲,饥饿最严重的也是母亲。她一边捶打野菜一边哭泣才符合常理,但她不是哭泣而是歌唱,这一细节,直到今天,我也不能很好地理解它所包含的意义。

母亲一生中遭受的苦难,真是难以尽述。战争、饥饿、疾病,在那样的苦难中,是什么样的力量支撑她活下来,是什么样的力量使她在饥肠辘辘、疾病缠身时还能歌唱?我在母亲生前,一直想跟她谈谈这个问题,但每次我都感到没有资格向母亲提问。有一段时间,村子里连续有几个女人自杀,我莫名其妙地感到了一种巨大的恐惧。那时候

---

① 选自《2010中国年度杂文》(漓江出版社2011年版),《杂文选刊》选编,刘成信、王芳主编。

我们家正处于最艰难的时刻,父亲被人诬陷,家里存粮无多,母亲旧病复发,无钱医治。我总是担心母亲也走上自寻短见的绝路。每当我下工归来时,一进门就要大声呼喊,只有听到母亲的回答时,才感到心中一块石头落了地。有一次下工回来已是傍晚,母亲没有回答我的呼喊,我急忙跑到牛栏、磨坊、厕所里去寻找,都没有母亲的踪影。我感到最可怕的事情发生了,不由得大声哭起来。这时,母亲从外边走了进来,追问我为什么哭。我含糊其辞,母亲理解了我的意思,她对我说:"孩子,放心吧,阎王爷不叫我,我是不会去的!"

母亲的话虽然腔调不高,但使我陡然获得了一种安全感和对于未来的希望。这是一个母亲对她忧心忡忡的儿子做出的庄严承诺。活下去,无论多么艰难也要活下去!现在,尽管母亲已经被阎王爷叫去了,但母亲这句话里所包含着的面对苦难挣扎着活下去的勇气,将永远伴随着我,激励着我。

在那些饥饿的岁月里,我看到了许多因为饥饿而丧失了人格尊严的情景,譬如为了得到一块豆饼,一群孩子围着村里的粮食保管员学狗叫。保管员说:"谁学得最像,豆饼就赏赐给谁。"当年,我也是那些学狗叫的孩子中的一个。大家都学得很像。保管员便把那块豆饼远远地掷了出去,孩子们蜂拥而上争相抢夺。这情景被我父亲看在眼里。回家后,父亲和爷爷严厉地批评了我,爷爷对我说:"嘴巴就是一个过道,无论是山珍海味,还是草根树皮,吃到肚子里都是一样的,何必为了一块豆饼而学狗叫呢?人应该有骨气!"他们的话,当时并不能说服我,因为我知道山珍海味和草根树皮吃到肚子里并不一样!但我也感到了他们的话里有一种尊严,这是人的尊严,也是人的风度。人,不能像狗一样活着。

我的母亲教育我,人要忍受苦难,不屈不挠地活下去;我的父亲和爷爷又教育我人要有尊严地活着。他们的教育,尽管我当时并不能很好地理解,但也使我获得了一种面临重大事件时做出判断的价值标准。

饥饿的岁月使我体验和洞察了人性的复杂和单纯,使我认识到了人性的最低标准,使我看透了人本质的某些方面,许多年后,当我拿起笔来写作的时候,这些体验,成了我的宝贵资源,我的小说里之所以有那么多严酷现实的描写和对人性黑暗毫不留情的剖析,是与过去的生活经验密不可分的。当然,在揭示社会黑暗和剖析人性残忍时,我也没有忘记人性中高贵的有尊严的一面,因为我的父母、祖父母和许多像他们一样的人,为我树立了光辉的榜样。这些普通人身上的宝贵品质,是一个民族能够在苦难中不堕落的根本保障。

评点:

> 在苦难中活下去,有尊严地活下去。哪怕在最艰难最屈辱的时候,也要保持人的尊严,保持人的骨气。
>
> 这不是大道理,而是作家最初的人生体验和生命的记忆。唯其如此,他的作品才能焕发出人性的光辉和人道的尊严。
>
> 一个民族要在苦难中不灭绝,不堕落,就要有对生命的执着和对尊严的珍视。苦难不仅能够滋生罪恶,也能唤醒沉睡的民族。

上下身[1]

周作人

> 戈丹的三个贤人,
> 坐在碗里去漂洋去。
> 他们的碗倘若牢些,
> 我的故事也要长些。
> ——英国儿歌

人的肉体明明是一整个(虽然拿一把刀也可以把他切开来),背后从头颈到尾闾一条脊椎,前面从胸口到"丹田"一张肚皮,中间并无可以卸拆之处,而吾乡(别处的市民听了不必多心)的贤人必强分割之为上下身——大约是以肚脐为界。上下本是方向,没有什么不对,但他们在这里又应用了大义名分的大道理,于是上下变而为尊卑,邪正,净不净之分了:上身是体面绅士,下身是"该办的"下流社会。这种说法既合于圣教,那么当然是不会错的了,只是实行起来却有点为难。不必说要想拦腰的"关老爷一大刀"分个上下,就未免断送老命,固然断乎不可,即使在该办的范围内稍加割削,最端正的道学家也决不答应的。平常沐浴时候(幸而在贤人们这不很多),要备两条手巾两只盆两桶水,分洗两个阶级,稍一疏忽不是连上便是犯下,紊了尊卑之序,深于德化有妨,又或坐在高凳上打盹,跌了一个倒栽葱,更是本

---

[1] 选自《中国杂文大观(一)》(百花文艺出版社 1994 年版),张华等编。

末倒置,大非佳兆了。由我们愚人看来,这实在是无事自扰,一个身子站起睡倒或是翻个筋斗,总是一个身子,并不如猪肉可以有里脊五花肉等之分,定出贵贱不同的价值来。吾乡贤人之所为,虽曰合于圣道,其亦古代蛮风之遗留欤。

有些人把生活也分作片段,仅想选取其中的几节,将不中意的梢头弃去。这种办法可以称之曰抽刀断水,挥剑斩云。生活中大抵包含饮食、恋爱、生育、工作、老死这几样事情,但是联结在一起,不是可以随便选取一二的。有人希望长生不死,有人主张生存而禁欲,有人专为饮食而工作,有人又为工作而饮食,这都有点像想齐肚脐锯断,钉上一块底板,单把上半身保留起来。比较明白而过于正经的朋友则全盘承受而分别其等级,如走路是上等而睡觉是下等,吃饭是上等而饮酒喝茶是下等是也。我并不以为人可以终日睡觉或用酒代饭吃,然而我觉得睡觉或饮酒喝茶不是可以轻蔑的事,因为也是生活之一部分。百余年前日本有一个艺术家是精通茶道的,有一回去旅行,每到驿站必取出茶具,悠然的点起茶来自喝。有人规劝他说,行旅中何必如此,他答得好:"行旅中难道不是生活么。"这样想的人才真能尊重并享乐他的生活。沛德(W・Pater)曾说,我们生活的目的不是经验之果而是经验本身。正经的人们只把一件事当作正经生活,其余的如不是不得已的坏脾气也总是可有可无的附属物罢了:程度虽不同,这与吾乡贤人之单尊重上身(其实是,不必细说,正是相反),乃正属同一种类也。

戈丹(Gotham)地方的故事恐怕说来很长,这只是其中的一两节而已。

评点:

正经人总是爱将事物区分为三六九等,上下不能颠倒,否则便是本末倒置大非吉兆。实则生活本是一个整体,"我们生活的目的不是经验之果而是经验本身",每一件事情,每一样东西造就了我们的生活。单强调生活的某一部分而将其他都当作附属品甚至累赘,虽是"吾乡贤人"的观点,其实荒谬至极。

生命本是一个整体,生活也是一个整体,生生将其分割为物质与精神、形而上与形而下、肉体与灵魂、宗教与世俗等,如同抽刀断水,挥剑斩云,斩不断,理还乱。

生活的乐趣在于体悟,生命的价值在于享受。用心体悟生活的每一种滋味,用心享受生命的每一秒情怀。

我爱喝稀粥[①]

王　蒙

在我的祖籍河北省南皮县,和河北的其他许多地区一样,人们差不多顿顿饭都要喝稀粥。甚至在米饭炒菜之后,按道理是应该喝点汤的,我们河北人也常常是喝粥。

家乡人最常喝的是"黏粥",即玉米面或玉米子熬的糊糊。乡亲们称作这种粥为"馇(音 cha)",他们说"馇锅黏粥",而不说什么"熬一锅粥"。新下来的玉米,有时候加上红薯,饭后喝上两碗,一可以补足尚未完全充实饱满的胃,二可以提供进餐时需要摄入的水分(那时候我们进餐的时候可没有什么饮料啊——没有啤酒可乐,也没有冰水矿泉水),三可以替代水果甜食冰激凌,为一顿饭收收尾,做做总结,把嘴里的咸、腥、油腻、酸、辣(如果有的话)味去一去,为一顿饭打上个句号。

喝稀粥的时候一般总要就一点老腌萝卜之类的咸菜。咸菜与稀粥是互相提味、互相促进、相得益彰的,这一点无须多说。吃惯了这种搭配,即使吃白米粥、糯米粥、牛奶麦片粥、燕窝粥、海鲜粥,如我后来有幸吃过的那样,也常常不能忘情于老腌萝卜、云南大头菜或者四川榨菜;还有"天源酱园"、"六必居"、保定"春不老"的名牌特制酱菜,咸菜也是不断发展丰富提高的,常吃稀粥咸菜也罢,食者是完全用不着气馁的。

也有属于甜点性质的粥:赤豆汤,八宝莲子粥,板栗、杏仁、花生做

[①] 选自《最好的杂文大全集》(华文出版社 2010 年版),黎娜主编。

的羹食等。就不就咸菜,则无一定之规了。

粥喝得多、喝得久了,自然也就有了感情。粥好消化,一有病就想喝粥,特别是大米粥。新鲜的大米的香味似乎意味着一种疗养,一种悠闲,一种软弱中的平静,一种心平气和的对于恢复健康的期待和信心。新鲜的米粥的香味似乎意味着对于病弱的肠胃的抚慰和温存。干脆说,大米粥本身就传递着一种伤感的温馨,一种童年的回忆,一种对于人类的幼小和软弱的理解和同情,一种和平及与世无争的善良退让。大米粥还是一种药,能去瘟毒、补元气、舒肝养脾、安神止惊、防风败火、寡欲清心。大鱼大肉大虾大蛋糕大曲老窖都有令人起腻、令人吃勿消的时候,然而大米粥经得住考验而永存。

另一种最常喝的粥就是"黏粥"了。捧起大粗碗,"吸溜吸溜"吸吮着玉米面馇的稠稠糊糊、热热烫烫的黏粥,真有一种与大地同在、与庄稼汉同呼吸、与颗颗粮食相交融的踏实清明。玉米粥使人变得纯朴,变得实在,玉米粥甚至给人一种艰苦奋斗、先天下之忧而忧、后天下之乐而乐的乡土意识、忧患意识、安贫乐道随遇而安人不堪其忧我也不改其乐的意识。玉米粥会叫人想到贫穷困难,此话不假,笔者在三年困难时期就有过一天只喝两顿粥的经验,玉米粥拼命喝,喝得肚子里咣里咣当,喝得两眼发直。正因为如此,笔者才由衷欢呼十一届三中全会以来改革开放、繁荣经济、人民生活提高的有目共睹的伟大成绩。同时,玉米食品又是和营养学、现代化、生活选择的多样化联系在一起的。例如在那个一些小子认为月亮都要比中国的圆的美国,炸玉米片、崩玉米花都是深受欢迎的大众食品,少量的玉米糊糊也可以作为配菜与主菜一道上台盘,为西式大菜增色添香。近年来,国内的玉米方便改良食品也方兴未艾起来。呜呼,吾乡之玉米粥也,且莫以其廉价简陋而弃之,山重水复疑无路,柳暗花明又一村,它的生命力还远大着呢!

至于每年农历腊月初八北方农村普遍熬制的"腊八粥",窃以为那是粥中之王,是粥之集大成者。谚曰:"谁家的烟囱先冒烟,谁家的粮食堆成尖。"是故,到了腊八这一天,家家起五更熬腊八粥。腊八粥兼收并蓄,来者不拒,凡大米小米糯米黑米紫米黍米(又称黄米,似小米而粒略大、性黏者也)鸡头米薏仁米高粱米赤豆芸豆绿豆豇豆花生豆板栗核桃仁小枣大枣葡萄干瓜果脯杏仁莲子以及其他等,均融汇于一锅之中,熬制时已是满室的温暖芬芳,入口时则生天下粮食干果尽入吾粥,万物皆备于我之乐,喝下去舒舒服服、顺顺当当、饱饱满满,真能启发一点重农爱农思农之心。说下大天来,我们十多亿人口中的八九亿是在农村呀,忘了这一点可就是忘了本、忘了自己是老几喽。

闽粤膳食中有一批很高级的粥,内置肉糜、海鲜、皮蛋乃至燕窝鱼翅,食之生富贵感营养感多味感南国感,食之如接触一位戴满首饰的贵妇,心向往之赞之叹之而终不觉亲近。这大概反映了我土包子的那一面吧。

当然,不是说稀粥至上,随着生活水平的提高,眼界的开阔,我们的餐桌上理应增添许多新鲜的、富有营养的饮食,饮食习惯上的保守是不足取的。其实讲到吃东西我是很能接受新鲜事物包括各种东洋西洋土著乃至特异食品的。诸如日本之生鱼片、美国之生牛肉、法国之各色(包括发绿发黑发臭者)计可(乳酪)、俄罗斯之生鱼子、伊斯兰国家之各种羊肉羊脂、我国白族喜吃之生猪肝生猪皮以及生蚝生贝、桂皮味之冰激凌苹果派、各种冷饮热饮天然人工含酒精含咖啡因或不含这些玩意之液体食品,均在在下小小胃口的受用之列。这一点使我深觉自豪,这一点使我时而自吹自擂:鄙人口味,就是富有开放性兼容性嘛。我喜欢尝试新经验,包括吃喝,这样,活得不是更有滋味吗?对于身体健康不是更有利吗?

但是,我对稀粥咸菜似乎仍然有特殊的感情。当连续的宴请使肠胃不胜负担的时候,当过多的海鲜使我这个北方人嘴上长泡、身上起荨麻疹的时候,当一种特异的饮食失去了最初的刺激和吸引力、终于使我觉得吃不消的时候,当国外的访问生活使我的肠胃不得安宁的时候,我会向往稀粥咸菜,我会提出"喝碗粥吧"的申请,我会因看到榨菜丝、雪里蕻、酱苤蓝、闻到米粥香味而欢呼雀跃,因吃到了稀粥咸菜而熨帖平安。不论是什么山珍海味,不论是什么美酒佳肴,不论走到哪个地方,在不断尝试新经验,补充新营养的同时,我都不会忘记稀粥咸菜,我都不会忘记我的先人、我的过去、我的生活方式,以及那哺育我的山川大地和纯朴的人民。我相信我们都会吃得更美好、更丰富、更营养、更文明、更快乐。

评点:

> 这篇杂文寓言颇丰,难以一言论定。抒情者,思乡,怀旧,喜怒哀乐,情韵复杂;寓理者,从饮食到国家,小到乡土哲思,大到民族文化,都可按图索骥,见微知著。
>
> 可贵者,此文语言犀利泼辣,变化多端,酣畅淋漓,尽显作者驾驭文字之功力。雅俗结合,土样夹杂,今古穿插,长短兼备,韵散接龙,将汉语写作的魅力发挥到极致。还有"玉米粥甚至给人一种艰苦奋斗、先天下之忧而忧、后天下之乐而乐的乡土意识、忧患意识、安贫乐道随遇而安人不堪其忧我也不改其乐的意识"这种铺张浪费式的语言排列,明知作者炫"技",读者还是主动上钩,为之倾倒。因为这样的语言铺排恰好将"喝粥"的复杂感受给展示出来了。
>
> 不过,文章题为"我爱喝稀粥",可见作者本人第一要展示的,并非稀粥本身,而是那个喝粥的"我"。

慢下来[1]

朱铁志

我们正处在一个瞬息万变的世界。时代巨轮飞速运转,海量信息铺天盖地,社会发展一日千里,个人命运朝不保夕。所有的一切都在催逼你,杂乱的世相都在鼓励你:快一点,再快一点!要有敏感性、敏锐性!要和时间赛跑,和自己较劲!要超负荷运转,要更高、更快、更强!时不我待,只争朝夕!

于是,有速配的爱情,有闪电的婚姻,有快餐的文化,有浓缩的过程,有缩略的思想,有速成的主义,有预制的经典,有转瞬即逝的热闹,有流星似的明星,有不学无术的学者,有泡沫一般脆弱的股市,有气球一样轻飘的房市,有昨天颐指气使、今天银铛入狱的官员,有白天腰缠万贯、夜晚一贫如洗的商贾……万物皆变,万物皆流,让人眼花缭乱,目不暇接。

然而,飞速旋转的时代巨轮带给我们的究竟是什么?一路前行顾不上停下脚步欣赏一下身边美丽的风景究竟意味着什么?加速度下的高节奏、高效率,到底使我们更充实、更智慧、更安详,还是使我们更空虚、更愚蠢、更浮躁、更可笑?当我们把目光放在书页上的时候,是马上沉浸在阅读的平静和喜悦之中,还是立刻像通了电流一样,不由自主、不可遏制地一目十行?我们有多久没有享受静静的阅读带来的快慰,有多久没有体验深沉思考带来

---

[1] 选自《2010年中国杂文精选》(长江文艺出版社2011年版),向继东选编。

的充实?快!快!快!我们整天就在为身边所有的一切像风车一样快速地运转,像战士听到集结号跃出战壕一样冲出清晨的家门。启明星和北斗星是我们每天见到的朋友,永远处理不完的公务成为我们自然而然的功课。日子就这样一天又一天,一年又一年地过去了。年龄像老树一样一圈儿一圈儿地增加,头脑却像鹅卵石一样越来越平滑。这样的现实,使我们不得不稍微放慢脚步,开始冷静思考人生的"快"与"慢"。

其实,我们似乎并不总在享受争分夺秒的乐趣,并不总在为自己的高效率、高节奏而得意。多少人常常感慨:什么时候能够慢下来,不再为生计、为事业、为名利而奔忙就好了。什么时候能够像五柳先生那样"采菊东篱下,悠然见南山"就好了。每个人心中都有一份慢下来的渴望,都想在慢下来的过程中反躬自省、思考人生、享受生活。

据说近年来西方社会流行一种"慢生活"理念,仅在意大利就有30多个城市加入"慢城市"行列。车要开得慢,路要走得慢,书要读得慢,饭要吃得慢。不仅如此,还有"放慢时间协会"的志愿者手拿秒表热心地监督行人,如果谁不到半分钟走了50米,志愿者会善意地提醒他慢下来。笔者曾造访意大利,对那里人们生活的悠闲自在深有所感,一顿饭可以吃上半天,一杯咖啡可以喝上两个小时。中国人出趟国不容易,我心里盘算着在有限的时间里多看几个地方,而时间就这样慢慢悠悠地过去了。那里的朋友总是不解地问:"朱,你干吗总是背个相机像行军一样?"他们认为:"慢生活并不意味着懒惰,而是一种有益身心健康的生活方式,让人们找到平衡和乐趣。"

以《失乐园》而闻名的日本作家渡边淳一写过一本叫作《钝感力》的书。有感于后工业社会对人的生活、人的价值和尊严的挤压,渡边提出要与高速运转的现代社会保持一定的距离,适当放慢自认为很有意义的人生脚步,适当放弃所谓的"敏感性",而让自己"迟钝"一点,多一些"钝感力"。其实是认清浮华的世相,保持一份内心清醒的能力,是明确自己到底应该要什么、能要什么、怎么要的现实能力,一句话,是一种把握自我的自主能力。

我们身边有太多"机灵"而"敏感"的"聪明人"。他们什么都懂,对任何大人物都"熟极了",对所有官场变化都了如指掌,对每一次市场风云变幻都洞若观火。他们陶醉于自己的"明察秋毫",得意于自己的"卓尔不群"。每场热闹都有他们在场,每轮风光都有他们出彩。他们永远是繁华夜宴的主角,永远是社交沙龙的明星,永远是众星捧月的焦点。只有夜深人静回到自己的豪宅,面对老婆孩子的时候,他们才似乎发现自己是谁;只有光荣致仕以后,他们才明白自己是普通人一个;当年的风光,不过是伊索笔下"屋顶上山羊"的风光而已。

狂奔的时代快车,装载了多少徒有虚名的过客! 我们不得不放慢节奏看清自己,看清周遭那些模糊的面容。对于我这样一个愚钝的人而言,只有慢一点,再慢一点,或许才能做好一件事,读懂一本书,认清一个人。有人说"慢是一种哲学","是一种生活态度","有助于培养从容优雅的情致",说得真好。而我觉得,对于读书人来说,只有把工作、生活的节奏慢下来,头脑才能高速地运转起来,才能在"学"与"思"当中找到适当的平衡。古希腊人说"闲暇和财富是哲学思辨的前提",大概就是这个意思吧。

我是一个性格急躁,而阅读速度缓慢的人,常常为此感到苦恼。我很羡慕那些自称"花一个星期时间把黑格尔《小逻辑》研读一遍"的朋友,也很佩服用一个晚上读完一部长篇的才子。记得上大学的时候,张世英教授用一个学期时间带我们学习《小逻辑》,结果还是不敢说读懂了,至今为自己的愚钝感到惭愧。回头想来,能够真正在头脑中留下较深痕迹的书,恰恰是那些慢慢细读、反复揣摩的书。对我来说,泛读所获,十分有限。只有慢慢地精读,才能略有收获,这也是没有办法的事。

《最愚蠢的一代》作者,美国国家艺术基金会研究部主任马克·

鲍尔莱因教授痛心于如今的美国青年"有最好的机会和资源成为最聪明、最博学的一代,却没有善加利用"。他奉劝自己的学生适当远离电视机、远离电脑网络,不要成为"数字技术的奴隶"。他要求自己的学生通过背诵经典诗歌积累词汇、锻炼记忆、丰富想象、提升境界。他认为"需要有一些东西使学生们慢下来",在没有图像、没有视频、没有声频的安静世界里,通过自己的眼睛观察、用自己的头脑思维,靠自己的想象完成"二度创作"。只有这样,才能扩大内存、丰富想象、提升精神境界。否则,很可能自觉不自觉地湮灭在"技术进步带来的黑暗无知"之中。

鲍尔莱因的话朴实、真诚,在一些人看来可能不合时宜,但深得我心。

评点:

> 所谓"慢生活",是相对今日的"快节奏""高效率""多快好省""不能输在起跑线上""追赶比拼""速食品""快速消费""一次性"之类的生活理念和生活方式而言的。之所以这个时代越来越"快",是因为这个时代的人们越来越功利,越来越浮躁,越来越失去了对生活、对人生、对生命的品味与体悟的心境,也越来越失去了这种品味与体悟的能力。
>
> 问题是,这样的生活方式是使人类更充实、更智慧、更安详,还是使人类更空虚、更愚蠢、更浮躁?
>
> 慢生活并不意味着懒惰,而是一种有益身心健康的生活方式,让人们找到平衡、乐趣和幸福。这才是生活本身。

这个时代还需要神话吗[①]

迟子建

在浸会大学,一个午后,我去黄子平先生的课上班访。所谓班访,就是座谈。黄子平出了个讲题"好山好水好文章",我落座后对了一句"废水废气废都城",学生们笑起来。讲演之前,我对学生说,我高考时,作文写跑题了,因为我没有抓住中心思想,得了最低分,所以我接下来要讲的,可能也会背离主题。

果然,一开始,我就信马由缰地从童年所听到的神话讲起。我说,我生长的那个地方,是个小村子,非常寒冷,每年有多半年在飘雪。那时候不通电,没有电视,冬天黑得早,我们吃过饭,就搬着小板凳,围聚在火炉旁,借着炉火的光,一边喝茶一边讲故事。说故事的都是老人,他们讲的,大都是神话故事。什么年画中的姑娘每天从画中下来,为贫穷的小伙子做饭;什么赶考的秀才在夜晚的花园遇见花神,花神护佑秀才,使他中了状元;什么一对无儿无女的老人在种菜时,收获了一个大倭瓜,把它切开,里面竟然蹦出来一个活泼的男娃娃……这样的神话,使寒冬变得温暖,使黑暗变得光明。当然,也有恐怖的神话,比如借尸还魂、狐仙害人一类的,但结局总会蹦出一个孙悟空似的圣人,能够清除妖孽、惩恶扬善。可以说,我最早的文学启蒙,就是这些神话。

我由此谈到了自己的新长篇《额尔古纳河右岸》,我说其中的一

[①] 选自《中国当代杂文二百家》(下)(吉林人民出版社 2009 年版),刘成信等主编。

个情节,就是老人们讲给我的,他们说那是一个真实的故事。当地有个无儿无女的猎人,有一次进山打猎,忽然看见一只怀孕的狐狸。猎人很高兴,因为狐狸的皮毛很值钱。猎人举起枪,朝狐狸瞄准。然而未等他扣动扳机,狐狸却像人一样站直了,它抱着两只前爪,给猎人作个揖,叫着猎人的名字,说,某某某,我知道你好枪法!狐狸作揖已让猎人手软了,再加上它说的那句话,更是让他心惊胆战,猎人知道自己遇到了得道成仙的狐狸,连忙放下猎枪,跪下。狐狸转身朝密林深处去了,猎人回到家,把他的奇遇说给左邻右舍听,从此他放下猎枪,以种地为生了。猎人变成农夫后,日子过得很安闲,他一天天老了。终于有一天,他平静地过世了。在他的葬礼上,忽然来了一对如花似玉的姑娘,她们一身素白,为他吊孝。当地人都不认得她们。她们为农夫守灵,直到把他送到墓地。农夫入土后,那对女孩突然间无影无踪了。村里人这才反应过来,那对女孩,一定是当年猎人放过的有身孕的狐狸,她是带着她的孩子,为老人送终来了,以报答猎人当年的不杀之恩。

我从神话又讲到大自然,我觉得神话的诞生,离不开这样的"好山好水"。我的文学,我的世界观,与神话是分不开的。然而我刚讲完,一个女生就举手咄咄逼人地提问,说:"来自东北的女作家,你讲的也太夸张了吧,狐狸怎么能开口说话呢?再说了,现在是一个科学的时代,这些神话都是糊弄人的,有什么意义呢?"她很激愤,仿佛我是一个卖狗皮膏药的江湖骗子,愚弄了她。

我笑了笑,心平气和地对她说,看你的年龄,也就二十上下的样子。你生长在香港这样一个国际大都市,从小享受到的是丰富的物质生活。你眼中只有一个世界,这个世界是由摩天大楼、跨海铁路、高速公路、汽车、电脑、电话构成的,你们所受的教育,使你对科学无比信赖。你们没有可能听祖辈人讲故事,而书本的神话故事又不如时髦的流行读物更能吊起你们的胃口。你们这一代人,既没有听神话的环境,也没有接受神话的情怀了。所以,你们丧失了与另一个世界沟通的可能性。

我得感谢这位女生,她很坦率地讲出了她这一代人的心声。他们眼里的神话,也许是克隆人、无土栽培的植物、纳米技术产品、航天飞机、掌上电视。孟姜女哭倒长城,在他们眼里一定是荒谬的;宇航员没有发现月球有生命的迹象,那么他们一定认为嫦娥奔月的故事也是荒诞的。总之,所有的神话,在"科学"的手术刀下,都经不起解剖。可是,仅仅活在一个物质的世界里,人难道不就成了一块蛋白了吗?

全球化、城市化的进程,在渐渐消解神话;大自然的退化,也在剥夺神话产生的土壤,我不敢想象,再过一个世纪,有多少神话会就此失传?我们这个时代,难道真的不需要神话了吗?人类因为对万事万物有悲悯的情怀,所以才一路走到今天,我想如果有一天神话绝迹了,人类也就到了消亡的边缘。

也许我的一些话触动了那位女生,她再次提问:"你怎么让我们相信神话呢?"

我说,人生对你们来讲仅仅是开始,等你们将来年岁大了,想着自己的肉身会灰飞烟灭时,也许对神话就有认同感了。

在我眼里,能给生灵以关爱,给大自然以生机,给人以善良的神话,是万古长青的!

评点:

> 从庸俗的唯物论和机械论看这个世界,这是个物质的世界,这个世界不需要神话,只需要揭开一切神秘面纱的科学、无所不能的技术、事半功倍的工艺和没完没了的生产。

在物质世界之外,人还有一个精神世界。在那里,物质似乎并不具有秋风扫落叶的威力,倒是非实用的、非功利的甚至反功利的、想象的、虚构的甚至虚无的、漂浮不定捉摸不透的东西,有着不可替代的价值。正因为如此,神话才算是不会断种的。

从生命与精神的意义看,能给生灵以关爱,给大自然以生机,给人以善良的神话,是万古长青的。

幽默的境界①

余光中

据说秦始皇有一次想把他的范围扩大,大得东到函谷关,西到今天的凤翔和宝鸡。宫中的弄臣优旃说:"妙极了!多放些动物在里面吧。要是敌人从东边打过来,只要教麋鹿用角去抵抗,就够了。"秦始皇听了,就把这计划搁了下来。

这么看来,幽默实在是荒谬的解药。委婉的幽默,往往顺着荒谬的逻辑夸张下去,使人领悟荒谬的后果。优旃是这样,淳于髡、优孟是这样,包可华也是这样。西方有一句谚语,大意是说:解释是幽默的致命伤,正如幽默是浪漫的致命伤。虚张声势,故作姿态的浪漫,也是荒谬的一种。凡事过分不合情理,或是过分违背自然,都构成荒谬。荒谬的解药有二:第一是坦白指责,第二是委婉讽喻,幽默属于后者。什么时候该用前者,什么时候该用后者,要看施者的心情和受者的悟性。心情好,婉说;心情坏,直说。对聪明人,婉说,对笨人只有直说。用幽默感来评人的等级,有三等。第一等有幽默的天赋,能在荒谬里觑见幽默。第二等虽不能创造幽默,却多少能领略别人的幽默。第三等连领略也无能力。第一等是先知先觉,第二等是后知后觉,第三等是不知不觉。如果幽默感是磁性,第一等便是吸铁石,第二等是铁,第三等便是一块木头了。这么看来,秦始皇还勉强可以归入第二等,至少他领略了优旃的幽默感。

第三等人虽然没有幽默感,对于幽默仍然很有贡献,因为他们

---

① 选自《最好的杂文大全集》(华文出版社 2010 年版),黎娜主编。

虽然不能创造幽默,却能创造荒谬。这世界,如果没有妄人的荒谬表演,智者的幽默岂不失去依据?晋惠帝的一句"何不食肉糜?"惹中国人嗤笑了一千多年。晋惠帝的荒谬引发了我们的幽默感:妄人往往在不自知的情况下,牺牲自己,成全别人,成全别人的幽默。

虚妄往往是一种膨胀作用,相当于螳臂当车,蛇欲吞象。幽默则是一种反膨胀(deflationary)作用,好像一帖泻药,把一个胖子泻成一个瘦子那样。可是幽默并不等于尖刻,因为幽默针对的不是荒谬的人,而是荒谬本身。高度的幽默往往源自高度的严肃,不能和杀气、怨气混为一谈。不少人误认尖酸刻薄为幽默,事实上,刀光剑影中只有恨,并无幽默。幽默是一个心热手冷的开刀医生,他要杀的是病,不是病人。

把英文 humour 译成幽默,是神来之笔。幽默而太露骨太嚣张,就失去了"幽"和"默"。高度的幽默是一种讲究含蓄的艺术,暗示性愈强,艺术性也就愈高。不过暗示性强了,对于听者或读者的悟性,要求也自然增高。幽默也是一种天才,说幽默的人灵光一闪,绣口一开,听幽默的人反应也要敏捷,才能接个正着。这种场合,听者的悟性接近禅的"顿悟";高度的幽默里面,应该隐隐含有禅机一类的东西。如果说者语妙天下,听者一脸茫然,竟要说者加以解释或者再说一遍,岂不是天下最扫兴的事情?所以说,"解释是幽默的致命伤"。世界上有两种话必须一听就懂,因为它们不堪重复:第一是幽默的话,第二是恭维的话。最理想也是最过瘾的配合,是前述"幽默境界"的第二等人围听第一等人的幽默:说的人说得精彩,听的人也听得尽兴,双方都很满足。其他的配合,效果就大不相同。换了第一等人面对第三等人,一定形成冷场,且令说者懊悔自己"枉抛珍珠付群猪"。不然便是第二等人面对第一等人而竟想语娱四座,结果因为自己的"幽默境界"欠高,只赢得几张生硬的笑容。要是说者和听者都是第一等人呢?"顿悟"当然不成问题,只是语锋相对,机心竞起,很容易导致"幽默比赛"的紧张局面。万一自己舌翻谐趣,刚刚赢来一阵非常过瘾的笑声,忽然邻座的一语境界更高,利用你刚才效果的余势,飞腾直上,竟获得更加热烈的反应和更为由衷的赞叹,则留给你的,岂不是一种"第二名"的苦涩之感?

幽默,可以说是一个敏锐的心灵,在精神饱满生趣洋溢时的自然流露。这种境界好像行云流水,不能做假,也不能苦心经营,事先筹备。世界上有的是荒谬的事,虚妄的人;诙谐天成的心灵,自然左右逢源,取用不尽。幽默最忌的便是公式化,譬如说到丈夫便怕太太,说到教授便缺乏常识,提起官吏就一定要刮地皮。公式化的幽默很容易流入低级趣味,就像公式化的小说中那些人物一样,全是欠缺想象力和观察力的产品。何可歌有一个远房的姨夫,远房的姨夫有几则公式化的笑话,那几则笑话有一个忠实的听众,他的太太。丈夫几十年来翻来覆去说的,总是那几则笑话,包括李鸿章吐痰韩复榘训话等,可是太太每次听了,都像初听时那样好笑,令丈夫的发表欲得到充分的满足。夫妻两人显然都很健忘,也很快乐。

一个真正幽默的心灵,必定是富足、宽厚、开放,而且圆通的。反过来说,一个真正幽默的心灵,绝对不会固执成见,一味钻牛角尖,或是强词夺理,厉色疾言。幽默,恒在俯仰指顾之间,从从容容,潇潇洒洒,浑不自觉地完成:在一切艺术之中。幽默是距离宣传最远的一种。"舍我其谁"的英雄气概,和幽默是绝缘的。宁曳尾于涂中,不留骨于堂上;非梧桐之不止,岂腐鼠之必争?庄子的幽默是最清远最高洁的一种境界,和一般弄臣笑匠不能并提。真正幽默的心灵,绝不抱定一个角度去看人或看自己,他不但会幽默人,也会幽默自己,不但嘲笑人,也会释然自嘲,泰然自贬,甚至会在人我不分物我交融的忘我境界中,像钱默存所说的那样,欣然独笑。真具幽默感的高士,往往能损己娱人,参加别人来反躬自笑。创造幽默的人,竟能自备荒谬,岂不可爱?吴炳钟先生的语锋曾经伤人无数。有一次他对我表示,身后当嘱家人在自己的骨灰坛上刻"原谅我的骨灰"（Excuse my dust）一行小字,抱去所有朋友的面前谢罪。这是吴先生二十年前的狂想,不知道他现在还要不要那样做。这种狂想,虽然有资格列入《世说新语》的《任诞篇》,可是在幽默的境界上,比起那些扬言愿捐骨灰做肥料的利他主义信徒来,毕竟要高一些吧。

其他的东西往往有竞争性,至少幽默是"水流心不竞"的。幽默而要竞争,岂不令人啼笑皆非？幽默不是一门三学分的学问,不能力学,只可自通,所以"幽默专家"或"幽默博士"是荒谬的。幽默不堪公式化,更不堪职业化,所以笑匠是悲哀的。一心一意要逗人发笑,别人的娱乐成了自己的责任,那有多么紧张？自生自发无为而为的一点谐趣,竟像一座发电厂那样日夜供电,天机沦为人工,有多乏味？就算姿势升高,幽默而为大师,也未免太不够幽默了吧。文坛常有论争,唯"谐坛"不可论争。如果有一个"幽默协会",如果会员为了竞选"幽默理事"而打起架来,那将是世界上最大的荒唐,不,最大的幽默。

评点：

> 幽默是别样的情趣,也是生活的哲学。它不固执,不嚣张,不造作,给生活增添些许的温情,给人生添加些许的智慧。幽默之千姿百态,只因它全无固定的形态和方式,似水一般无形自通,既是化解尴尬的解药,亦是柔化冲突的良方。幽默,林语堂解释曰："凡善于幽默的人,其谐趣必愈幽隐。而善于鉴赏幽默的人,其欣赏尤在于内心静默的理会。"幽默是愈幽愈默而愈妙的,唯富足之心灵懂也,唯大千之世界赏也。

说不尽的狗[①]

——祝狗年凯旋

孙绍振

歌德曾作著名散文《说不尽的莎士比亚》，竟然引发我的灵感作《说不尽的狗》，事非亵渎，实出无奈。香港岭南大学翻译系的陈德鸿博士，请我为他们系作报告，我实在心怀惴惴，因为，在我看来，世界上的事除了中六合彩，翻译最难。不是难在字面上找到适当的对应，而是难在字面以外的文化意味，那几乎是不可言传，又很难完全意会的。比如说，英语中的 dog 粗看觉得很好翻：狗也。但是在英语中，狗是人类的朋友，骂人的意思是很少用的，"dog like"并不像汉语"狗一样的"难听，倒是有忠实于主人的意思。1990 年，我在西德看到有报道说他们前一年全国增加两万人口，就认为是一伟大成就，乃大肆庆祝。原因是他们那里的人口老有负增长的纪录。我和一个德国教授探讨，他讲了一大车子话，怪新一代的德国青壮年缺乏家庭责任感，根本懒得生孩子操劳。我反驳说，他们看来还是有责任感的。

我看到许多家庭都养着一条以上的狗，每天早上把狗屎盆和铺在上面的小石粒一起倒掉，晚上又带着狗去河边溜达。他们还挖空心思为狗选择贵族化的名校，训练它们做各种乖巧动作，并且还有考试成绩。我的房东西蒙夫妇的狗菲力克斯戴着颈圈皮带的考试成绩是二分（最高是一分），不戴皮带的也是二分，最后以优异成绩毕业，获得

[①] 选自《1995 年中国散文精选》（长江文艺出版社 1997 年版），中国作协创研部编。

贵族狗校文凭一张,不过封面上的照片不是狗的,而是西蒙先生的。西蒙太太很为菲力克斯的文凭而骄傲,把它和自己的结婚证书一起放在一只镶满珍珠的古董盒子中。我大为惊异,突然想起一个波恩大学法律系的中国女留学生告诉我的一句话:德国人养的狗比他们养的孩子还多。我脱口而出以后,深深为自己失言而脸红。然而西蒙太太不但没有怪嗔之情,反而颇为自豪地说,这就是德国人比美国人可爱的地方。后来我到了美国,也是到处是狗。我颇有雄心地想探究一下美国人养的狗是不是比他们的孩子更多,但查不到统计数字。雄心失落之后,跟着而来的是恶心,因为美国的狗更娇宠,你一进门,它就撞过来,对你显示那西方美人的热情,把柔软的然而脏得发黑的前爪伸给你握,完全是一派古典浪漫主义的诗人风范。有时还不以用冰凉的鼻子摩擦你的脸颊为满足,还要像契诃夫在《文学教师》中所写的一只狗那样,在你吃饭的时候把头搁在你的膝盖上,并且把它的馋涎毫无节制留在你特为做客而买的名牌西服裤上。最令人恼火的是你不能粗暴地一脚把它踢开。因为早有中国同事告诫过你做客讨好女主人最好的办法是夸奖她家的狗比她家的孩子更聪明。好不容易把饭吃完了,摆脱了狗的浪漫友情逃到沙发上喝咖啡,庆幸狗对我的热情大概已经表现过分,也许为了对女主人一碗水端平,乃去"猴"在女主人的大腿之上,女主人也乘势将它如婴儿、如情人搂在怀中,做包括亲吻在内的爱抚。我此时一身轻松,狗吐唾也好,狗腥味也好,反正是远观他人嗜痂,陡增自身爱洁之优越感。同时我又不无虚伪地称赞她家的狗很"热情"。没想到我小小的虚伪导致更大的虚伪。回家以后隐隐感觉自己身上有种可疑的狗腥气,虽把留有狗唾沫的裤子换了,仍然无效。仔细钻研之后,原来那天去做客时,我不幸穿的是毛衣,竟把朋友家沙发上许多狗毛沾带了回来。花了几个小时才把毛衣上的狗毛肃清。

　　由于我虚伪地称赞了朋友的狗,此家美国朋友,便真诚地来邀请我再去做客,我出于礼貌把先生太太让上我的沙发后,就感到恐怖,唯恐他们把狗毛留在沙发上,但又不得不做出虚伪的心花怒放的表情欣然应允,然后绞尽脑汁到临去前二天声称感冒,然而美国朋友说,可以开车来接我,我急中生智,即兴胡编说我侄儿的未婚妻与一新自印度来的女人同室,印度发生可怕鼠疫,得赶紧帮她去检查消毒。自此以后看见那美国朋友就更虚伪地微笑,不过比较费劲就是了。

在虚伪被时间淡化以后,就不免狐疑起来,为什么爱洁成癖的德国、美国漂亮女人抱着狗亲吻而不觉其脏,而我这个为柏杨先生斥为"脏乱酱缸"中"丑陋的中国人"竟然天生拥有一种身如菩提,心如明镜的洁净感?

细想起来,这可能是出于一种汉民族的集体无意识的历史积累。狗在汉语的原始意味中就包括卑贱的意思。用不着什么形容,只要说"你这条狗"就是很带侮辱性的。至于说"狗东西""狗家伙""狗儿子",那就更狠毒了。在汉人潜意识里,不管什么东西,只要跟狗一发生联系就坏了,至少是贬值了。比如说你的脸长得慈眉善眼的,头部像神佛一样,可是一旦和狗有一点点相似,就叫作"神头狗面"的,那就很叫人自卑的了,比獐头鼠目还低一等,汉人不知为什么那么恨狗,有时恨得很专横,只要是不赞成的,加上个"狗"就能把香的搞臭:"狗主意""狗德行"。有时则恨到狗的每一个部分,从头到脚:狗头军师、狗腿子;从眼到嘴:狗眼看人、狗嘴里吐不出象牙;从脑到肺:狗头狗脑、狼心狗肺。中国古代解剖学并不发达,但在诅咒狗方面却是大放异彩。庖丁解牛,世称绝技。解狗骂人,没有一个不是天才,把狗的每一个零件都拿来骂人。连狗尾也逃不过,叫作狗尾续貂。同为家畜,牛的名誉就好多了,"牛脾气"说的是憨直,"狗脾气"说的是蠢劣。狗咬人,当然是该谴责的,叫作"狗咬吕洞宾"。但为什么老天注定狗咬的一定是吕洞宾呢,明明有许多警犬咬的不都是贩毒分子、车匪路霸吗?就算你一个个都是翩翩风度的吕洞宾吧,但是吕洞宾也不见得是什么好东西,他的拿手好戏是"性骚扰":有"三戏白牡丹"为证。退一万步说,这不算性骚扰,白牡丹是和他自由而公开地恋爱,那对狗也不公平,马咬吕洞宾、蛇咬吕洞宾、狼咬吕洞宾,不也是妨碍自由恋爱,难道就应该发给诺贝尔奖吗?

　　善良的汉人对狗实在成见太深,而且毫无道理,完全忘了孔夫子的"忠恕"之道,就算是狗有圣经上所强调的"原罪",也该允许救赎吧,不,偏偏有一句话说,"狗性不改",这还算是文雅的,还有一句粗俗的叫作"狗改不了吃屎"。哪怕狗抓了兔子,立了大功,其结果还是被放在锅里煮,叫作"狡兔死,走狗烹",据第一个说出此话的人说这是规律,那就是:活该! 一旦碰巧,狗发了财,中了六合彩之后,没人赞它走了红运,而骂走了狗运。至于狗倒了霉被有钱的主人家赶出了门,就被嘲笑为"丧家的乏走狗",弄到走投无路落了水够惨的了,该可怜它一下了吧,但是还不能饶恕,对于落水狗不能手软,要打,而且要痛打。

　　这实在是中国的特殊国情,要是在欧美看到湿淋淋的发抖的可怜的狗,不把它抱起来亲了吻送到"动物流浪中心"去,不但是要受到道德的谴责,而且可能要受到动物保护法官的追查。

　　不要说狗,就是对被钓起来的鱼,如果有什么中国人在德国开饭馆像在台湾、上海那样去活活刮鳞,慢慢破肚,以至于放在油锅里还会跳,那是非被动物保护主义者把你房子烧了不可的。德国的法令规定,凡钓到的鱼只许一锤子打死再杀,不许仿效《水浒传》中阳谷县太爷处死以潘金莲、西门庆拉皮条的王婆那样,用凌迟法,亦即一片肉、一片肉地割到你死。

　　话虽如此,汉人对孔夫子的"中庸"之道还是虔诚的。因而对于狗也不那么绝对化地恶绝深痛,也许在汉语语义形成初期,狗不但和鸡鸭,而且和龙马都是平等的,很受宠爱的,它和龙同属十二生肖之一,即为雄辩的证据。全中国十二亿人口,平均有一亿是属狗的。有多少属狗的当了大官、发了大财！有多少属狗的为国捐躯、为民请命！有多少属狗的是慈善家！1994年为狗年,这一年,有一千多万中国孩子中将要出现许多巾帼和非巾帼英雄这是谁也不敢怀疑的。正因为这样,不走极端的汉人,有时对狗比西方人更宠爱。比如把自己的孩子叫作"阿狗"之类,存心超英赶美。你把狗当朋友,我却把它当骨肉。最为突出的是张贤亮《男人的一半是女人》中的一个看守所长,他对一切所喜爱的令他高兴的人都称为"狗儿子",连他自己的孙子也不例外。这一点很令我惊异,但这种惊异也并不太持久,因为我后来想起自己也曾把自己视若命根子的唯一的女儿叫作"小狗",有时还叫作"小笨狗"以示特别亲热。这样一叫就是六年,直到第七年,我女儿突然反抗曰:"我是小狗,你是什么？"我这才如五雷轰顶,由此想到自己身为教授,而且钻研过因果律,居然不知道自己犯了差不多两千天的逻辑错误,也就是说骂了自己两千天,而且骂得乐滋滋的。由此我也体会到一点自己骂自己骂得有点如痴如醉,如同白痴,才有人伦之乐,一旦清醒了,因果律明确了,就只能像《水浒传》英雄初吃蒙汗药那样:"心中暗暗叫苦。"

话回到本题上来,光翻译一个"狗"字就足以折腾掉我半条命,还敢谈什么比较文化。钱锺书先生曾有天真烂漫之名言:戈培尔博士说,谁要在我面前讲文化,我就拔出手枪来。钱先生说,我要说,许多人连中国语言、西方文字都没有弄清楚,就要说什么比较文学,对这种人,我也要拿出枪来。在场的杨绛女士顺手拿了一把裁纸刀给他说:没有枪,用这个也凑合。

当陈德鸿博士请我去讲比较文学时,我立刻想到钱先生的名言,本想带刀去会场自杀的,但是转而一想,我这么一死,就没有人在这个世界上大讲翻译文学比较文化之难了。

于是我决定,还是活着,不过把风度要弄得比较悲壮一点,既不能装痞子,也不能像某些一捞几十万金的歌星那样玩深沉。

评点：

在不同的文化语境中，狗有不同的情感色彩和文化内涵。狗在中国人日常语言和生活中的卑贱地位与在西方人心目中的尊贵地位，形成强烈的反差，这种巨大的反差经过作者机智的幽默和雍容的调侃，具有了一种诙谐的情趣。作者对写作有独特的理解，主张审美的同时还要"审智"，本文既显示了作者的情趣才情，又在不经意间展示了作者的博学与卓识。

教养的证据[1]

毕淑敏

教养是个高频词。时下，如果说某人没教养，就是大批评大贬义了。如果说一个女人没教养，简直就如同说她是三陪小姐了。

什么叫教养呢？辞典上说是"文化和品德的修养"，但我更愿意理解为"因教育而养成的优良品质和习惯"。

一个人可以受过教育，但他依然是没有教养的。就像一个人可以不停地吃东西，但他的肠胃不吸收，竹篮打水一场空，还是骨瘦如柴。不过这话似乎不能反过来说——一个人没有受过系统的教育，他却能够很有教养。

教养不是天生的。一个小孩子如果没有人教给他良好的习惯和有关的知识，他必定是愚昧和粗浅的。当然，这个"教"是广义的，除了指入学经师，也包括家长的言传身教和环境的耳濡目染。

教养和财富一样，是需要证据的。你说你有钱不成，得拿出一个资产证明。教养的证据不是你读过多少书，家庭背景如何显赫，也不是你通晓多少礼节规范，能够熟练使用刀叉会穿晚礼服……这些仅仅是一些表面的气泡，最关键的证据可能有如下若干。

热爱大自然。把它列为有教养的证据之首，是因为一个不懂得敬畏大自然，不知道人类渺小的人，必是井底之蛙，与教养谬之千里。这也许怪不得他，因为如果不经教育，一个人是很难自发地懂得宇宙之

---

[1] 选自《中华散文精粹：当代卷》（作家出版社2006年版），冯骥才主编。

大和人类的微薄的。没有相应的自然科学知识,人除了显得蒙昧和狭隘以外,注定也是盲目傲慢的。之所以从小就教育孩子要爱护花草,正是这种伟大感悟的最基本的训练。若是看到一个成人野蛮地攀折林木,通常人们就会毫不迟疑地评判道——这个人太没有教养了。可见教养和绿色是紧密地联系在一起。懂得与自然协调地相处,懂得爱护无言的植物的人,推而广之,他多半也可能会爱惜更多的动物,爱护自己的同类。

一个有教养的人,应该能够自如地运用公共的语言,表达自己的内心和同他人交流,并能妥帖地付诸文字。我所说的公共语言,是指大家——从普通民众到知识分子都能理解的清洁和明亮的语言,而不是某种狭窄的土语俚语或者某特定情境下的专业语言。这个要求并非画蛇添足,在这个千帆竞发的时代,太多的人,只会说他那个行业的内部语言,只会说机器仪器能听懂的语言,却不懂得和人亲密地交流。这不是一个批评,而是一个事实。和人的交流的掌握,特别是和陌生人的沟通,通常不是自发产生的,是要通过学习和练习来获得的。一个没有受过教育的人,他所掌握的词汇是有限和贫乏的,除了描绘自己的生理感受,比如饿了、渴了、睡觉以及生殖的欲望之外,他们对于自己的内心感知甚为模糊,因为那些描述内心感受的词汇,通常是抽象和长于比兴的。不通过学习,难以明确恰当地将它表达出来。那些虽然拥有一技之长,但无法精彩地运用公共语言这种神圣的媒介来沟通和解读自我心灵的人,难以算是一个有教养的人。技术是用来谋生的,而仅仅具有谋生的本领是不够的,就像豺狼也会自发地猎取食物一样,那是近乎无须教育也可掌握的本能。而人,毫无疑问地应比豺狼更高一等。

一个有教养的人,对历史有恰如其分的了解,知道生而为人,我们走过了怎样曲折的道路。当然,教养并不能使每个人都像历史学家那样博古通今,但是教养却能使一个有思考爱好的人,知晓我们是从哪里来,要到哪里去。教养通过历史,使我们不单活在此时此刻,也活在从前和以后,如同生活在一条奔腾的大河里,知道泉眼和海洋的方向。

一个有教养的人,除了眼前的事物和得失以外,他还会不由自主地想到他远大的目标。教养把人的注意力拓展了,变得宏大和光明。每一个个体都有沉没在黑暗峡谷的时刻,当你跋涉和攀缘中,虽然伤痕累累,因为你具有的教养,确知时间是流动的,明了暂时与永久。相信在遥远的地方,定有峡谷的出口,那里有瀑布在轰鸣。

一个有教养的人,特别是女人,对自己的身体,有着亲切的了解和珍惜之情。知道它们各自独有的清晰的名称,明了它们是精致和洁净的,身体的每一部分都有着不可替代的功能,并无高低贵贱的区别。他知道自己的快乐和满足,有很大的一部分是建筑在这些功能灵敏的感知上和健全的完整上的。他也毫无疑义地知道,他的大脑是他的身体的主宰。他不会任由他的器官牵制他的所作所为,他是清醒和有驾驭力的。他在尊重自己身体的同时,也尊重他人的身体。在尊重自我的权利的同时,也尊重他人的权利。在驰骋自我意志的骏马时,也精心维护着他人的茵茵草地。

一个有教养的人,对人类种种优秀的品质,比如忠诚、勇敢、信任、勤勉、互助、舍己救人、临危不惧、吃苦耐劳、坚贞不屈……充满敬重敬畏敬仰之心。不一定每一个人都能够身体力行,但他们懂得爱戴和歌颂。人不是不可以怯懦和懒惰,但他不能把这些陋习伪装成高风亮节,不能由于自己做不到高尚,就诋毁所有做到了这些的人是伪善。你可以跪在泥里,但你不可以把污泥抹上整个世界的胸膛,并因此煞有介事地说到处都是污垢。

有教养的人知道害怕,知道害怕是件有意义有价值的事情。它表示明了自己的限制,知道世上有一些不可逾越的界限。知道世界上有阳光,阳光下有正义的惩罚。由于害怕正义的惩罚,因而约束自我,是意志力坚强的一种体现。

有教养的人知道仰视高山和宇宙,知道仰视那些伟大的发现和人格,知道对于自己无法企及的高度表达尊重,而不是糊涂地闭上眼睛或是居心叵测地嘲讽。

教养是不可一蹴而就的。教养是细水长流的。教养是可以遗失也可以捡拾起来的。教养也具有某种坚定的流传和既定的轨道性。教养是一些习惯的总和,在某种程度上,教养不是活在我们的皮肤上,是繁衍在我们的骨髓里。教养和遗传几乎是不相关的,是后天和社会的产物。教养必须要有酵母,在潜移默化和条件反射的共同烘烤下,假以足够的时日,才能自然而然地散发出香气。教养是衡量一个民族整体素质的一张X片子。脸面上可以依靠化妆繁花似锦,但只有内在的健硕,才经得起冲刷和考验,才是力量的象征。

评点:

教养的获得,并非只有教育一途,但教育显然是现代人获得教养的主要途径。

若教育只能催生受教育者更大的功利心、野心和征服欲,或者仅仅让受教育者获得一些认识世界的知识与获取体面生活的技能,而不能改善受教育者的个性、气质与精神面貌,使之成为一个有教养的人,这教育便是残缺的,甚至是畸形的。

与古典教育相比,现代教育更热衷于技能的训练与知识的扩张,相对忽视对学生心性的化育与精神的熏陶,工具主义与技术主义盛行,这使得教育的人文性不断丧失,而工具性过度膨胀。于此,敬畏自然的圣洁之心,优雅的语言表达,绅士的礼仪,宠辱不惊的坦荡和进退有据的雍容……这些美德正在成为传说中的风花雪月。

教育的功能需要重新考量。

巴黎墓地书[①]

熊培云

许多东方人无法理解,在巴黎这样世界独一无二的大都会竟然会有拉雪兹神父、蒙巴那斯和蒙马特等大型公墓,让死人挤占活人的地盘,让"寸土寸金"的生意经变成不识时务的陈词滥调。然而,每当我路过那些墓园,想起那里依然屹立着甚至几百年前的坟墓,栖息着无数我对其生平或许一无所知的思想巨子与市井凡人的时候,我的脑子里便有了一个奇怪的念头:今日巴黎之伟大就在于它不但让活着的人有安全感,可以诗意地栖居、自由无拘地写作,而且它还让死去的人有安全感。以我在巴黎的有限经历及感悟,很难想象有朝一日巴黎人会为了改天换地的理想,将这些墓园捣毁或远迁郊外有风有水却没有人的地方。

有人将公墓比作"虚无的夜总会",但是那些与巴黎结下不解之缘的人更愿意拿墓地与书相提并论。三百多年前,索梅兹便在他的《女雅士大词典》(1660年版)里把书摊比作生者与死者相遇的公墓;波纳德同样把图书馆比作人类精神与思想的公共墓地,那里栖息着无数我们无法唤醒的逝者。待法国大革命这一页翻过去一个多世纪之后,同是作家的马尔罗更进一步。在他笔下,真正具有人道主义精神的人,没有时间去闹革命,他们的一生都在忙于修建图书馆或者公墓。

巴黎的公墓像是一座座微缩的建筑艺术博物馆。在这里,没有地狱,没有天堂,甚至没有死亡。当你在墓地里徜徉,就像走在一座安静

[①] 选自《思想国》(新星出版社2012年版),熊培云著。

的尘世之城里。它全然不像中国鬼魂缠绕的坟岗,灵火飘荡,骷髅出没,让害怕鬼打墙的人们纷纷敬而远之。对于这些活人而言,似乎除了自己的所谓祖宗,其他逝者都是孤魂野鬼。中国丧葬多排场,号哭棺材时的行为艺术,却很少有文化观念上的温暖与创造。

巴黎不只是一座城市,它让我时常想起那些偎依着祖坟的村庄。不同的是,居住在巴黎的人们从不畏惧"与鬼为邻"。在蒙巴那斯公墓,法国发明家查理·皮永一家的墓是一张名副其实的墓床,在岁月雨水的侵蚀之下虽然早已泛满铜绿,却经年不改地为过往行人展示往日的尘世。就这样日复一日,陷入沉思的皮永半身斜卧手持纸笔,靠在尚未入睡的妻子身边。他们的墓床紧靠着公墓的外墙,与一幢居民楼正好连在一起,让你觉得这是邻居家的露天卧室。

记得在一个阳光明媚的午后,我独自徘徊在拉雪兹神父公墓里寻找圣西门与肖邦最后的安身之所,忽然听到墓园外面的居民楼里有人朝我大喊,一位中年人手握吉他正站在自家的阳台上轻轻弹唱——希望我能与他分享欢乐。也许是他今天人逢喜事,也许是因为他的住宅守着这片共和国一般壮丽的墓园——这里栖息着巴黎人、外省人以及外国人。他们包括旧时的王公贵族、平民百姓,德拉克瓦西、拉封丹、巴尔扎克、都德、普鲁斯特、被拿破仑家族刺杀的记者以及刚刚逝去不久的思想家布迪厄。

在拉雪兹公墓,诗人阿波利奈尔的墓是一块棱角嶙峋的长条大理石,墓台上面镌刻着一首诗,其中一句是"我将含笑而死"。一年四季都有人为他送来鲜花。巴黎蒙巴那斯周围,由于聚集了更多的电影人与画家,墓地因此更富有想象力。有一位名叫 Jean Jacques 的墓主,他的墓地既没有竖立的墓碑,也没有关于他的任何生平介绍,然而它出类拔萃。一位设计师好友用金属箔片与铁丝在墓石上支起了一只巨大的飞鸟。墓台上端端正正地写着"致我的朋友让·雅克,一只飞逝太早的鸟儿"(A mon ami Jean-Jacques un oiseau qui s'est envolé trop tôt)。此时,关于逝者的献词与伤感都化作了一座令人回味无穷的城市雕塑。

拉丁区是巴黎的精华,巴黎是世界的拉丁区。巴黎人不仅在生活中爱书,给所有爱好读书与写作的人以自由,几大墓园里"书墓"同样随处可见。比如在拉雪兹神父公墓,我曾无意中撞见一位社会学家的墓,它是一本打开了的书。墓主马德·多日(Mattei Dogan)教授今年已经85岁高龄。我曾冒昧地与他通了一次电话,电话那头多甘先生神闲气定,他说这墓是七八年前请人修建的,目的是想提前知道自己将来栖身拉雪兹公墓里时是什么样子。由于多甘的墓穴紧靠着作家巴尔扎克,以致我在写作此文时眼前总有一种挥之不去的幻觉。我仿佛看见寂寞的老巴尔扎克坐在墓地的阳光下发出意味深长的叹息:邻家的房屋空置多年,怎么一直没人来住呢?恍惚之中,我似乎又听见了多甘先生的回答:墓里墓外幸福安康,我何必着那份急呢!

或许,人的高贵就在于他能够像修建墓穴一样安排自己的一生。对于一个思想者而言,文字就是他的墓穴。多甘先生想死后躺在一本书底下,就像他生前选择做一辈子社会学家。然而,人生的不幸是,不安定的社会、没有保障的自由、突如其来的灾祸会使你的计划全部落空。

2004年的最后一天,我独自坐在蒙巴那斯墓园的长凳上。在我的身后,栖息着萨特和西蒙·波伏娃,淡淡的墓石之上摆满了游客送来的鲜花。萨特曾在《词语》一书中感慨自己逃离纷纷扰扰的尘世,欣慰自己终于逃进了书里——"我在书里结束我的生命,也在书里开始我的生命"。这句话让我一直无比感动。此刻,如果在我的膝上有一本摊开的书,对我来说一定是件幸福的事。

那天,我在墓园里静静地待到了天黑。我在想,没带书又有什么可以遗憾的呢?有些书并不是放在膝上捧在手里的,它既存在于我们的内心,也飘摇在我们脚下。巴黎不就是这样一本打开的书吗？它让你无时无刻不想着赤脚诚心地阅读。即使是在这方寂寞的墓园里,你也能闻到朗朗的书香,而决没有人拿着锄头与火把将你心中的书砸烂或者烧掉。

亲爱的,当你知道我为这座城市眷恋到心痛、时常为之潸然泪下的时候,你是否读懂我在心底破冰而出的欣悦与呼喊——在这短暂的一生中,如果不曾爱上巴黎,我的世界将是怎样黯淡无光！而我在心底仍有无限盼望:什么时候,当我路过东方的城市与墓地,没有一点阴森与恐惧;生者与死者,墓里墓外,阳光可以温暖我们的身骨？

2005 年 3 月

评点:

关于死亡,国人一向避讳。所谓"未知生,焉知死",将死亡问题推给"未知",一推了之。这使得我们不愿意谈论死亡,也不愿意直面死亡。这与法国人的生命态度迥然不同。

文章写巴黎的墓地。巴黎的墓地没有凄凉冷清和恐怖阴森的氛围,倒是充满了阳光、哲学和诗意。每一尊雕像、每一块墓碑、每一句墓志铭,都在诉说着死者的人生,让人驻足倾听灵魂的回声。法国人将死亡看作生命的一部分,看作生活的一部分,将生与死的距离拉得那么近,让人觉得温暖。

有一种生活方式叫向死而生,或许只有深刻地理解了死亡,我们才能诗意地活着。

"扬钗抑黛"的人是怎么想的[①]

邹世奇

据说,民国时期一群文人聚在一起谈《红楼梦》,假设可以求做妻子,各人从十二钗正册中挑选一位,结果有两位女子落选,一位是王熙凤,一位是林黛玉。大家一致觉得:对于前者是"惹不起",对于后者是"配不起"。注意,令他们觉得配不起的只有黛玉,没有宝钗。

宝钗的美,是鲜艳妩媚。黛玉的美,是风流婀娜。单从字面意思看,品位高下已分。鲜艳妩媚是皮相,风流婀娜是气韵。人世间万艳千红、鲜艳妩媚者何其多也,文采风流、飘逸婀娜则已近于仙。其实宝钗也是品位奇高的女子,她有着可与黛玉相颉颃的文学才华,通哲学、懂绘画,学问甚至更胜黛玉一筹;她有着很高的审美境界,崇尚的是少即是多、大象无形、淡极始知花更艳,可见绝非凡俗脂粉可比。黛玉能与她"金兰契互剖金兰语"是有精神基础的,她俩在许多方面足以惺惺相惜。当然了,曹公的安排,差一点的女子怎么配做黛玉的对手。

这两人的分野在于价值取向:一个是深味人生的大悲哀、任情率性的诗人。黛玉写了那么多悲叹年岁不永、芳华刹那的诗:"侬今葬花人笑痴,他年葬侬知是谁。一朝春尽红颜老,花落人亡两不知。""一声杜宇春归尽,寂寞帘栊空月痕。""助秋风雨来何速,惊破秋窗秋梦绿。"……她的灵魂里有与生俱来的草木香气,最能从自然节序中感知命运的无常、生命的脆弱。鲁迅说:"悲凉之雾,遍被华林,然呼吸而领会之者,唯宝玉而已。"明明还有宝玉的知己黛玉啊,有她的诗

[①] 选自《文汇报》(2017年1月24日)。

为证。另一个是随分从时、正能量满满的入世者。"珍重芳姿昼掩门""不语婷婷日又昏""好风凭借力,送我上青云"。若不是命运的安排莫测,令宝钗生于末世,而是,比如生在当代,宝钗会是一个可怕的职场对手,因为她目标、动力、技术都到位,智商、情商、颜值全在线,七百二十度无死角。从这个角度讲,黛玉的优秀在于性灵层面,宝钗的优秀在于现实层面,这样的两个人在现实中相遇,世俗的胜负已没有悬念。

其实宝钗的强项,黛玉未必学不来。处世圆滑的人用的手法,拆开了看都并不高深。比如宝钗在自己的生日宴上专点甜烂之食、热闹戏文以迎合贾母;比如分送薛蟠带来的土仪时面面俱到,不落下任何人,包括赵姨娘这样的角色。这些普通人都不难想到,只要能放下身段、长期坚持去做,便能成就大方、懂事的好人设。黛玉是如此聪慧的人:凤姐赚了尤二姐进大观园,在人前极力表演贤淑,园中人大都被迷惑,唯有"宝黛一干人暗为二姐担心"。对于荣府的经济状况,黛玉这样对宝玉说:"我虽不管事,心里每常闲了,替你们一算计,出的多进的少,如今若不省俭,必致后手不接。"这样一颗七窍玲珑心,你能说宝钗那些心机她看不到、想不到? 非不能也,乃不为也。大观园里有两个最伶牙俐齿、诙谐有趣的人,一个是凤姐,另一个就是黛玉。潇湘子雅谑补余香,是连宝钗都要称赞的。黛玉有忧郁善感的一面,也有轻俏明媚的一面。幽默是智慧的闪光,颦儿那些雅谑,正是在不经意间闪烁的小而晶莹的性灵之光,她才是水晶心肝玻璃人。只要她愿意,她随意挥洒便是红楼诸芳中最夺目的那一个。这样的她怎会不通世故? 她只是禀性高洁、不屑迎合。

黛玉的好处,宝钗是确乎学不来。看黛玉与宝玉的二人世界,讲故事、说笑话、吃醋、吵架、赌气、赔不是、和好、葬花、读禁书……何等温馨旖旎、活色生香。再看宝钗呢,快人快语的晴雯说宝姑娘"有事没事跑了来坐着,叫我们三更半夜的不得睡觉",可见她去怡红院的次数多、单次时间长。宝钗与宝玉单独相处时什么样,除了在午睡的宝玉床前绣鸳鸯那次之外,曹公并没有正面着墨,让读者有推想的空间。第二十二回,宝玉自以为了悟,填了一支偈子,宝钗见了,便大大科普了一番六祖慧能的典故,令宝玉赞她博学。这便是宝钗:端庄,娴雅,完美得有些枯燥。而同样面对偈子事件,黛玉笑问:"宝玉,我问你:至贵者宝,至坚者玉,尔有何贵,尔有何坚?"举重若轻,机锋而俏皮。多么纯粹的女孩子,多么灵气四溢的恋人!两相对比,高下立判。对宝玉来说,即使抛开人生观之类大题目,仅就性灵可爱而言,只要黛玉曾出现过,宝钗去怡红院串门再多也没有用。

这世间最珍贵、天然的东西,第一眼看上去往往是不甚完美的。黛玉这样的女子,不懂她的只看见她"小性儿、行动爱恼人",殊不知那只是爱情中少女的敏感、紧张,是清净女儿未受污染的率真天性。在处世上,可能也因此在婚姻上,黛玉固然是输给了宝钗,但是在爱情世界里,黛玉却赢得永恒彻底。输是因为意不在此,赢是因为她与宝玉的灵魂是一样的,他们是灵魂伴侣。其实所谓输赢也只是俗人心中的藩篱,黛玉则只是一任她的生命自然地展开。

曹公赋予黛玉诗性的灵魂,她整个人就是一首诗:她是绛珠仙子下凡,"前身本是瑶台种";她的出身,父亲是世代簪缨、探花及第的清贵要员,母亲是金尊玉贵的荣府千金、史太君的最小偏怜女;她的品质是"质本洁来还洁去,不教污淖陷渠沟";她的生命过程是感自然造化、任性天然、诗意地栖居;她给宝玉的是至真至纯的少女之爱,表现方式是凄美至极的"还泪",为此不惜以生命相殉、令芳魂缥缈。曹公让黛玉写出了《红楼梦》里最多也最好的诗,甚至借她的笔抒自己的情怀:"孤标傲世偕谁隐,一样花开为底迟?"可见曹公最重黛玉,有时甚至让她做自己的代言人。金固然大气浑然、雍容包举,却失之匠气、落了凡俗;玉虽是"世间好物不坚牢,彩云易散琉璃脆",可那一段生命光晕、灵性天然,世间无匹。德容才貌俱佳的女子如宝钗,每个时代都会有;而黛玉只有一个,佳人难再得。就品格而言,如果说宝钗是人间上品,黛玉无疑就是仙品。

　　庸常世界,众生皆被肉身羁绊,只是有人时时仰望星空,有人只顾埋首于当下,后者眼中能照进的世界也都是属于当下的:比如"副宝钗"袭人,她能照料宝玉的生活,给他尘世温情,满足他肉身欲望,这很"当下";宝钗,她是淑女典范、贤妻样板,对外能令丈夫面上有光,对内可以相夫教子、勉励上进,这是比袭人要高级的"当下"。而黛玉,人只看见她体质孱弱、多愁善感、口齿锋芒的世俗"缺点",至于她的灵魂之美,一些人根本看不见;另一些人看见了,可是对他们来说,那太奢侈、太形而上了,他们还顾不上。鲁迅说:"焦大是不会爱林妹妹的。"不要说焦大,就算是许多读书人,务实的男子,假如让他在宝钗与黛玉中投票,在发迹之初他多半也会投给前者,等他经历过软红十丈、万千繁华过眼,也许才能有余裕的心态、澄明的心性,欣赏后者那惊心动魄的生命之美。《红楼梦》的读者向来分"扬黛抑钗"和"扬钗抑黛"两派,我猜对于后者,一味"活在当下"也许是他们不大愿意承认的逻辑起点。

　　可是这个世界除了现实与当下,还应该有爱、有美、有诗、有梦想。如果没有这些,就如同暗夜中抬头永远没有了灿烂星空,人类的世界该是怎样的荒芜可怕。所以,文章开头提到的那些文人是有见识和眼光的,毕竟他们懂得:有一些人,是来照亮和升华这无趣的现实世界的;有一些美,是属于远方、是用来憧憬和怀想的。

评点:

　　英国人说"说不尽的莎士比亚",他们不无夸张、不无矫情地说:宁可失去印度,也不能失去莎士比亚。其实,伟大的作品都是说不尽的。《红楼梦》能说尽吗?

黛玉与宝钗也是说不尽的。将宝钗与黛玉作比,怎么比似乎都是不恰当的。把宝钗比作"当下",林黛玉就是"诗和远方"?显然,"当下"是我们需要的,"诗和远方"也是我们需要的。人的矛盾,正在于无法到东邻吃饭而到西邻睡觉。

"扬钗抑黛"或"扬黛抑钗",不过是借宝钗黛玉,来张扬精神世界的某个维度罢了。

当然,这个很要紧。恰如文尾所说,有些美,是用来向往的;有些理想,是用来做白日梦的。

高尚的生活①

罗 素

高尚的生活是受爱激励并由知识导引的生活。

知识和爱都是能无限延伸的;因而,不管生活得多么高尚,总还能想象出更高尚的生活来。没有知识的爱与没有爱的知识,都不可能产生高尚的生活。在中世纪,当瘟疫在一个国家出现的时候,圣徒们就劝百姓集合在教堂里祈求上帝拯救;结果是传染病在哀求的拥挤人群中非常迅速地传布。这是爱缺乏知识的例证。上次战争为我们提供了知识没有爱的例证。这两种情况的结果都是大规模的死亡。

虽然爱与知识都是必不可少的,但是在某种意义上,爱是更基本的,因为它会引导智慧的人寻求知识,以便找到如何为自己所爱的人造福的方法。要是人们丧失了智慧,就会满足于相信别人所说的一切,不管他们如何纯真仁慈,可能还会造成危害。医学也许为我说的意思提供了最好的例证。对病人来讲,一位能干的医生要比最忠实的朋友更为有用,医学知识的发展对于社会的健康要比盲目无知的慈善事业作用更大。但即使在这里,如果不是有钱的人并想得到科学发明的好处,那么仁慈的因素仍是必要的。

爱是一个含有多种情感的词,我有意选用这个词是想把情感一并包括在内。我现在论及的是作为情感的爱,因为依我看,"讲原则的爱"是不纯真的——这种爱是在两个极端之间游移:一方面,纯粹是

---

① 选自《哲学·数学·文学》(漓江出版社 1992 年版),罗素著,蓝仁哲等译。

冥想中的愉快;另一方面,纯粹是仁慈。说到无生物,则只有愉快的意思;我们不可能对风景画或奏鸣曲产生仁慈。这种类型的享受想必就是艺术的源泉。爱在非常年幼的孩子身上一般表现得比成人更为强烈,因为成人往往用功利主义的眼光看待事物。爱在我们对待人类的感情中起着很大的作用,单纯把人作为美学冥想的对象来考虑时,有些人富于魅力,有些人却截然相反。

爱的另一极端是纯粹的仁慈。有些人牺牲自己的生命去帮助麻风病人;在这种情况下,他们感到的爱不具有美的愉快因素。父母的爱照例伴随着对孩子容貌的愉快,但是在完全不存在这种愉快时,爱却依然十分强烈。如果把母亲对病孩的关心称为"仁慈",就有点滑稽了,因为我们习惯于用"仁慈"这个词描写一种十有八九是欺骗性的苍白的感情。然而,却又很难另外找到适当的词来表达这种为他人谋福利的愿望。事实上,这种愿望在父母感情中要多么强烈就有多么强烈。在其他情况下,这种愿望就差得很远了;一切利他主义的感情确实像是父母之爱的外溢,或者有时是父母之爱的升华。因为缺乏更为适当的词,我以后就称这种感情为"仁慈"。但是我要说清楚,我说的是一种感情,而不是一条原则,而且并不包含任何平时常和这个词连在一起的那种优越感。"同情"这个词只部分地表达了我的含义,而遗漏了我所要包含的能动因素。

最充实的爱是愉快与良好的愿望这两种因素不可分割的结合。父母喜爱美丽而有成就的子女,就把这两种因素结合起来了。没有良好的愿望,愉快也许是残酷的;没有愉快,良好愿望则容易冷酷而近于傲慢。希望被人爱的人,总希望成为包含这两种因素的爱的对象,除非是像婴儿与重病患者那样极端虚弱的人。在这种情况下,仁慈倒可能是他们唯一所要求的。与此相反,极为有力的人物更需要的是赞赏而不是仁慈:这就是当权者和倾国美人的心理状态。我们只是根据自己感觉到需要帮助的程度或受到伤害的危险而要求别人有不同程度的良好愿望。这至少像是环境的生物逻辑,但对生活来说却是不十分真实的。为了逃避孤独的感觉以便被人"了解",我们才希望得到钟爱。这是同情的问题,而不单纯是仁慈的问题;能用钟爱使我们满足的人,不但要对我们有良好的愿望,还要知道我们的幸福寓于何处。但是这属于高尚生活的另一因素,就是知识。

在完美的世界中,每个人都会是别人最充实的爱的对象,这种爱是由愉快、仁慈以及相互了解不可分割地交织起来的。但这并不是说,在现实世界中,我们碰到一切人都应该设法对他们具有这些感情。对许多人我们是不会感到愉快的,因为他们令人厌恶;假如我们硬要违背自己的天性,从他们身上找到美的东西,那就只会削弱我们对自然认为美的东西的敏感。再说,在人类之外还有跳蚤、臭虫和虱子。我们只有像那个古舟子那样过过艰难困苦的日子以后,方能在注视这些生物时感到愉快。有些圣徒确实把它们称作"上帝的珍珠",但是他们感到愉快的是有机会炫耀他们自己的神圣罢了。

仁慈是更容易广泛延伸的,但即使是仁慈也有它的限度。如果有人想娶一位女子为妻,当他发现别人也想娶她的时候,我们不会认为他最好还是应该打消娶她的念头;我们应当认为这是公正的竞争场所。但是,他对于竞争者的感情是不可能完全仁慈的。我认为一切有关这个世界上高尚生活的描述,都应当以动物的活力与本能为某种基础;没有这个基础,生活就变得单调平淡,索然无味。文明应当是在上面增加一些内容,而不应该取代它;禁欲主义的圣徒和超然独处的贤哲在这方面算不上完整的人。有少数几个这种人物会使社会丰富多彩,但是完全由这种人组成的世界就会在单调乏味中死亡。

这些理由导致人们在一定程度上强调愉快的因素,作为最完美的爱的一个组成部分。在这个现实世界中,愉快不可避免地具有选择性,使我们无法对整个人类具有同样的感情。当愉快与仁慈发生冲突的时候,一般都是用妥协来解决而不是以愉快或仁慈完全屈服而告终。本能有它的权利,如果我们触犯本能超出某一限度,它就会微妙地进行报复。因此,在以高尚生活为目标的时候,我们必须记住人类可能做到的限度。可是,说到这里,我们又回到知识必要性这个问题上了。

当我把知识说成是高尚生活一部分的时候,我想到的不是道德知识,而是科学知识和有关特殊事实的知识。严格地讲,我认为并不存在道德知识这样一种东西。如果我们达到某种目的,知识会告诉我们手段是什么,这种知识可以笼统地算作道德知识。但是我相信,除了参照它可能造成的结果以外,我们就无法判断哪种行为是正确的,哪种行为是错误的。有了要达到的目的,再去探索达到目的的手段,这就是科学的问题了。我们检验一切道德法则,必须考察它们是否有助于实现我们想达到的目的。我说的是我们想望达到的目的,而不是我们应该想望达到的目的。我们"应该"想望达到的目的只是别人要求我们想望达到的。这通常就是当权者——父母、校长、警察和法官要求我们想望达到的东西。如果你对我说,"你应该如何如何做",你这句话的动力就在于我想望得到你的赞许——也许还有与你的赞许或反对同时产生的奖赏或惩罚。因为一切行动都渊源于想望,显然,道德的观念如果不能影响想望,就不可能有任何重要意义。道德观念通过想望得到赞许和害怕受到反对而起作用。这些就是强大的社会力量,我们如果想要实现任何社会计划,自然要竭力把这些力量争取到自己这边来。当我说到行为是否道德要由行为可能产生的结果来判断时,我的意思是说我希望看到有人赞同可能实现我们想望的社会计划的行动,反对与此相反的行动。目前情形还不是这样,因为存在着的某些传统法规完全不考虑后果而决定赞同或反对。

在简单的事例中很明显可以看得出来,理论道德是多此一举的。举例来说,假定你的孩子病了,爱使你产生治疗孩子的欲望,而科学告诉你如何治疗。不存在要证实你的孩子最好应受治疗这种道德理论的中间阶段。你的行动直接产生于达到某一目的的欲望和采用什么手段的知识。一切行动,不论是好的或是坏的,都是这样的。目的不同,知识也有比较充分或比较不充分之分。但是我们想象不出有什么方法可以使人违背自己的欲望行事。可能做到的是用赏罚制度转变人的欲望,社会的赞许与反对在这里并不是无能为力的。因此,立法的道德家要解决的问题,就是如何制定赏罚制度以确保立法的当权者愿望得到的最大利益。如果我说立法的当权者有邪恶的欲望,我只是说他们的欲望违反我所属的某些社会阶层中人的欲望。在人的欲望以外,并不存在道德的标准。

由此可见,使道德区别于科学的只是欲望而不是任何特种的知识。道德所需要的知识同其他方面的知识完全一样;不同的只是它要求达到一定的目的,认为正确的行为有利于达到这些目的。当然,如果正确行为的定义要为广大群众所接受,那么目的就必须是大部分人所想望的。如果我把正确行为说成是增加我自己收益的行为,读者是不会同意的。任何道德论点的全部效力都在于它的科学部分,也就是在于能证明这种行为而不是那种行为才是达到广大群众想望的目的的手段。但是,我把道德论点和道德教育区分开来。后者在于强化某种欲望而削弱其他欲望。这完全是另一过程,我们将在稍后阶段专门讨论这一问题。

现在我们可以更确切地解释这一章开始时讨论的关于高尚生活定义的主旨。当我说高尚的生活包含知识引导下的爱的时候,激励着我的欲望就是希望我尽可能过这种生活,同时也看到别人过这种生活的欲望;这种说法的逻辑含义就是:在一个人们以这种方式生活的社会里,将会比在一个较少爱或较少知识的社会里,能够满足更多的欲望。我并不是说这样一种生活就是"有道德的",也不是说与之相反的生活就是"罪恶的",因为在我看来,这些概念都是缺乏科学依据的。

评点：

罗素说："有这样三种简单而又极为强烈的激情主宰着我的一生，那便是对爱的渴望，对知识的追求，对人类苦难的深切同情。"本文阐述了爱与知识对于"高尚的生活"的价值，这种生活既是悦己的，也是悦人的；既要尊重人性，也要满足人类的共同愿望。文章探讨"高尚的生活"，逐层深入地分析了构成"高尚生活"的两个要素及它们之间的关系，深刻论证了"高尚的生活就是受爱激励并由知识导引的生活"，具有严密的逻辑性与鲜明的思辨性。

后记

让思想摇撼心灵

余党绪

中国人重"名",做什么事都讲究"名正言顺",但也因此,人们常常为名所迷,甚至为名所误。比如杂文,因了这一个"杂"字,许多人便小觑了它。甚至还有人望文生义,将一干豆腐块报屁股随手涂鸦拉杂扯淡的东西都算作杂文。结果,杂文倒成了大杂烩的代名词。以这样的眼光看待杂文,杂文自然就成了狗肉包子上不了"正席"。杂文之被污名,竟到如此地步。

说杂文,必说鲁迅;有了鲁迅,杂文才有说头。以鲁迅为标杆,杂文的写作至少要有两个要件,一是独立的写作姿态,一是批判性的思维方式。至于写什么,怎么写,确实很"杂"。那些小觑杂文的人,往往看到了"杂"的表象,而忽视了其独立的思想根基和批判的文化底色。我的朋友、著名杂文家狄马先生说,写杂文最考验人的胆、识、才、具,算得上是道上高手的肺腑之言。

俗话说,鼓不敲不响,话不说不明。人总有懵懂的时候,也总有愚昧的地方,有些道理是需要有人点拨的,好的杂文总能给人以醍醐灌顶、豁然开朗的惊喜,它能点醒我们沉睡的大脑,让那些似是而非、若有还无的念头与思绪一下子贯通,让我们的思想进入一种澄澈清明的状态。

杂文的思维方式,呈现出强烈的批判性:质疑、求异、发散、联想……杂文天然不安分,不因循。好的杂文,总能在司空见惯的现象或者习以为常的事物中,发现某些悖谬之处,让我们不再习以为常,不再视若无睹,不再心安理得。它以一种直抵根基的单纯,来对抗我们自以为是的老练;以一种咬定青山不放松的偏执,来打破我们自以为是的圆润;以一种玩世不恭的反讽,来挑战我们自以为是的成熟。杂文,是愚昧、迷信和圆滑的天敌。鲁迅把杂文比作"小小的显微镜",它"也照秽水,也看脓汁"。杂文的价值,正在于它激浊扬清,拨乱反正,正本清源。

其实,杂文也有自己独特的美学追求。杂文的写作,因其自由而宜于创制,可随心所欲,天马行空;也因其自由而可东食西宿,广采博收。

杂文是写作教学的良师益友。古人看重"千字文"的写作,以为"千字文"的写作最能速成地训练人的聚形凝神、谋篇布局、遣词造句的能力。其实,杂文何尝不是如此?鲁迅说杂文是"投枪"和"匕首",不光要锐利,还要轻巧。起重机吊千斤,易;四两拨千斤,难。尺幅之内起波澜,千字之文兴风雨,那是难乎其难!因此,杂文写作,其实是个高难度动作;但凡算得上精品的,必然是写作技艺之集大成者。读杂文,写杂文,可以整理思想,训练思维,还可以训练表达,改善我们的语言。

这便是我引导学生读杂文的基本考虑。

十多年来,从零敲碎打的粗放式阅读到精心设计的组织性阅读,杂文成了我语文教学的一部分。呈现在读者面前的这个杂文选本,大体上呈现了我的组织思路。任何进入教学活动的阅读,都应该是有组织性的,应有明确的价值追求和组织结构。十个主题的设立,呼应的是学生的精神成长与人格成长:独立人格、自由思想、公民意识、理性精神、质疑能力、悲悯情怀、回到常识、坚守良知、拒绝遗忘、审美人生……在成长过程中,谁能回避这些话题呢?当然,写作风格与技法也是考量的因素。我不喜欢那些直板叫骂的杂文,也不喜欢阴阳怪气的杂文,更不喜欢一根筋拉偏架认死理的杂文。我喜欢有文化的、有历史内涵和理性色彩的、靠逻辑力量说话的杂文。我想,对于成长中的学生,这样的要求应该不算偏颇。

顺便说一下,文后的点评,很多都是我和我的学生一起学习、探究和争议的产物。尤其是2015届1班的全体学生,两年时间我们在一起读杂文,读时文,读名著,这段时光将是难忘的。希望我们记得彼此的名字:薄小钧、曹丹枫、巢经正、陈星云、丁嘉欣、董稼先、方烨筠、冯斯语、封楚薇、傅佳琳、胡明阳、纪婷、梁钟灵、刘梦滢、刘依蕙、陆犇、栾天、全麒文、冉仕元、沈诗媛、沈熠阳、施凌云、孙汇泽、孙佳圆、汪伊哲、王大威、王子安、吴子豪、杨依然、叶路、郁浩然、张逸闻、张予欣、张宇栋、张悦茗、张紫薇、周恺琳、朱晓清。

感谢《语文学习》几位编辑的倾力付出。

更要感谢于漪老师与孙绍振老师慷慨作序。于老师是德高望重的教育家,孙老师是重量级的大学者,我对他们,高山仰止,景行行止,心向往之。请他们作序,固然是希望我的阅读理念能得到他们的肯定,但更希望有更多的人关注思辨性阅读与批判性思维。

关于本书版权事宜的启事

收入本书的文章已获得大部分作者的授权,但还有部分作者没能联系上。请这些作者看到本书后直接与上海教育出版社联系,以便寄上样书和稿酬。

图书在版编目(CIP)数据

现代杂文的思想批判 / 余党绪编. -- 2版(修订本). — 上海:上海教育出版社,2019.7(2024 7重印)
(中学生思辨读本)
ISBN 978-7-5444-8409-1

Ⅰ.①现… Ⅱ.①余… Ⅲ.①阅读课—中学—课外读物 Ⅳ.①G634.333

中国版本图书馆CIP数据核字(2019)第141368号

责任编辑　陈晓琼
书籍装帧　一步设计

中学生思辨读本
现代杂文的思想批判(修订本)
余党绪　编

出版发行　上海教育出版社有限公司
官　　网　www.seph.com.cn
地　　址　上海市闵行区号景路159弄C座
邮　　编　201101
印　　刷　上海叶大印务发展有限公司
开　　本　890×1240　1/32　印张 10.75　插页 1
字　　数　270千字
版　　次　2019年7月第2版
印　　次　2024年10月第17次印刷
书　　号　ISBN 978-7-5444-8409-1/G·6966
定　　价　38.00元

如发现质量问题,读者可向本社调换　电话:021-64373213